Statistics in Corpus
Linguistics:
A Practical Guide

语料库语言学中的
统计分析实用指南

[英] 瓦茨拉夫·布热齐纳 （Vaclav Brezina） 著

赵晴 刘雪琴 译

汪顺玉 审校

重庆大学出版社

图书在版编目（CIP）数据

语料库语言学中的统计分析实用指南 / (英) 瓦茨拉
夫·布热齐纳 (Vaclav Brezina) 著；赵晴，刘雪琴译.
. -- 重庆：重庆大学出版社，2022.11
（万卷方法）
书名原文：Statistics in Corpus Linguistics: A
Practical Guide
ISBN 978-7-5689-3504-3

Ⅰ.①语⋯ Ⅱ.①瓦⋯ ②赵⋯ ③刘⋯ Ⅲ.①语料库
–语言学–统计分析–指南 Ⅳ.①H03–62

中国版本图书馆CIP数据核字（2022）第146699号

Statistics in Corpus Linguistics: A Practical Guide
语料库语言学中的统计分析实用指南
（英）瓦茨拉夫·布热齐纳 著
赵 晴 刘雪琴 译

汪顺玉 审校
策划编辑：林佳木
责任编辑：李桂英　　版式设计：林佳木
责任校对：邹 忌　　责任印制：张 策

*

重庆大学出版社出版发行
出版人：饶帮华
社址：重庆市沙坪坝区大学城西路21号
邮编：401331
电话：(023) 88617190　88617185（中小学）
传真：(023) 88617186　88617166
网址：http://www.cqup.com.cn
邮箱：fxk@cqup.com.cn（营销中心）
全国新华书店经销
重庆市正前方彩色印刷有限公司印刷

*

开本：787mm×1092mm　1/16　印张：17.5　字数：326千
2022年11月第1版　2022年11月第1次印刷
ISBN 978-7-5689-3504-3　定价：78.00元

作者简介

瓦茨拉夫·布热齐纳（Vaclav Brezina）是兰卡斯特大学语言学和英语语言系的高级讲师。他擅长语料库语言学、统计学和应用语言学，并设计了各种用于语料库分析的工具。

校译者简介

赵晴，重庆邮电大学外国语学院讲师。英语语言文学硕士、讲师，承担非英语专业本科和研究生 MTI 翻译类课程。从事语料库翻译研究工作，重庆翻译学会会员。发表论文 10 余篇，主持校级项目 2 项，出版译著 3 部。

刘雪琴，重庆邮电大学副教授，硕士生导师，研究方向：应用语言学。共发表论文 14 篇，主持了市级项目 4 项、校级项目 10 余项，主编教材 1 本，参编教材 5 本。

汪顺玉，二级教授，博士，博士生导师，"西外学者"领军学者，西安外国语大学研究生院院长。先后主持国家社科重点项目、教育部人文社科项目、省市级哲学社会科学规划课题、教改重点课题、教育考试院课题等 10 余项。在《外语教学》《英语研究》《重庆大学学报》《上海科技翻译》《天津外国语大学学报》等刊物发表学术论文 30 余篇，出版学术专著、译著、教材 8 部。学术兴趣包括语言测试与评价、学术翻译、话语研究、社会研究方法等。

该译著为以下项目阶段性成果之一：

1. "基于语料库的翻译评价和改进机制研究"，重庆邮电大学社科基金（K2022-125）

2. 2020 年重庆邮电大学大学生科研训练计划项目（K2020-130）

3. "英汉笔译"重庆邮电大学金课建设项目（XJKXX20201-06）

4. "基于网络学习空间的大学英语智慧教学模式研究"， 2019-GX-310，重庆市教育科学"十三五"规划 2019 年度一般课题

5. "基于智慧教学理念的大学英语金课建设研究"，重庆邮电大学重点教改项目 XJG20110

译者序

　　说起语料库语言学，语言学相关专业的学者和学生都不会觉得陌生，但心里的感觉很可能像人们看待语言测试和评价一样：确实重要，但那是那些数学基础好、技术能力强、工具运用熟练的少数"精英"玩的"高大上的玩意"。语料库语言学仍然带有较重的神秘感。

　　实际上，在电子文本出现之前，学界就已经用语料库方法进行典籍研究和词典编纂。早期使用最多的技术是检索和搭配。随着互联网的诞生和计算机软硬件技术的发展，大量电子文本的获取、存储、处理、算法得到了快速发展，并被广泛应用到各个领域。语料库语言学从早期主要用于探索语言自身形式层面的特征和变异 / 变迁，发展到重视语义和情感层面的基于语料库的或者语料库驱动的话语研究。再往后看，它与融合语言学、计算机科学与技术、统计学、算法、自然语言处理的文本挖掘技术的边界也开始模糊起来。SSCI、EI、SCI 数据库中的许多论文，在研究设计方面，既可以归属于基于语料库的研究，也可以归属于基于文本挖掘的研究。不同学科的研究者正在打通学科界限，交流语料的来源和文本处理的新技术。同时，随着非结构化的自然语言转化为数字信息，原来用于数字数据的算法也能够用于文本量化和可视化了。

　　我在这里陈述以上内容，目的就是想告诉大家：**语料库方法很重要，掌握其中的基本统计和工具可以打通学科界限，提升研究能力。**

　　选择翻译出版兰卡斯特大学 Vaclav Brezina 教授的 *Statistics in Corpus Linguistics: A Practical Guide* 一书是基于以下动因：一是该书关于语料库统计技术的难度适中。在统计技术方面，该书不限于早期语言统计词汇或 N 元结构的频次分布和差异检验这一层面，循序渐进、由浅入深，引入相关分析、方差分析、多维尺度、聚类分析和对应分析，能够满足青年学者和研究生提升语料库分析水平的需要。二是该书提供了免费在线语料库分析平台——在线兰卡斯特统计工具（http://corpora.lancs.ac.uk/stats）。书中所涉及的统计方法，都可以在该平台上实现。这样的安排对于讲练结合、提升学习效益大有裨益。同时，也必然有利于去除语言量化分析的神秘化，减少学习的焦虑。这对不满足于 Antconc 和 Wordsmith 工具所提供的统计技术，又还没有掌握诸如 R 语言、Python 程序语言或者 T_Lab 集成文本挖掘工具的学习者而言，简直是妙不可言。

本书可以应用于涉及语言统计的诸如语言学、社会学、心理学、文学、历史学、艺术学等领域。本书不仅适合初入门的青年学者和研究生、高年级本科生，而且对于已经有一定统计知识基础的读者，也是不可多得的参考书。

本书翻译工作的启动，还是我在原工作单位重庆邮电大学时候的事情。重庆邮电大学外国语学院重视对学生数字技术的培养，对该院的本科生和研究生都开设了文本量化方面的课程。该课程的主讲是我本人，第一译者赵晴也是该课程的参与人。赵晴通译了该书，刘雪琴老师对该书的翻译出版提供多方面的支持，我负责该书的审校工作。

感谢重庆邮电大学社科处和外国语学院对该书出版提供的支持；感谢重庆大学出版社出版该书，特别感谢重大社万卷方法编辑部主任林佳木和编辑石可、责任编辑李桂英对该书价值的认可，她们的编辑出版工作做得专业而细致，没有她们的辛苦付出，该书的出版是不可能的。

当然，书稿中可能还有翻译不准之处，读者诸君如有发现，还望不吝赐教。

汪顺玉

2022 年 9 月 8 日

于西安外国语大学

关于本书

本书的内容

本书是对语料库语言学中统计方法的实用介绍，语料库语言学是一个使用计算机分析由语言学话题组织起来的语言的学科。这些话题包括词汇、语法、社会语言学、话语分析和历史语言学。本书概述了目前最先进的用语料库分析语言的方法，还介绍了以前没有用过的新方法。你不需要具备统计学知识，所有重要的概念和方法都是使用非技术语言来解释的。此外，本书描述的所有统计方法都可以用在线兰卡斯特统计工具轻松实施（参阅下面"使用本书的方法"这部分）。本书提供了许多语料库统计学的应用实例（实例研究）和对统计数据的标准报告。本书的重点是统计分析的实践层面，因此本书非常关注研究设计以及不同数据"形状"的意义。出于这个原因，配套网站提供了书中使用的完整数据集，以便重复分析。语料库语言学被非常广泛地应用于各个领域，如语言学、社会科学、数字人文学科等。因此，本书旨在为多个学科的读者使用语料库提供帮助。

本书的读者

本书适用于对语料库语言学和语言的定量分析感兴趣的任何人，包括语言学、社会学、历史学、心理学、教育学等领域的师生和研究人员。本书旨在帮助读者理解统计思维的关键原则，以使他们能够正确地选择统计方法。为此，除了介绍部分外，书中还包括讨论问题（"思考"）和练习，旨在帮助读者更好地参与到学习中来并检验自己的理解；这些练习题的答案可以在配套网站（http://corpora.lancs.ac.uk/stats/materials.php）上找到。

使用本书的方法

如果你正在寻找一本语料库统计学的实用指南，那本书就正好能满足你的需要。它基于该领域的最新文献，反映了最佳实践情况。本书可以用作课本或独立学习的材料。在浏览过第 1 章的统计学原则概述后，你可以根据自己的兴趣选读本书。本书介绍的统计分析方法常会在多个章节被提及。

本书附带了一个配套网站——在线兰卡斯特统计工具（http://corpora.lancs.ac.uk/stats），它不仅提供了更多的实例、数据集、视频教程和教学幻灯片，而且更重要的是，它还包括易于使用的工具，可以用来计算书中讨论的统计数据并生成图表。实际上，书中描述的所有统计方法都可以用在线兰卡斯特统计工具来实施。因此，读者不需要依赖昂贵的商业统计软件（如 IBM SPSS ），也不需要学习免费的统计软件（如 R 语言）的复杂语法。在线兰卡斯特统计工具通过一个简单的用户界面提供强大的统计工具，数据可以直接从电子表格（如 Excel 或 Calc）中复制粘贴进去。我认为统计数据不应该成为我们研究的障碍——计算机能够也应该完成所有艰苦的数据处理工作；统计学可以成为非常有效的分析工具——我们所需要的只是理解统计思维的基本原理及其在语言分析中的应用。让我们一起来探索吧！

目　录

1 导言:
当统计学遇见语料库语言学

1.1 本章概述

  本章将介绍统计思维的基本原则,这些原则对于正确地选用统计方法来分析语言数据是非常必要的。本章将首先介绍统计学在科学研究,尤其是在语料库语言学中的作用。之后将介绍更多具体的内容,如语料库的创建、研究设计的类型、基本的统计术语以及数据探索和可视化。最后通过一个案例研究,展示统计学在语料库研究中的应用。

  我们将探索下面五个问题:

- 统计学在科学和语料库研究中的作用是什么?(1.2 节)
- 语料库统计学中的关键术语有哪些?(1.3 节)
- 我们如何创建和分析语料库?(1.4 节)
- 我们如何探索数据并将其可视化?(1.5 节)
- 统计学如何应用于语料库研究?(1.6 节)

1.2 什么是统计学? 科学、语料库语言学和统计学

> **思考**
>
> 在阅读本节前,请思考以下问题:
>
> 1. 什么是科学? 科学探究的基本特征是什么?
>
> 2. 下面哪些关于语言的陈述是科学的?
>
> (a)女性的话语似乎在总体上包含更多的 "哦""你知道""有点" 等。
>
> (b)言语轻率如小风。[1]
>
> (c)迄今为止,被动句在学术文体(与其他文体相比)中最为常见,每百万词会出现 18 500 次。
>
> (d)语言官能可以被合理地视为 "语言器官"。

---

[1] 出自莎士比亚名言 "Words are easy, like the wind; faithful friends are hard to find"。

> （e）我们的结果表明，从 20 世纪 50 年代到 80 年代的圣诞节广播中，11 个元音中的 10 个至少有一个音素[1]，5 个元音有两个音素都存在显著变化……我们得出结论，女王不再说 50 年代的标准英语了……

与其他信息来源（如神话、哲学或艺术）不同，**科学**依赖于系统地收集实证数据并检验理论和假设。卡尔·波普尔（Karl Popper）是最有影响力的科学理论家之一。他将科学陈述或理论定义为原则上可以被证伪的东西（Popper，2005［1935］）。换言之，只有经过实证检验，我们才能将一个陈述或理论称为科学的。这意味着我们需要收集数据并评估数据与理论的一致性。如果不一致，就可以说，现有的证据与这一理论相矛盾。当我们看"思考"任务中的 5 个陈述时，发现在收集证据进行实证检验方面它们存在很大差异：很明显，陈述（c）和（e）可以被认为是科学的。[2]不仅因为它们禁得起实证检验，而且因为这些陈述已经包含实证证据了。另一方面，陈述（b）表达了一个隐喻，它很难通过收集数据来检验。陈述（a）取自拉考夫（Lakoff，1975）的书《语言和女人的地位》（*Language and Woman's Place*），它可以进行实证检验（的确也有很多研究者检验过它），但作者本人除了轶事之外，在书中几乎没有提供实证证据。陈述（d）来自乔姆斯基（Chomsky，2000），他提出的语言观更多地依赖于对人类语言官能的哲学（前经验）理解，而并非寻求实证确认。总之，在关于语言的陈述中，那些可以通过系统收集实证数据来验证的陈述[3]可以被认为是科学的。

语料库语言学是一种分析语言的科学方法。它要求分析者从语料库中提取数据，作为实证证据来支撑任何关于语言的陈述。语料库语言学家遵循的另一个科学要求是结果的可重复性。这意味着研究者在后续研究中能够证实前面研究的结果（见 8.3 节）。为了使结果可重复，语料库语言学家需要公开他们使用的语料库和分析方法。这在语料库语言学中也是一个好的做法，即将语料库提供给其他研究者使用，他们可以对此做进一步分析以提高人们对该领域的认识。[4]

从本质上讲，语料库语言学是一种定量分析法，也就是说语料库语言学通常与数字打交道，这些数字反映了语料库中词和短语的使用频率（McEnery

---

1　音素是语音研究中，元音的一个组成部分。

2　陈述来源: (a) Lakoff, 1975: 53; (b) Shakespeare?, 1992［1599］: 269; (c) Biber et al., 1999: 476; (d) Chomsky 2000: 4; (e) Harrington et al., 2000: 927。

3　实证研究可以是定性研究（描述性和解释性的），也可以是定量研究（使用数据）。这两种研究是互补的。

4　不幸的是，有时语料库被"锁在"内部。人们不清楚这些语料库是如何创建的，也就很难用它们来做任何严谨的科学研究。而且用这些语料库得出的论断也会招来怀疑。如果语料库语言学想保持它的科学地位，就不应该满足于这样的表述，即"这一特征是在一个大型语料库中发现的，然而这个语料库不公开"。

& Hardie，2011）。因此，统计学对语料库语言学家是至关重要的，因为它能帮助我们有效地处理定量信息。对于统计学是什么，有很多不同的理解。在本书中，我们对统计学的定义是：**统计学**是一门帮助我们理解定量数据的学科；换言之，统计学是"收集和解释数据的科学"（Diggle & Chetwynd，2011：vii），这些数据可以以某种方式来计数、度量或量化。统计学中的一个重要工具是数学表达式，这就是我们会在本书中看到各种方程式的原因。数学表达式用数字和符号描述重要的数据特征，有助于我们理解复杂和模糊的现实，在分析过程中轻松地处理数据。

先看看这两个例子。首先，假设我们对不同英国小说家在他们的小说中使用的形容词的数量感兴趣。我们假设形容词用得越多，小说的描写就越丰富多彩。我们从英国国家语料库（British National Corpus，BNC）中随机选取不同作者的 11 个小说文本，并统计了每个文本中形容词的数量：这是它们的绝对频率（见 2.3 节）。然后对绝对频率做标准化处理以便进行比较。[5] 在统计学中，我们把这 11 个文本称为**样本**。以下是这些形容词在每万词中出现的相对频率：

508，542，552，553，565，567，570，599，656，695，699

但是，显示一长串结果并不是一种有效处理定量数据的方法——设想如果你有 100 或 1000 个结果会怎么样。我们可以用一个非常简单的统计度量来总结我们的结果。这个度量叫**均值**——所有值的平均值。上面数字的均值是591.45。

均值的计算方法是：

$$均值 = \frac{所有值的总和}{实例的数量}$$

上面的数字的均值就是：

$$均值 = \frac{508 + 542 + 552 + 553 + 565 + 567 + 570 + 599 + 656 + 695 + 699}{11}$$

$$= 591.45 \tag{1.1}$$

因为均值描述了样本，所以它是**描述统计**的一部分。另一个用数学表达式描述复杂语言现实的例子是一条线，在统计学上被称为**回归线**或**最佳拟合直线**（见第 4 章对回归模型的解释）。假设那些使用更多形容词的作者也使用了更多的动词，我们可以在形容词频率下面列出动词的频率[6]，看看这两种语言特征之间是否存在某种关系：

5　由于文本的长度不同，我们取每万词的相对频率来表示每个作者在 10 000 词中平均会用多少形容词（见 2.3 节对相对频率的解释）。相对频率经过四舍五入处理。

6　这是每万词的相对频率，经过四舍五入处理。

508，542，552，553，565，567，570，599，656，695，699

2339，2089，2056，2276，2233，2056，2241，1995，2043，1976，2062

看这两组数据之间是否存在关系的更好方法是用图形显示这些数字（见 1.5 节关于如何绘图）。

图 1.1 显示了回归线标记的明显趋势。回归线表明，这个样本中动词和形容词的数量呈反比关系——作者使用的形容词越多，他们使用的动词就越少，反之亦然。

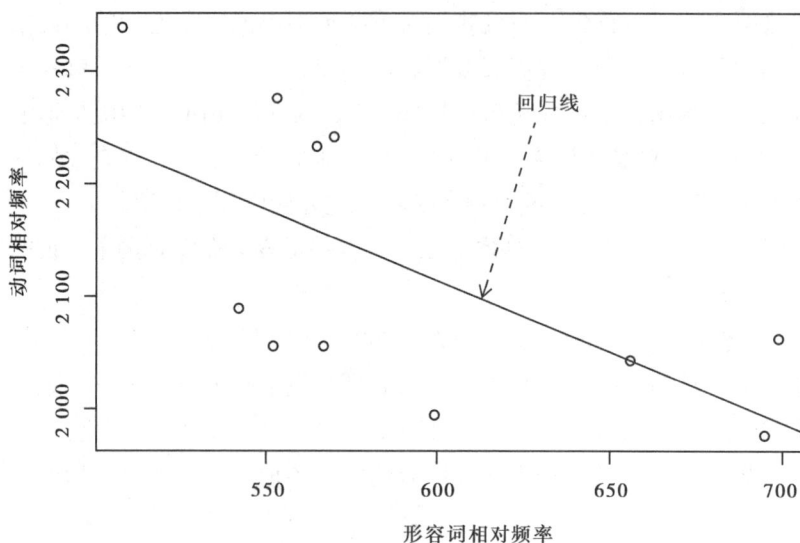

图 1.1   形容词和动词相对频率之间的关系

回归线是以这样一种方式绘制的：为所有单个数据点（标记为图中的点）找到最佳拟合。如果其中一个点刚好在线上，那么这只是巧合，因为通常该线不会通过任何实际的数据点，它是一个代表数据集整体的数学抽象图。这个数学模型的目的是揭示一些有趣的东西，这些有趣的东西是我们单独看每一个数据点时不一定会注意到的。这两个例子说明了在整本书中以各种形式出现的统计思维的要点：语料库语言学中的统计学是关于复杂语言现实的数学建模。它帮助我们发现和解释数据中那些不容易被发现的模式和趋势。

1.3   基本统计术语

思考

在阅读本节之前，请思考以下术语的含义。你以前听说过它们吗？如果听说过，是在什么语境下？你能定义它们吗？

- 假设
- 实例
- 置信区间
- 数据集
- 离差
- 分布
- 效应量
- 正态分布
- 零假设
- 异常值
- p 值
- 稳健
- 劣值
- 统计度量
- 统计检验
- 标准差
- 变量

下面将按照从易到难的顺序介绍本书中使用的基本统计术语，每个术语都配了语料库研究实例。掌握这些术语有助于你阅读本书和许多语料库语言学的论文。

图 1.2　统计分析的过程

语料库是语言数据的一种特定形式。它收集书面文本或口语的转写文本，并可以用专门的软件进行查找。语料库通常代表一个语言**样本**，即一个（小型的）语言子集；一些非常专业的语料库甚至可以包括语言**总体**，即研究者感兴趣的全部语言（见 1.4 节）。用于查找语料库的软件通常可以做一些基本的统计分析，如找出搭配和主题词（见第 3 章）。然而，对于更复杂的统计分析来说，我们需要使用统计软件包。本书使用的是在线兰卡斯特统计工具。图 1.2 描述了用在线兰卡斯特统计工具进行分析的过程。

注意：准备好格式正确的电子表格与统计分析一样重要。本书提供了基于不同语料库的多个数据集示例，它们可以用于不同类型的分析。可以将你的数据与示例（完整的数据集在配套网站上可以找到）作比较，看看你的数据格式是否正确。

数据集是基于语料库查找的一长串结果，可以用于统计分析。它系统地收集单个结果，并以表格的形式储存在电子表格程序中（如 Excel 和 Calc）。每一行代表一个单独的**数据点**或**实例**，每一列代表一个单独的**变量**。图 1.3 提供了一个数据集的示例，它有 5 个变量和多个实例，每个实例代表一个说话者。注意：书中的数据集在配套网站上可以找到。研究它们很重要，因为不同的数据"形状"适合不同的分析方法。

变量，顾名思义，就是可以变的东西，它可以具有不同的值。比如，说话者的年龄就是一个变量，它可以具有不同的**值**，从 1 岁（孩子开始学说话的年龄）到 100 岁。很多语料库研究都是在语料库中查找变量并分析它们之间的关系。我们要区分语言变量和解释变量。**语言变量**描述语料库中某一语言特征出现的频率。**解释变量**（有时称独立变量）描述这一语言特征出现的语境。比如，解释变量可以是文本的语类 / 语域或出版时间、说话者的年龄、性别和语言熟练程度等。图 1.3 的数据集来自三一兰卡斯特口语语料库（*Trinity Lancaster Corpus*），它收集了非本族人士的话语（Gablasova et al.，2017）。它包括两个解释变量（性别和语言熟练程度）和三个语言变量（I、you 和所有人称代词的相对频率）。

		解释变量		语言变量		
1	说话者	性别	语言熟练程度	I	you	所有人称代词	
2	6_SP_51	0	1	38.759 69	9.302 326	80.620 155 04	
3	6_SL_7	0	1	33.468 56	19.269 78	100.405 679 5	实例
4	8_ME_24	1	2	39.101 12	38.651 69	129.887 640 4	
5	8_IT_28	1	2	51.981 81	11.046 13	122.807 017 5	
6	8_IT_14	0	2	33.415 84	8.663 366	108.910 891 1	
7	IT_65	1	3	37.127	19.430 95	100.971 547 5	
8	7_CH_17	0	2	58.641 98	23.919 75	100.308 642	值
9	7_ME_6	1	2	42.485 73	10.145 85	119.213 696 9	
10	6_CH_15	0	1	56.122 45	22.959 18	145.408 163 3	
11	IT_54	1	3	25.813 69	19.019 69	101.010 101	
12	6_ME_2	1	1	34.904 01	33.158 81	108.202 443 3	
13	6_CH_25	1	1	47.821 47	11.689 69	145.589 798 1	
14	CH_6	1	1	52.446 01	25.121 2	121.639 488 8	
15	6_IN_3	1	1	29.835 39	26.748 97	131.687 242 8	

性别：0 = 男性，1 = 女性；语言熟练程度：1 = 初级，2 = 中级，3 = 高级

图 1.3　数据集示例

变量（包括语言变量和解释变量）可以是名义变量、序列变量或规模变量。**名义变量**的值代表数据集中实例所属的不同类别，类别之间没有顺序或等级之分。比如，说话者的性别就是名义变量，因为可以将说话者归到任何一个类别中：（1）男性；（2）女性。这个类别没有等级之分。为了方便，我们常用数字代表类别。在图 1.3 中，0 代表男性说话者，1 代表女性说话者，这两个数字本身不是值，它们只是符号。我们也可以用 1（或其他数字）代表男性说话者，用 0（或其他数字）代表女性说话者。**序列变量**类似于名义变量，它也是将实例归到不同的类别中，但这个类别可以根据某一内在的等级加以排序。比如，说话者的外语熟练程度就是序列变量，因为我们可以根据说话者的熟练程度将他们分为初级、中级和高级说话者。在图 1.3 中，1 表示初级，2 表示中级，3 表示高级。**规模变量**是一个定量变量，因为它的值表示某一特征的量，也就是说这个值是可以加减乘除的，因为它们代表的是可计算的量，而不是序列。[7]对于语言变量来说，规模表示语料库中某一语言特征的相对频率。比如，图 1.3 中表示第一人称 "I" 每千词的相对频率的数字就是一个规模变量的值。图 1.3 中的三个语言变量都是规模变量。

图 1.3 的数据集可以用来探求不同的研究问题。比如：

- 说话者的年龄（名义解释变量）与人称代词（规模语言变量）之间是否存在关系？
- 说话者的英语熟练程度（序列解释变量）对第一人称代词（规模语言变量）的使用是否有影响？
- 第一人称代词与第二人称代词（两个都是规模语言变量）的使用之间是否存在关系？

变量的**频率分布**表示这一变量的值及其频率。规模变量的分布可以用直方图来表示（见 1.5 节）。图 1.4 显示了图 1.3 中第一人称代词的分布。x 轴表示这一语言变量的不同频带，这里就是第一人称代词每千词的频带；y 轴表示每个频带在数据集中的实例数量。这个图表示，在语料库中，19 个文本（说话者）中第一人称代词的频率小于等于 10 次每千词，88 个文本（说话者）中第一人称代词的频率是 11~20 次每千词，214 个文本（说话者）中第一人称代词的频率是 21~30 次每千词。

作为统计学的基准，我们常常会用到**正态分布**[8]。正态分布的形状是一个对称的钟形，如图 1.5 所示。

7　规模变量包括定距变量（不包括有意义的 0 点）和定比变量（包括有意义的 0 点），这一区分对语料库研究不是特别关键。

8　"正态"（normal）是一个专业术语，由皮尔森（Pearson，1920：25）提出，指的是统计学上一种重要的分布，不是"正常"的意思，也不是说其他分布就不正常。

虽然自然科学和社会科学有许多数据都遵循正态分布，但大多数语言数据是正偏态分布（⌒），也就是说，分布在左边的数据多于右边的数据，如图 1.4 所示。统计学中，分布是非常关键的，因为它可以使我们概览数据，以选择合适的统计方法。分布的形状在不同统计方法的假设中起着重要作用。

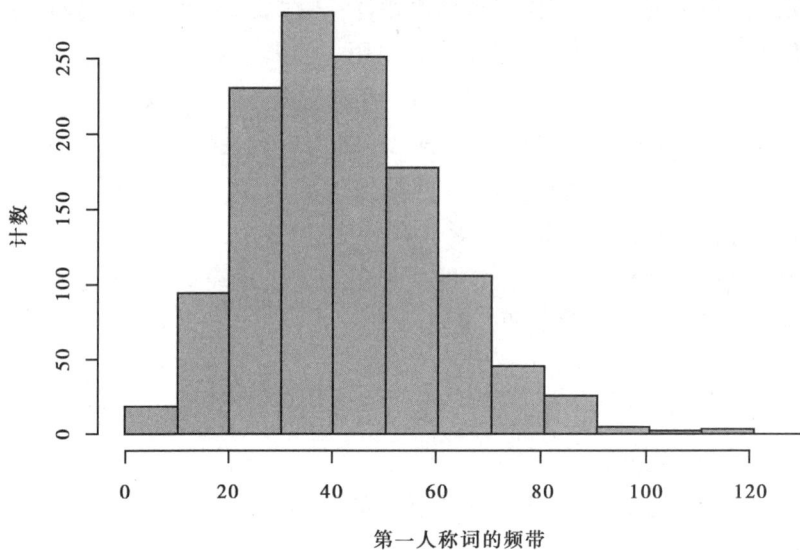

图 1.4　三一兰卡斯特口语语料库中第一人称代词的分布

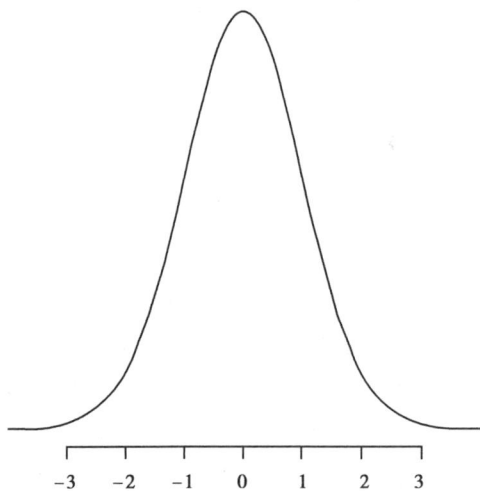

图 1.5　标准的正态分布

异常值或劣值？我们看分布的时候常会检查异常值。**异常值**是极端值，即与其他值距离很远的值。1.5 节将介绍箱形图，用它可以找出异常值。当发现异常值的时候，我们需要检查这个异常值是一个真的值还是一个计算错误的值——也称**劣值**。劣值可能是各种原因导致的，如输错数据或语料库的标注错误。异常值是一个有效的数据点，只是出于各种原因而偏离其他数据点。尽管异常值本身不是"错误"，但它们却为统计模型带来问题，因为它们可能会遮盖数据中的总趋势，研究者必须决定如何分析包含异常值的数据。如果理由充分且这个研究重点关注数据的集中趋势，那么研究者可以排除异常值。

度量**集中趋势**或计算平均数为一个规模变量的一系列值提供了一个概述值。它是一个简单的统计模型，与离散（见下）搭配使用，以实现对数据的概述。我们可以使用不同的计算平均数的方法。在语料库语言学中，最有用的是：均值、中值和 20% 截尾均值。**均值（M 或 x̄）**，如前所述，是用所有值的总和除以实例的数量（见 1.2 节）。均值在没有极端值（异常值）的分布中是有用的度量，因为异常值会影响均值；在有异常值的分布中，均值会更多地代表异常值而不是其他值，这就会导致均值失效。我们以选自英国国家语料库的 11 篇小说文本的形容词频率为例来计算均值。

508，542，552，553，565，567，570，599，656，695，699

这 11 个值的均值为 591.45。假设最后一个值不是 699，而是 6 990 会怎么样。在这种情况下，均值会偏向极端值，为 1 163.36；这个值不能代表整个数据，因为只有 1 个值超过 1 000。一个解决办法是用中值。**中值（mdn）**是一系列从小到大排列的值中最中间的一个。这 11 个值的中值是 567，如下所示。

508，542，552，553，565，⟨567⟩，570，599，656，695，699

中值将永远处于分布的中间，不管两边发生了什么，不管最大的值是 699 还是 6 990 或是 69 900。

如果我们有 10 个值，那么中值将位于两个中间值 565 和 567 的中间，如下所示。

⟨566⟩

508，542，552，553，**565**，**567**，570，599，656，695

中值的规则就是：如果值的数量是奇数，中值就是中间那个值；如果值的数量是偶数，中值就是两个中间值的均值（两个中间值相加除以 2）。

离散是数据集中一个变量的值的扩散。再举上面 11 个形容词频率的例子，按照从小到大的顺序排列：

508，542，552，553，565，567，570，599，656，695，699

当我们把这些值描绘在一条线上的时候，我们就可以看到它们的离散，即每个单独的值之间相距多远。最小值与最大值之间的距离被称为**全距**。全距可表明规模变量的离散。但全距会受到极端值（异常值）的影响，因此我们更倾向于用**四分位距**。四分位距是上四分位数与下四分位数的间距——从低到高排列数值的中间值的上边界和下边界——代表分布中 50% 的值，排除中值和边界值（四分位值）。图 1.6 说明了全距和四分位距的概念。这里我们把整个分布分成四等份，并找出四等份的边界值（下四分位数和上四分位数）；四分位距就是包含上下四分位数之间所有值的间距。

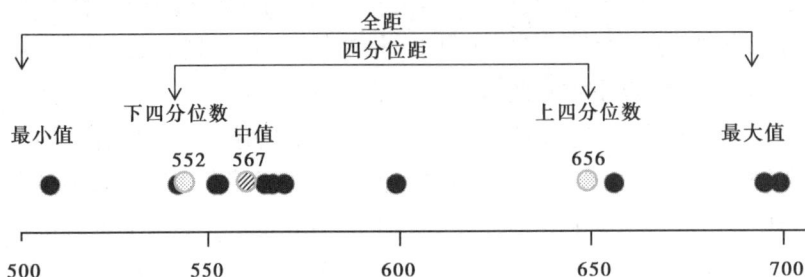

图 1.6　11 个语料库文本中形容词频率的离散

另一个离散度量是标准差。**标准差（SD）** 是单个值距离均值的平方和的平方根。它反映单个值与均值的整体距离（见第 2 章）。

统计度量泛指用于计算的任何统计方法。它可以是简单的计算（如均值），也可以是复杂的统计建模（如混合效应模型）（见第 6 章）。书中讨论的其他统计度量有：标准差、Cohen's d、互信息值、Delta P、t 分数、F 分数。

统计检验属于**推论统计**。推论统计学是超越样本（语料库）对总体（语言使用）作出推论的统计学。它背后的逻辑是"**零假设显著性检验**"（见下）。统计检验最明显的标记是检验产生的 p 值（比如，在研究报告中，你常常看到"$p < 0.05$"或"$p < 0.01$"这类的描述）。基于 p 值，我们就可以决定在语料库（样本）中是否有足够的证据来推翻零假设。整个过程描述如下。

1. 我们首先有一个要检验的假设，称为备择假设 H_1。比如，社会语言学 H_1 称"男性和女性在使用脏话上存在差异"。

2. 我们提出零假设（H_0），它与 H_1 相反。简单地说，零假设认为语料库中没有什么特别的东西。比如，两个子语料库没有差异。在我们这个例子中，H_0 称"男性和女性在使用脏话上不存在差异"。

3. 我们用统计检验（如独立样本 t 检验）来检验**零假设**。在此之前，我们需要检查我们的数据是否满足所选检验的假设。

4. 我们从统计检验中通常会得到两个重要的值：检验统计值和 p 值。基于 p 值（在语料库中这一观察结果偶然出现的概率值），我们就可以决定是否推翻零假设。如果 p 值足够小，通常小于 0.05（即 5%），我们就可以推翻零假设，并得出结论：所观察到的差异不太可能是偶然出现的，因此结果具有**统计显著性**。也就是说，在语料库（样本）中观察到的差异有可能是语言总体（全部语言使用）的真实差异。如果 p 值等于或大于 0.05（即 5%），我们就可以得出结论：没有足够证据推翻零假设。我们解释这样的结果时一定要小心谨慎，因为这并不意味着备择假设（H_1）是假的，或零假设（H_0）是真的，只是没有足够证据推翻零假设；如果我们收集到了更多数据，统计检验的结果就可能是显著的了。注意：0.05 或 5% 只是一个方便的切分点，我们可以把它想象为从样本推论到总体我们愿意承担的风险。如果我们只愿意承担小于 5% 的风险，那么我们可以把 p 值切分点降到 0.01（1%）或 0.001（0.01%）。

p 值通常是统计检验最明显的标记。但我们不应该把所有统计数据都简化为 p 值。p 值是一个概率值，是统计检验的一个结果。p 值可以被定义为：如果零假设是真的则数据会至少像观察到的那么极端的概率。在上面社会语言学研究男性和女性使用脏话的例子中，得到的 p 值表明，如果零假设是真的（即总体实际上并没有差异，语料库中观察到的差异只是抽样错误造成的巧合），两组中出现实际观察到的甚或更极端的差异的概率。

传统上认为，统计检验的**假设**是统计检验产出有效结果所应该满足的条件。许多**参数检验**（如 t 检验或方差分析）的一个典型假设是**正态假设**。这一假设假定：语言变量的频率分布不会过多偏离正态分布。这是因为参数检验（如 t 检验）通常比较的是均值，如果分布太偏离正态，那么均值就不能很好地代表语言变量的值。在这种情况下，我们可以使非参数检验，如 Mann-Whitney U 检验（t 检验的非参数版）。这些非参数检验通常比较值的等级之和而非实际值的均值（见 6.3 节）。但统计学研究表明（如 Boneau，1960；Lumley et al.，2002；Schmider et al.，2010），许多参数检验（如 t 检验或方差分析）实际上是很稳健的，不会受到违反正态假设的影响。也就是说，即便数据违反正态假设，这些检验仍然可以产出有效结果。下面是统计检验的其他常见假设：

同方差性：我们比较的（子）语料库有相似的方差，即单个值的离散。

独立性：本书使用的大多数统计检验（如独立样本 t 检验或卡方检验）都假定不同（子）语料库观察结果的独立性。也就是说，一个文本中的语言特征被假定为不受另一个文本语言特征的影响。

线性：一些变量之间的关系可以用一条直线表示（见图 1.1）。但在另一些情况下，曲线更合适。这就违反了线性假设。

在讨论本书中每一个统计检验时，我们都将详细列出和讨论这些检验的假设。

推论统计中的**置信区间**就是想脱离与零假设显著性检验、统计检验和 p 值相联系的二分法思考。置信区间不是就统计显著性回答是或不是的问题，而是估计一个统计度量（如均值）的真实值或两个统计度量的差异（如两个均值的差异）。置信区间，顾名思义，不是一个单一的值，而是一个范围的值（可以用误差条来表示——如图 1.7 所示）。在语料库语言学中，我们设立 95% 置信区间。95% 置信区间的含义是：围绕基于样本（语料库）的一个统计度量而设立的区间，使得对于 95% 的样本来说，这一度量的真实值都在这一区间内。在实际操作中，我们常用置信区间来比较两个或更多的（子）语料库。这里我们区分一下两种典型情况：（a）在很大程度上重叠；（b）不重叠（见图 1.7）。如果置信区间在很大程度上重叠，那么这个（子）语料库就很有可能代表总体，总体与样本之间没有差异。另一方面，如果置信区间不重叠，那么这个（子）语料库就很有可能来自不同的总体（见 Cumming et al.，2007）。

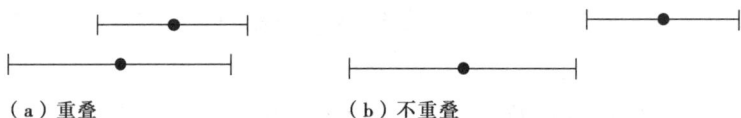

（a）重叠   （b）不重叠

图 1.7　置信区间：两种情况

表 1.1　r 效应量度量及其标准解释

效应量（r）	解释
0.1	小效应
0.3	中效应
0.5	大效应

描述统计学的**效应量**是一个标准化度量，可以进行不同研究之间的比较（见 8.3 节关于元分析的论述），它描述了在语料库中所观察到的效应的实际重要性。比如，如果我们根据一个统计检验得出的结论是：两组说话者（男性和女性）在使用特定语言变量时有显著差异，我们仍然需要看这个差异有多大以及它有没有实际重要性。为此，我们可以用效应量度量，如 r、几率比或 Cohen's d。表 1.1 为 r 效应量度量的三个切分点提供了标准解释（Cohen，1988）。注意：这个解释只能作为大致参考，不能当成绝对真理（见 8.4 节）。

1.4 创建语料库和研究设计

> **思考**
>
> 在阅读本节前，请思考以下问题：
>
> 1. 创建语料库需要收集多少文本？
> 2. 说一个语料库有代表性是什么意思？
> 3. 大型语料库总是比小型语料库好吗？

语料库是文本[9]（或口语转写文本）的汇集，它可以用计算机进行分析。语料库可以是通用的，反映语言总体，也可以是专门的，关注某一特定语类、作者或语言使用的地区。通用语料库的语言样本取自一个非常大的总体——人们在一个特定时期使用的所有语言。共时语料库抽取一个时期（如一年）的语言，而历时语料库包括不同时期的语言。据估计（Mehl et al.，2007），一个人平均每天会说 16 000 个词。有约 4 亿人以英语为第一语言，另外还有数亿人以英语为第二语言（Crystal，2003），因此英语的日产出量可以以千亿计算。不仅如此，人们还要写信息、邮件、博客、购物单、商业报告、短文、诗歌等，所以英语的日产出量是非常大的。即便是最大型的语料库，相对于语言的总产出量来说，也是微不足道的。但如果创建得好，语料库仍然能为我们提供关于语言**总体**的信息。但"创建得好"是什么意思？

在语料库语言学中，"代表性"这个术语常被用来描述语料库。**有代表性**表明样本与总体有相似的特征，这可以使我们从样本推论至总体。从理想上来说，真正的**随机抽样**[10]（每个产出的文本或说出的话语在样本中都有同样的出现概率）可以实现这一点。然而，随机抽样是不切实际的，因为现实中没有一个我们在抽样时可以参考的所有语言产出的目录；另外，不是所有的语言产出都有记录。为了使抽样具有可操作性，语料库设计者首先会设定一些类别，以尽可能全面地代表语言总体，这些类别被称为**抽样框**。表 1.2 就是一个抽样框的示例。这是布朗家族的抽样框，是语料库语言学中最著名的抽样框之一（Francis & Kučera，1979）。

---

9 在普通语言学中，"文本"这个词既代表书面文本也代表口语文本。对语料库分析来说，所有文本都需要转化成计算机可读的格式。

10 在统计学上，我们区分了概率抽样和非概率抽样（便利抽样）。随机抽样属于概率抽样。

表 1.2　布朗家族的抽样框

文本类别		文本数量
A	新闻：报道	44
B	新闻：社论	27
C	新闻：评论	17
D	宗教	17
E	技能、手艺和爱好	36
F	民间传说	48
G	纯文学、传记、散文	75
H	杂类（政府文件、基金会报告、工业报告、大学概况手册、企业商报）	30
J	学术和科学著作	80
K	一般小说	29
L	悬疑和侦探小说	24
M	科幻小说	6
N	冒险与西方小说	29
P	浪漫和爱情故事	29
R	幽默	9
总计		500

　　布朗家族有 15 个类别，选取了 500 个文本，每个文本抽取 2 000 词。因此，每个布朗家族语料库都由大约 100 万（500 × 2 000）词的书面英语构成。在这一传统的语料库设计中，语料库创建者的目标是实现抽样框中 15 类文本的无偏差抽样。当然，我们也可以理想化地使用随机抽样。但在实际操作中，我们用文本选择原则来指导抽样以避免选择过程中的偏差。这里的偏差是指：样本系统地且不易察觉地偏离总体。

　　下面列出了一些常见的偏差类型以及避免这种偏差的文本选择原则。

- **文本样本偏差**：不同的文本章节（如开头、中间和结尾）有不同的语言特征。比如，文本的结尾通常会包括总结性的话语（如"总的来说""总而言之""从此他们过上了幸福的生活"）。如果语料库样本只包含某一部分（如开头或结尾的 2 000 词），那么这些部分将会被过度代表。如果一个语料库只包含文本样本，而不包含全文（像布朗家族语料库），那么我们需要截取不同的章节以平衡代表文本的各部分。

- **主题偏差**：如果同一主题的文本在语料库中出现太多，就会出现主题偏差（除非是代表某一主题的专门用途语料库）。这些文本通常包含特定主题的词汇，而且它们在每篇文本中都不断重复。这就是"海螺问题"（即一些不常见的词汇在语料库中被过度代表）（见 2.4 节）。主题偏差在小型语料库中尤为突出，因为小型语料库中的每一篇文本都占了相对大的比例。因此，语料库设计者应该尽可能多地选择不同主题的文本。

- **未涵盖偏差**：一些文本比另一些文本更"显见"，因为语料库设计者出于各种原因将其视为典型。比如，他们更青睐公开出版的文本，而不是私人信件或邮件。语料库设计者应该尽可能多地选择各种文本。

- **传统文本类型偏差**：这类偏差是未涵盖偏差的具体体现。在选择抽样框的时候，我们倾向于将长期以来包含在语料库中的文本类型〔如布朗家族抽样框中的文本类型（见表 1.2）〕视为凸显的。然而，随着新技术和新交流方式的出现，一些新的语类（如博客、帖子、微博）也随之出现。因此，语料库创建者需要认真思考抽取什么样的文本类型以及它们对语料库的代表性有什么影响这类问题。

- **法律考虑偏差**：语料库设计者常常面临版权的问题。当他们想与其他研究者分享他们的语料库时，这一问题尤为突出。因此，出于法律考虑，他们只选择版权保护不适用的文本（如版权过期文本、获得知识共享许可的文本等），然而，这会造成抽样偏差。目前，这个问题没有一个明确的解决办法，因为不同国家的法律要求不同。语料库设计者要注意这个问题。

- **实际性偏差**：一些文本（如网页）要比另一些文本更容易获得。这一实际性考虑可能会导致语料库过度代表那些容易获得的文本。语料库创建者不要图方便，而要尽可能广泛地收集各类文本，不管它们容易获得与否。

- **自选择偏差**：当文本提供者（如文本作者）被要求自愿提供文本时，这一偏差就会出现。比如，我们想创建一个课堂写作语料库，我们要求学生自愿提交他们的作文，最后我们收集到的可能只是那些学习主动的学生的作文，而他们的作文无法代表整个班级。因此，语料库设计者需要用各种激励措施，尽可能广泛地收集不同群体的文本，以获得一个有代表性的样本。

我们已经探讨了语料库设计的传统方法。现在有了一种新方法来处理语料库代表性和抽样问题，它来自"**互联网用作语料库**"（web as corpus）这一提议（Baroni & Ueyama，2006；Baroni et al.，2009；Jakubíček et al.，2013）。这一方法的主要原则是基于这一简单的观察：随着网络的流行，大量有趣的语言材料都可以在网上获得。另外，网络语言环境已经扩展到我们日常生活——工作、娱乐、社交等领域。利用网络，我们可以创建一个比以前任何一个语料库都要大的语料库，而且比起传统基于文本类型（抽样框架）的抽样方式，我们可以更系统地抽取网络语言。据称，大型网络语料库能够更真实地代表当前使用的语言，因为网络环境正在变得日益丰富多样，能够在很大程度上反映现实中的语言使用（如纸质书也有电子版）。然而，尽管网络容量大，它也只能代表语言产出总量的一部分，没有包括如面对面随意谈话这类的语言，而这类语言构成了日常语言使用的很大一部分。因此，如同对任何语料库一样，分析网络语料库的时候，我们也需要认真思考语料库（样本）与它代表的语言使用（总体）之间的关系。

　　如前所述，语料库是语言的样本。但在一些特定情况下，语料库能包含整个语言总体。比如，在研究文学时，语料库可以包括一个作家的全部作品。如果我们想比较莎士比亚著名悲剧《哈姆雷特》中哈姆雷特的语言与他的朋友霍拉旭的语言，我们就可以获得关于这两个人物语言的全部例证。同理，如果我们收集了一个特定时期关于一个特定主题的所有报纸文章，我们也可以获得这一主题的语言总体。贝克等人（Baker et al., 2013）创建了一个143 000 000 词的英国报纸文章语料库，所有文章都包含了与穆斯林和伊斯兰教相关的词。在这些实例中，适用的统计分析是**基于总体的语料库**的统计方法，即描述法（描述统计）。统计推论的过程可以省略（见后文讨论统计学在语料库分析中的作用），因为我们能观察到语言使用的总体。

　　讨论了语料库创建的各个方面之后，我们又回到这个根本问题上来：语料库到底该建多大？这个问题没有一个统一的答案，因为语料库的大小取决于研究问题和我们想研究的语言特征。对于被动句这一语法结构来说，一个小型语料库（100 万词或更小）就足够了，因为它很常见。另一方面，许多词汇及其搭配即便在大型语料库中都不太常见。这时，我们就会遇到**数据稀疏**问题。表 1.3 显示了五种表达方式及其分别在 100 万词、1 亿词和 200 亿词语料库中的频率。尽管这些表达方式的意思都很明确，但它们根本就没有出现在 100 万词的语料库中。有趣的是，副词 uninhabitably（如 Fumes from this single burn will eventually render a 44 km area of the lunar surface uninhabitably radioactive）在 200 亿词的语料库中也只出现了 4 次。

表 1.3　三个英语语料库中所选词和表达方式的频率

表达方式	BE06（100 万词）	BNC（1 亿词）	EnTenTen13（200 亿词）
co-pilot[a]（名词）	0	69	7 887
rater[a]（名词）	0	11	7 832
beautiful memories	0	1	2 552
somewhat humorously	0	0	90
uninhabitably	0	0	4

[a] 频率包括复数形式

从这个例子中我们可以总结出一条普遍规则：**这个表达方式不在这个语料库中出现并不代表这个表达方式不在语言中出现或不存在，除非这个语料库代表总体**。作为语料库使用者，我们需要从语料库质（代表性和平衡性）和量（语料库规模）的角度批判性地思考语料库提供的例证。

最后，我们谈谈语料库分析中统计学的作用。我们先讨论一些总体原则，再讨论具体的研究设计。在语料库分析过程中，有四个分离但相互联系的层面（见表 1.4）；我们需要对每个层面做出合理解释，才能获得有意义的结果。

首先，我们需要进行数据探索，观察语言变量的频率和分布（见 1.3 节对统计术语的说明），然后我们绘图来描述数据的主要模式（见 1.5 节数据探索和可视化）。如果我们的语料库代表的是样本而非总体（通常情况都是这样），我们就应该考虑样本中的例证数量。换言之，我们可以用推论统计分析所观察到的效应和差异是否能推论至总体，即语料库代表的所有语言。推论统计会产生 p 值或置信区间，我们用"具有统计显著性"或"未覆盖 95% 置信区间"这些话语来描述推论。

表 1.4　语料库语言学中的不同分析层面

层面	关键问题	关键术语
1. 数据探索	数据中的主要趋势是什么？	图、均值、标准差
2. 推论统计：例证数量	我们有足够的证据推翻零假设吗？我们在样本中看到的效应是偶然（抽样错误）还是真正反映了总体？	统计显著性、p 值、置信区间

统计推论

一个例子（例证不够）　足够大的样本　　　总体（真相）

| 3. 效应量 | 样本中的效应量多大？（标准化度量） | 效应量, 如 Cohen's d, r |
| 4. 语言解释 | 这个效应具有语言学或社会学意义的吗？ | |

目前，许多学科（如心理学、社会学和应用语言学）就推论统计（尤其是 p 值）在研究过程中的地位提出了异议。[11] 不幸的是，许多研究者仍然陷入显著或不显著的二分思维方式中，他们常常将统计显著性与实际的重要性或语言学和社会学意义搞混淆（见下）。卡明（Cumming，2012）为他提出的"新统计学"提供了有说服力的论据，这一新统计学是基于效应量和置信区间的

11　这本期刊《基础和应用社会心理学》（*Basic and Applied Social Psychology*）甚至禁止所有稿件使用推论统计。该期刊的编辑称，推论统计学涉及的过程——所谓的零假设显著性检验——是无效的（Trafimow & Marks，2015：1）。

统计方法。这里，我们只需强调"统计显著性""实际重要性"和"语言学和社会学意义"是三个不同的概念。**统计显著性**告诉我们是否有足够的证据去推翻零假设；在超大型的语料库中，两个群体（文本或说话者）之间很小（几乎注意不到）的差异也具有统计上的显著性。**实际重要性**用标准化的统计度量来表达效应量；在这里，我们想要估算效应的大小（如两个群体之间到底存在多大差异）。最后，我们需要将观察到的效应与语言学和社会学知识联系起来，并用语言学和社会学的理论来解释结果。这是至关重要的一步，它试图发现观察结果的**语言学和社会学意义**。

分析语料库时，我们还要思考从语料库中获取的数据类型和格式，以回答研究问题。这就是所谓的**研究设计**；研究设计很重要，因为它会影响我们选用统计方法。总的来说，有三类主要的研究设计：（1）整体语料库设计；（2）单个文本或说话者设计；（3）语言特征设计。图 1.8 显示了基于这三个研究设计的数据集结构。

(a)

Case(corpus)	Passives(AF)	Passives(RF)
BNC	1121436	11406.74

(b)

Case(text)	Passives(AF)	Passives(RF)
A00	50	72.5
A01	81	99.8
A02	24	70.0
A03	369	184.8
A04	464	117.2
A05	580	137.1
A06	280	76.5
A07	424	106.2
A08	205	51.1

(c)

Case(feature)	Short/Long Passive	Speech/Writing	Genre	Example		
1	0	1	0	ng Hedging plants	are usually cut	back to half
2	0	1	1	regions, but it has	been deployed	under sector
3	0	1	1	BBC's recordings	aren't meant	for release
4	1	1	0	ne-way system. It	was caused	by the IRA,
5	0	1	2	lopment projects	are scheduled	for the forth
6	0	1	3	ety grew and laws	were passed	for her prote
7	0	1	0	beral policies will	be implemented	in Peru at le
8	1	1	0	Romans, the Celts	were dismissed	by contempo
9	0	1	4	solar calendar by	being placed	at the winte
10	0	1	5	Final Invoice will	be issued	as appropria
11	0	1	6	he tissue samples	are taken	from the foe

图 1.8　语料库语言学中的研究设计

在**整体语料库设计**中，分析的单位通常是整个语料库，有时是大型的子语料库。图 1.8（a）的语料库是 BNC，我们要将被动结构（如 he was seen）的频率作为主要的语言变量。AF 代表绝对频率，RF 代表每百万词的相对频率（见第 2 章）。整体语料库设计是最基本的设计，它只提供语料库中某一语言特征的频率，不会考虑语料库中的内部变化（4.2 节提供了整体语料库设计的实例）。相比之下，**单个文本或说话者设计**能使我们看到单个文本或说话者的某一语言特征的频率。在图 1.8（b）中，我们可以看到单个 BNC 文本中被动结构的频率；这张图只显示按字母顺序排列的前 9 个文本（6.3 节提供了单个文本或说话者设计的实例）。最后，语言特征设计将语言特征视为单个实例。在图 1.8（c）中，每一行代表被动结构在 BNC 中出现的一个实例，根据这个结构的不同属性和语境进行分类。比如，被动结构可以是短被动句（如 plants are usually cut）——标记为 0——或加 by 的长被动句（如 It was caused by the IRA）——标记为 1；它可以出现在说话中（0）或写作中（1）；它也可以出现在不同的语类中（标记为 0—6）。**语言特征设计**可以使我们研究影响某一语言特征使用的不同因素。比如，根据图 1.8（c）的数据集，我们可以研究特定语类是否更青睐长被动句（4.3 节和 4.4 节提供了语言特征设计的实例）。注意：数据的"形状"和研究设计是统计分析成功与否的关键。不同的研究问题要求不同的研究设计，这又会产生不同的数据"形状"。本书讨论了适用于不同语言分析的研究设计，并用实例研究展示统计方法的使用；本书使用的完整数据集在配套网站上可以找到。

总的来说，选择正确的语料库、分析方法和语料库设计是成功进行语料库分析的第一步。作为研究者，我们需要认真思考我们分析的语料库代表了什么以及它们如何揭示关于语言和社会的有趣现象这类问题。

1.5 探索数据和数据可视化

> **思考**
>
> 在阅读本节前，请思考以下问题：
>
> 1. 分析之前为什么需要批判性地审视数据？
>
> 2. 我们在数据集中会遇到什么样的错误？
>
> 3. 你知道哪几种图形？

坏的数据带来坏的结果。不管我们的统计分析多复杂，如果我们的数据错了或将数据从电子表格中复制粘贴到统计软件时出现了错误，那么我们的结果就是错的。避免这些错误的一个方法就是把每一步分析记录下来，这样就可以随时检查或重复这一过程。另一个更重要的方法是不断质疑数据的"合理性"：这就是我预测的语料库容量吗？我会不会误把词性标注符也算进去了？根据词在文本中的分布，出现这一效应合理吗？出现这个异常数据点的原因是什么？等等。不断质疑数据有助于我们避免这些小错误和对结果的误解。

另外，要理解数据中的主要趋势，数据可视化的作用非同小可。有效的数据可视化毫无遗漏地总结了数据中的模式。下面，我们举一个有效数据可视化的例子。图 1.9 和图 1.10 显示了同一个数据集。这个数据集比较了一个语言变量（因为这是我们虚构的例子，所以就把它称为 x 吧）在三个语料库中的频率。**条形图** 1.9 显示了 x 在每个语料库中的频率；从图上我们可以看出这三个语料库有明显差异，变量 x 在语料库 3 中的频率最高。

图 1.10，虽然基于同样的数据集，但显示了完全不同的结果。语料库 1 确实看上去不同，但语料库 2 和 3 在很大程度上相似，尽管语料库 3 的离散程度更高。具体来说，语料库 3 中有一个值凸显出来——这是我们称为异常值的点。在图 1.10 中，数据是以**箱形图**的形式展现出来的，另外还增加了均值和单个数据点。这个箱形图显示了每个语料库中的数据分布以及极值（最大值和最小值）和异常值。箱子里面代表**四分位距**（50% 的值），箱子里的粗横线代表**中位数**（中间值）。箱子上面和下面的"须"代表排除了异常值（它们在须的范围之外，是单独的数据点）的最大值和最小值（极值）。单个值（不同文本中 x 的频率）和均值（短横线）也显示在这个箱形图里。总的来说，箱形图比条形图显示了更多的信息。条形图 1.9 只显示了三个值（2.2—6.1—8.1），但箱形图 1.10 用同样的空间显示了 46 条不同信息，包括重要的概括性统计数据，如均值、中位数、全距和四分位距。[12] 这有助于我们更有意义地解释数据以及避免做出毫无根据的结论。

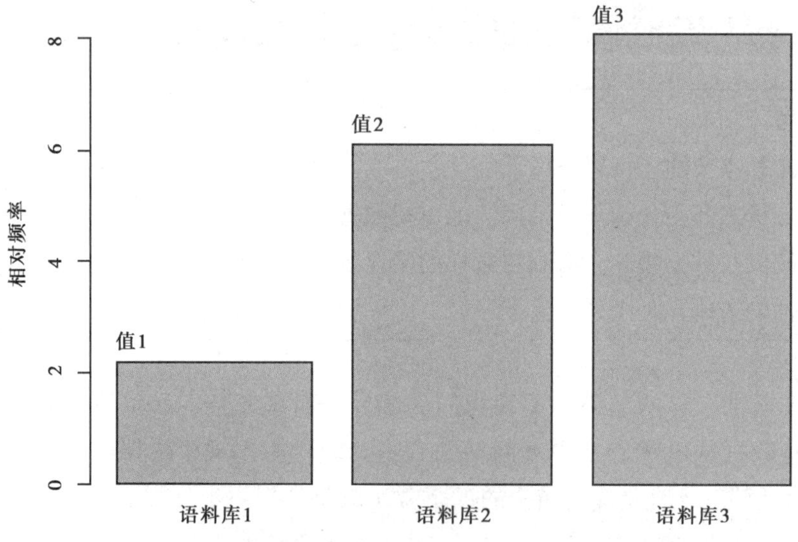

图 1.9　条形图：三个语料库中的变量 x

12　将数据可视化的时候，我们应该选用那些信息量大的显示方式，它的信息比率更大（Tufte，2001，2006；Hudson，2015）。

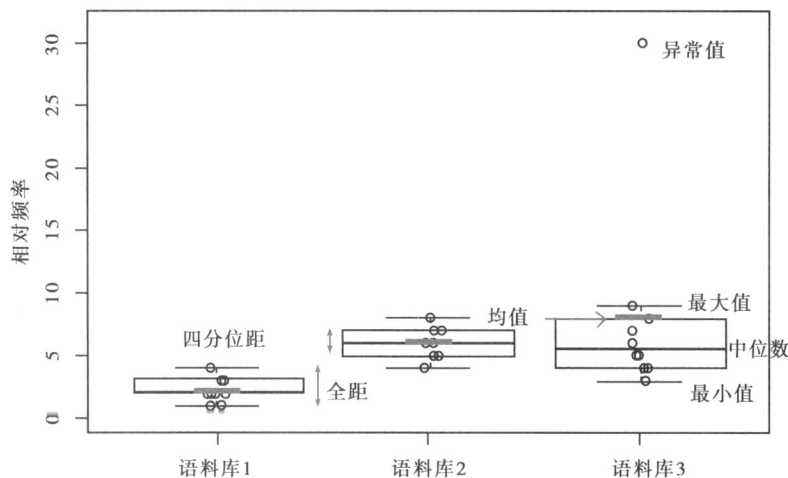

图 1.10　箱形图：三个语料库中的变量 x

如果我们想超越样本，对总体做出概括，那么我们可以计算变量 x 在三个语料库中均值的 95% 置信区间。95% 置信区间在图 1.11 中以**误差条**的形式显示。

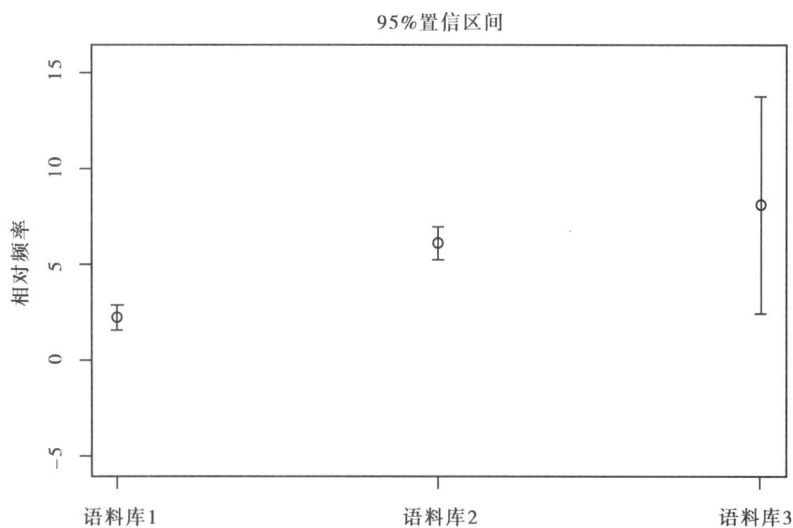

图 1.11　误差条：三个语料库中的变量 x

另一个有用的图形是直方图（见图 1.12 和 1.13）。**直方图**用条形显示语言变量的频率分布，每个条形代表语言变量在特定区间（如 20—30, 31—40 等，见图 1.12）中值的频率。在直方图中，我们对数据的分布形状感兴趣。图 1.12 和 1.13 分别显示了写作中定冠词的相对频率（每 1 000 词）分布以及话语中以 f 开头的脏话词（fuck, fucked, fucking）的相对频率（每 1 000 词）分布。这里，我看到了两个正偏态分布，这是语言数据的典型形状。以 f 开头的词的分布极度不均，因为这个语料库中几乎没有人使用它们。

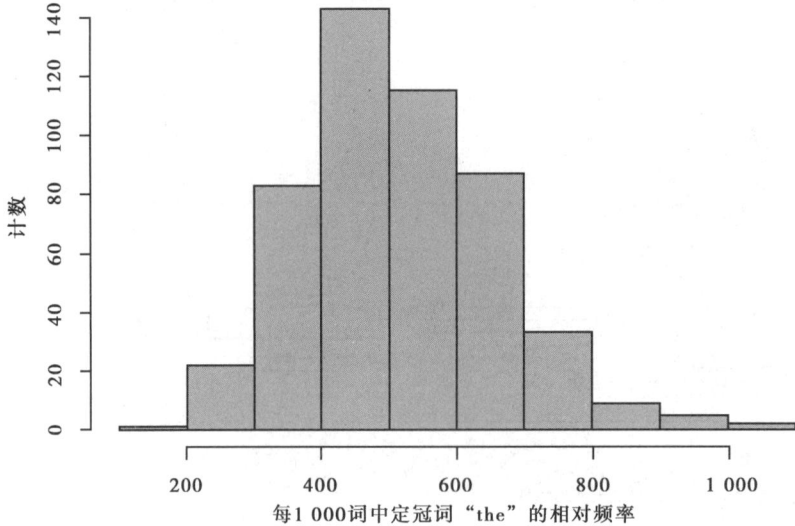

图 1.12　直方图：BE06 中的定冠词

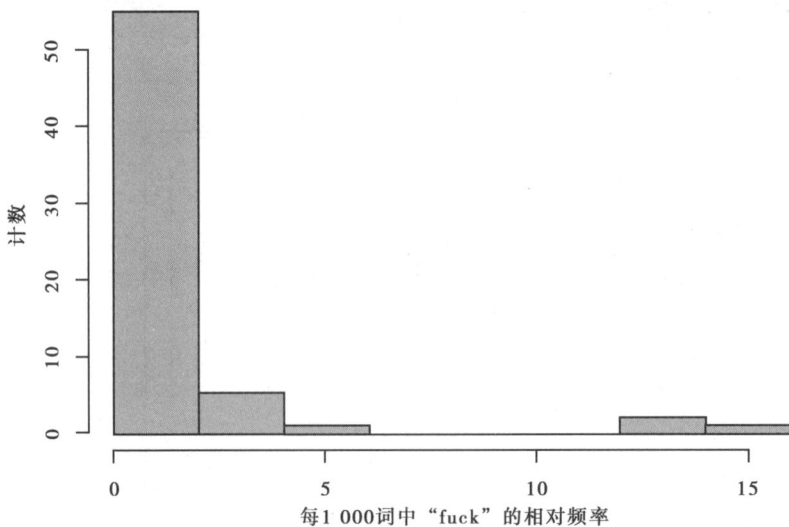

图 1.13　直方图：BNC64 中以 f 开头的词

　　到目前为止，我们讨论的是一个语言变量的数据可视化。如果我们想比较多个语言变量之间的关系，我们就可以用**散点图**。下面是 BNC64（BNC 口语语料库中 150 万词的子语料库）中定冠词、第一人称代词和第二人称代词使用的散点图。图 1.14 显示，定冠词 the 的点与第一人称代词 I 的点是相背的。每个圆圈代表一个数据点——一个说话者。从这张图中，我们可以清楚地发现每个说话者使用这两个语言变量的方式以及它们之间的关系。回归线穿过"说话者云"（Speaker cloud）的中间，可以看出在这个数据集中，定冠词的使用与第一人称代词的使用成反比。在图 1.15 中，多个散点图构成一个**散点图矩阵**，每个散点图代表两个语言变量。比如，第一列的中间方框是 the 和 I 的散点图，I 在 x 轴上，the 在 y 轴上。读散点图矩阵的最好方式是：列的标签（词）表明什么在 x 轴上，行的标签（词）表明什么在 y 轴上。

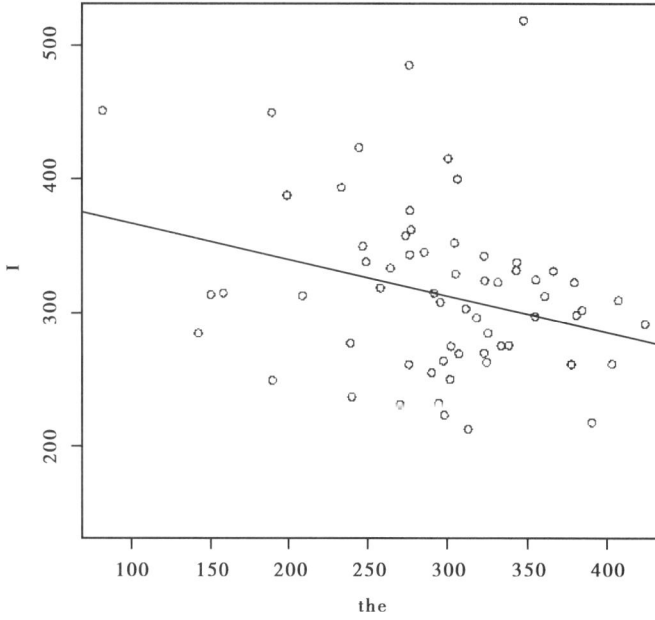

图 1.14 散点图：BNC64 中的：the 和 I

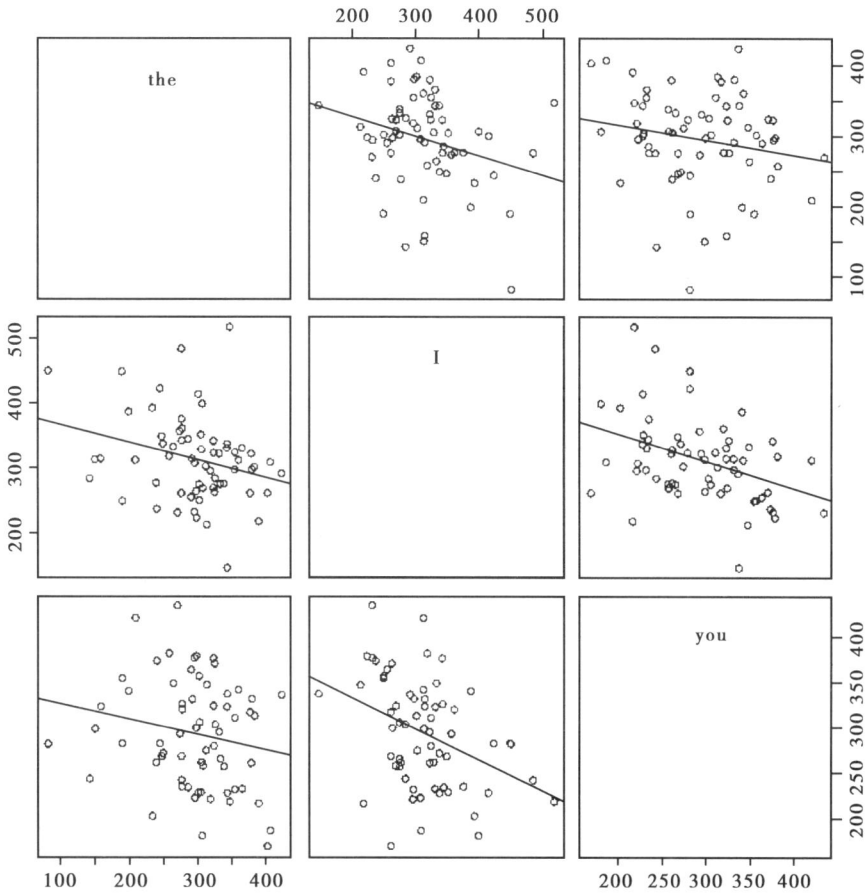

图 1.15 散点图：BNC64 中的 the、I 和 you

还有一些更复杂的可视化方法。比如，地质制图就是一种将语料库中提到的不同地方及其频率标在地图上的方式。下面的地图显示了 BNC 中与动词 to go 或 to travel 搭配的前 10 个地方。它们是（按照频率顺序）：伦敦、巴黎、牛津、罗马、剑桥、曼彻斯特、纽约、利兹、爱丁堡和利物浦。

我们使用的可视化方式应该有助于我们更好地理解语料库中的数据模式。这在很大程度上取决于研究问题和研究类型（研究设计）。图 1.17 概括了书中使用的不同类型的图形以及详细讨论它们的相应章节。

这一节呈现的所有图形都可以用在线兰卡斯特统计工具的图形工具轻松做出来。

图 1.16　BNC 中与"going"或"travelling"相联系的前 10 个地方

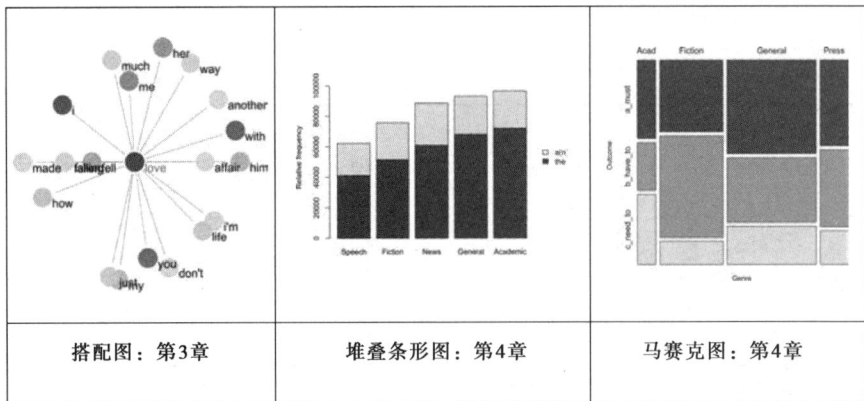

| 搭配图：第3章 | 堆叠条形图：第4章 | 马赛克图：第4章 |

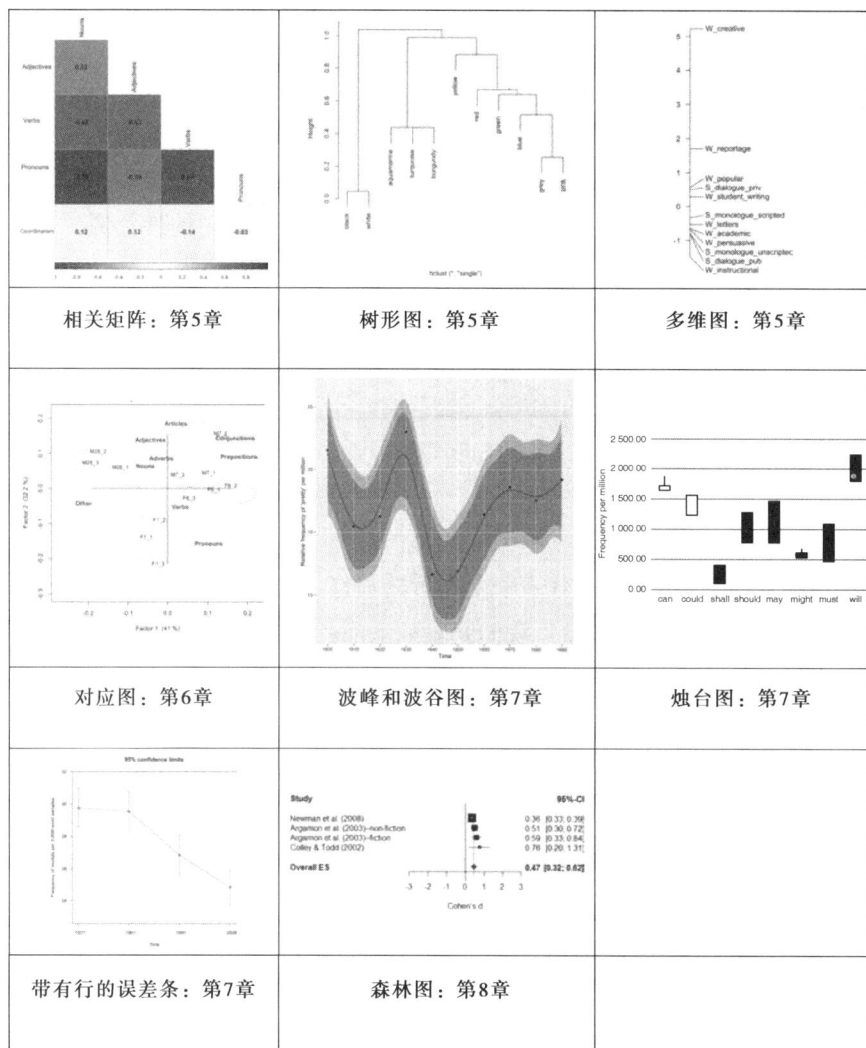

相关矩阵：第5章	树形图：第5章	多维图：第5章
对应图：第6章	波峰和波谷图：第7章	烛台图：第7章
带有行的误差条：第7章	森林图：第8章	

图 1.17 其他可视化类型

1.6 应用和实例：小说中的形容词多于学术论文中的形容词吗？

　　我的一个朋友是一位非常杰出的小说家，她曾经告诉我，她认为学术论文非常枯燥，因为学者们几乎不用形容词。我想了一会儿，实在想不出什么机智的回答，于是我说："这是一个经验问题。"接下来，我在 BNC（既有学术写作样本，也有小说样本）中检验了她的假设。下面是我的研究报告。

本研究基于 BNC。我们提取了 BNC 的两个子语料库来研究小说和学术论文中形容词使用的差异。表 1.5 显示了两个子语料库的信息。

表 1.5　子语料库

子语料库	BNC_ 小说	BNC_ 学术论文
词（形符）	16 075 667	15 619 286
文本	432	501

BNC 代表了 1990 年代早期的英式英语。所以，这个语料库已经非常老了。然而，形容词的使用是一个非常稳定的语言变体，所以没有必要担心这个语料库的代表性。如果你担心这一点，你可以用更近期的数据去做这个研究。

在这个研究中，每个文本代表一个作者的写作，它被当作一个独立的观察对象。我们要验证下面的假设：

这只是说，我关注的是作者间的个体差异，而不是小说和学术论文这两个类别的平均水平。

• 假设（H_1）：学术论文中的形容词少于小说中的形容词。

这是你的假设，记得吗？

首先，我们用箱形图来探索数据。然后，我们计算两个子语料库的 95% 置信区间，我们用 r 作为标准效应量度量。最后，我们用独立样本 t 检验来验证零假设。

这些是不同的统计方法。你不需要去掌握细节。

零假设（H_0）：学术论文中的形容词使用与小说中的形容词使用没有差异。

零假设是正式统计过程的一部分。它是对你假设的否定。

结果表明，学术论文中的形容词使用与小说中的形容词使用的确存在差异。然而，如图 1.18 所示，学术论文中的形容词多于小说中的形容词。而且，小说之间的同质性更强。

更强的同质性用更小的盒子和更短的"须"表示。

超越样本，我们来计算 95% 置信区间。图 1.19 显示，这两组的不重叠置信区间隔得很远。这可以解释为，两组之间存在清楚的、统计显著的差异：学术论文中的形容词远远多于小说中的形容词。

这个统计方法是用来检验所有的小说和学术论文的，而不仅是 BNC 包含的小说和学术论文（若 BNC 是一个有代表性的语料库）。

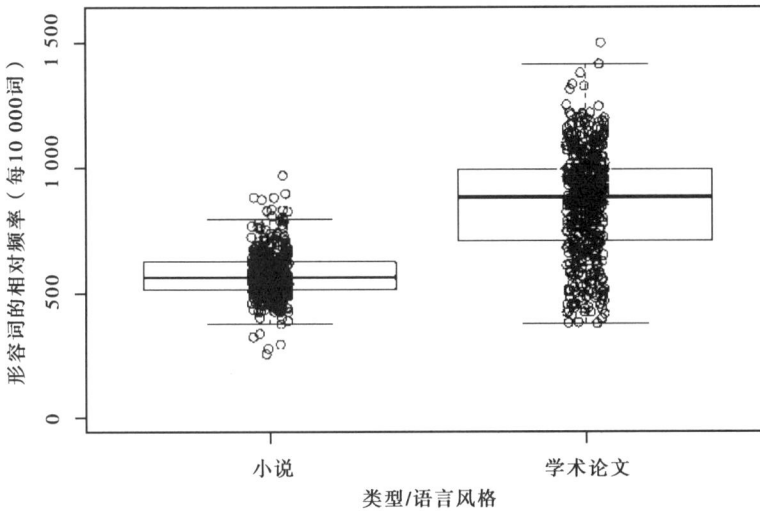

图 1.18　箱形图：小说和学术论文中的形容词

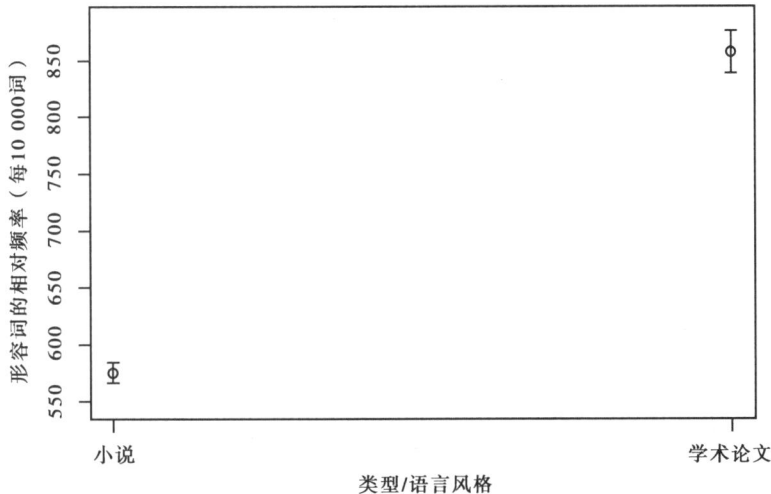

图 1.19　误差条：小说和学术论文中的形容词

独立样本 *t* 检验证实了这一点，即小说与学术论文之间存在统计显著差异，*t*（714.67）=–26.78，*p*<0.001。效应量很大（*r*=0.708），每万词 857 个形容词（学术论文）对每万词 575 个形容词（小说）。也就是说，学者比小说家平均每 1 万词多用 280 个形容词；这似乎是一个文体差异，即读者能注意到的差异。

用更多的统计方法也只是用来证实同一个问题。

我笑着把报告拿给朋友看。她说："嗯，真有趣……但我还是认为小说家使用的形容词更丰富。"我说："那是另一个研究问题了。"过一会儿，我补充道："也许你是对的，让我们去探索吧。"

1.7 练习

1. 将下面这个图形分成 4 个同样大小的形状。

做完之后，把下面的正方形分成 5 个同样大小的形状。

2. 计算这些数字的均值：2 339，2 089，2 056，2 276，2 233，2 056，2 241，1 995，2 043，1 976，2 062。它们是本章讨论的英国小说家使用的动词频率（见 1.2 节）。

3. 科学思维中的模型是什么？

4. 为大不列颠岛选择最佳拟合几何模型（图 1.20），以计算大不列颠岛的面积。

　（a）长方形 ▢

　（b）圆形 ○

　（c）三角形 △

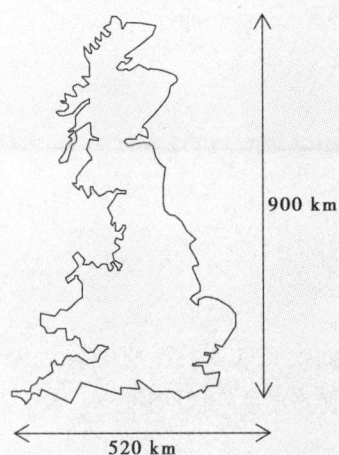

900 km

520 km

图 1.20　大不列颠：主岛

5. 用这个模型和图 1.20 给出的长宽数据来计算大不列颠主岛的面积。

6. 检验你对基本统计学术语的了解：

　i. 平均数（average）和均值（mean）有什么区别？

　（a）没有区别，它们是近义词。

　（b）均值是平均数的一种；中位数和截尾均值也是平均数的一种。

　（c）均值通常比平均数大。

　ii. 这些值的均值是多少：5，10，15，20，25？

　（a）15.00

　（b）17.32

　（c）25.30

　iii. 这些值的中位数是多少：5，10，15，20，25？

　（a）10

　（b）15

　（c）20

　iv. 哪一种变量可体现词在频率表中的等级？

　（a）名义

　（b）序列

（c）规模

v. 语料库中的离散指什么？

（a）一个（语言）变量在语料库不同部分中的分布。

（b）标准差的另一种叫法。

（c）样本在总体中的扩散。

vi. 如果你要描绘正态分布的数据，图形是哪一种形状？

（a）平整。

（b）J 型弯曲。

（c）钟形。

vii. 95% 置信区间指的什么？

（a）我们对这个区间内结果的正确性有 95% 的信心。

（b）对我们结果的客观性度量。

（c）围绕样本中的一个统计度量而设立的区间，使得对于 95% 的
样本来说，这一度量的真实值都在这一区间内。

viii. p 值是什么意思？

（a）零假设是真的概率。

（b）如果零假设是真的，数据至少与观察结果一样极端的概率。

（c）在兰卡斯特看到独角兽的概率。

7. 假设你有 500 篇文本（总体），250 篇是男性写的，250 篇是女性写
的。但你不知道哪些是男性写的，哪些是女性写的。为此，你想选
择 40 篇文本构成能代表总体的无偏样本。用在线兰卡斯特统计工具
中的随机数字生成器来选取从 1 到 500 之间的 40 个随机数字，并把
它们写下来：

—————————————————————————————

—————————————————————————————

—————————————————————————————

8. 在配套网站的答案中，你可以发现哪些是男性写的，哪些是女性写的。
对完答案之后，计算所选的男性和女性的数量。

样本中的男性：_____

样本中的女性：_____

你的样本是否大致均等地代表了男性和女性？

9. 你又发现，250 篇文本是年轻人写的，250 篇文本是中年人写的（见
答案）。你的样本是否大致均等地代表了性别和年龄群体？

年龄	性别	
	男性	女性
年轻人		
中年人		

10. 随机抽样是一个成功的方法吗？为什么？

11. 在语料库设计中你需要避免哪些偏差？

12. 在下列情境中，你会用到哪种研究设计（整体语料库、语言特征、单个文本或说话者）？

（a）定语从句的零关系词（如 The second thing Ø I want to say is...）在口语还是书面语中更常见。

（b）模糊限定语（如 sort of 和 kind of）在男性话语还是女性话语中更常见。

（c）定冠词 the 在书面英语中的频率。

（d）许多语言特征（情态动词、话语标记词和内隐动词）在不同语域中的差异。

13. 你能找出下列基于 BE06（约 100 万词的书面英语语料库）的数据集的 6 处错误吗？

词或表达方式	绝对频率	每百万词的相对频率
the	5 896	5 142.17
of	30 666	26 745.23
and	27 909	24 340.72
to	26 188	2 283.98
of the	6 887	6 006.47
and the	19 530	1 7033.01
总计	2 293 194	–

记住

• 语料库语言学是科学的方法。

• 在语料库语言学中成功使用统计方法的前提是我们有一个创建得好的、无偏差的语料库。

• 统计学用数学表达式来帮助我们理解定量数据。

• 有效的可视化能全部展现数据中的模式。

• 虽然是最常见的，但 p 值只是统计学中很小的一部分。

• "统计显著性""实际重要性"和"语言学意义"是三个不同的概念，不能混淆。

补充阅读

Biber, D. (1993). Representativeness in corpus design. *Literary and Linguistic Computing*, 8(4), 243-57.

Biber, D. & Jones, K. (2009). Quantitative methods in corpus linguistics. In A. Lüdeling & M. Kytö (eds.), *Corpus linguistics: an international handbook*, vol. 2, pp.1287-1304. Berlin: Walter de Gruyter.

Cumming, G. (2012). *Understanding the new statistics: effect sizes, confidence intervals, and meta-analysis*. New York: Routledge.

Diggle, P. J. & Chetwynd, A. G. (2011). *Statistics and scientific method: an introduction for students and researchers*. Oxford University Press.

Gries, S. Th. (2006). Some proposals towards a more rigorous corpus linguistics. *Zeitschrift für Anglistik und Amerikanistik*, 54(2), 191-202.

Leech, G. (1992). Corpora and theories of linguistic performance. In J. Svartvik (ed.), *Directions in corpus linguistics*, pp. 105-22. Berlin: Mouton de Gruyter.

McEnery, T. & Hardie, A. (2011). *Corpus linguistics: method, theory and practice*. Cambridge University Press.

Okasha, S. (2002). *Philosophy of science: a very short introduction*. Oxford University Press.

Salsburg, D. (2001). *The lady tasting tea: how statistics revolutionized science in the twentieth century*. London: Macmillan.

Tufte, E. (2006). *Beautiful evidence*. Cheshire, CT: Graphics Press.

Vickers, A. (2010). *What is a p-value anyway? 34 stories to help you actually understand statistics*. Boston: Addison-Wesley.

Yau, N. (2011) *Visualize this: the Flowing Data guide to design, visualization, and statistics*. Indianapolis: Wiley.

配套网站：在线兰卡斯特统计工具

1. 本章的所有分析都可以用在线兰卡斯特统计工具进行。本章用到的工具有：
   - 统计数据计算器
   - 随机数字生成器
   - 作图工具
2. 该网站还为老师和学生们提供了额外材料。

2 词汇：
频率、离散和多样性

2.1 本章概述

语料库是由大量——成千上万，甚至上亿的——词构成的。但是语料库并不仅是一个词袋，从里面我们可以一个接一个地拿出词，就像魔术师从帽子里拿出兔子一样。分析语料库的时候，我们需要认真思考词频和分布，以找出语言使用有意义的模式。在这一章，我们将讨论一些简单的统计度量，这些度量能帮助我们描述语料库中词的出现。我们将探索下面五个问题：

- 词是什么？（2.2 节）
- 我们如何度量词和短语的频率？（2.3 节）
- 我们如何度量词和短语的分布？（2.4 和 2.5 节）
- 我们如何度量词汇多样性？（2.6 节）
- 如何在语言学和社会学研究中应用这些度量方式？（2.7 节）

2.2 形符、类符、词元和词素

> **思考**
>
> 在阅读本节前，请思考以下问题：
>
> 1. 你如何定义词？
>
> 2. 下面两个句子由多少词构成？ Took them 26 years to win the title.
>   During that time we won it 3 times despite being in the second division
>   for half that time.

在语料库语言学中，我们与词和短语打交道。用统计学术语来说，它们是**语言变量**（见 1.3 节）。简言之，在语料库语言学中，我们常常计算不同语境中词的数量，然后比较这些数字以找出语言使用的模式（书中有许多这类"找出模式"的例子）。为了能够准确计算词的数量，我们需要知道计算的是什么。首先我们需要定义词。这看上去微不足道（我们都知道词是什么），但事实上，词的定义是一个很复杂的问题。你从上面"思考"任务中的两个句子中就可以看出来。

```
1    2    3  4    5   6 7   8    9      10   11  12  13 14 15  16    17
Took them 26 years to win the title. During that time we won it 3 times despite
18    19 20 21        22       23  24  25 26
being in the second division for half that time.          （来源：BNC，J1H）
```

注意：上面的数字表明由空格分开的单个词形。

这两个句子包含了多少词？如果你问一个语料库语言学家，他的回答可能如下：总的来说，有 26 个形符，23 个类符，21 个词元，22 个词素。让我们来解释一下：**形符**就是一个词形在文本中的一次出现。每次我们遇到由空格（或标点符号）分开的一串字母或数字，我们就可以把它计算为一个形符。当学生问"这篇作文我要写多少字"时，他们就是在问形符数。当我们计算上面两个句子中一个词形出现的次数时，我们就得到了 26。注意：不同的语料库分析工具对形符的度量方式不同，因此它们计算的形符数就不同。这就对结果的可靠性和可重复性提出了挑战。用不同工具计算同一语料库（如 BNC）的形符，差异可以达到 17%（Brezina & Timperley，2017）。[1] 因此，在使用语料库工具时，我们需要清楚，这一工具如何计算形符以及它计算的形符数（尤其是用不同工具时）是否具有可比性，因为形符数对所有基于词频的统计度量（如相对频率、主题词度量、搭配度量、用相对频率的统计检验等）都会产生很大的影响。

类符是语料库中的唯一词。当我们问类符是多少时，我们实际上是问这个文本或语料库中有多少不同的词形。在上面两个句子中，三个词形——the（7，20），that（10，25）和 time（11，26）——都出现了两次（注意：times 不与 time 统计在一起）；但每个只被计为一个类符。因此，这个句子一共有 23 个类符。

形符和类符都基于词形（词的外形）。要找出词元和词素，我们首先需要对文本进行语言学分析；词元是基于语法（形态）分析，而词素是基于语法和语义分析。**词元**是同一词根的所有屈折形式的集合，它们都属于同一词

1　一些工具（如 CQPweb，Sketch Engine）在形符计算中包括了标点符号。另一些工具（如 #LancsBox）更靠近"形符"的简单（表面）定义，不计标点符号。除了标点符号，其他可能引起形符计算差异的因素包括：附着词（如 he'll 中的 'll）和带连字符词（well-known）的处理，基于形态分析（词性标注）的形符化决定以及不可分割语言（如汉语）的形符化决定。

类（Kučera & Francis，1967：1）。[2] 这个定义听上去很复杂，但原理很简单。我们把具有同一词根但有不同语法意义（如同一名词的单复数、同一动词的现在时和过去时、同一形容词的比较级和最高级等）的所有词形集合起来。**词素** [3] 是具有特定意义的词元，它可以区分多义词。定义词素的最好方式就是把它想成词典里的一个分词条：当你打开词典的时候，你会看到以字母顺序排列的一串词形（词目），许多词目根据意义被分成了分词条，这些就是词素。一些字典还罗列了与这一词素相关的所有屈折形式。在上面两个句子中，win 和 won 属于同一词元（因为 won 是 win 的过去时）。同理，time 和 times 也属于同一词元（因为 times 是 time 的复数）。因此，我们一共有 21 个词元。但 time 是个多义词。在这个例子中，它既指一段时间（11 和 26），又指频率（16）。因此，我们在数词素的时候，需要区分这两个意思，因此我们一共有 22 个词素。

现在，让我们想一想"词"的不同概念（类符、词元和词素）如何影响我们在语料库语言学中所做的分析类型。用类符是最直接的方式，只区分不同的词形，不管它们的语法功能或意义，但是它却遮盖了一些有意义的差异，如 clean 这个词形既可以作形容词（a clean shirt），又可以作动词（to clean something）。另一方面，如果我们想用词元来作为分析单位，我们需要加工语料库，给每个词形附上词性标注并把与同一词根相关的所有屈折形式都归到一起。这个过程计算机可以自动完成，但会有一定比例的错误。同样，找出词素也需要语义标注和语义消歧，这也会产生一定比例的错误（比词性标注还要高），而且这个过程无法完全自动完成。表 2.1 总结了不同概念的"词"的优缺点。

表 2.1　类符、词元和词素：优点和缺点

词的定义	优点	缺点
类符	低推断（基本无错误）	无法区别不同语法功能和／或意义的词形
词元	可以区别不同语法功能的词形	词性标注和削尾处理可能会产生错误
词素	最具体，可以区分意义	高推断（可能产生错误），无法完全自动完成

最后，既然词数（主要是形符数和类符数）是本书讨论的几乎每个统计方程式的一部分，所以我们要很好地掌握这些概念。本章末的练习（见 2.8 节）

2　这一"词元"的传统定义对语料库分析来说是最有用的；在一些操作中，"属于同一词类"这一部分会被去掉。但这会导致违反常理的情况，如 it took three goes 中的 go 与 they went 中的 went 会被归到一个词元下。

3　"词素"有时与"词元"混用。这里，我沿用比伯等人的定义（Biber et al.'s，1999：54），词素是"一群相关词形，它们有共同的意义，属于同一词类（词性）"。

和配套网站上的答案将帮助你检验自己对这些重要概念的理解。

报告统计数据：形符、类符、词元和词素

1. 报告什么？

　　在谈论语料库语言学中的词时，我们需要具体表达它到底是形符、类符、词元还是词素。描述语料库时，我们应该包括准确的形符数。由于不同的工具会产生不同的形符数，我们还应该描述所使用的工具以及我们是如何计算出形符数的。

2. 如何报告：示例

- 这篇文本由 120 个形符组成，包括 69 个类符。
- 在我们的研究中，我们用到了 1 亿词的 BNC（准确形符数：98 313 429；BNCweb；形符数没有包括标点符号）。

2.3　频率表中的词

> 思考
>
> 在阅读本节前，请思考以下问题：
>
> 英语中使用频率最高的词是什么？你能列出前 10 个使用频率最高的词吗？

表 2.2　BNC 中的前 10 个词

排名	词	绝对频率	每百万词的相对频率
1	the	6 041 234	61 448.72
2	of	3 042 376	30 945.68
3	and	2 616 708	26 615.98
4	to	2 593 729	26 382.25
5	a	2 164 238	22 013.66
6	in	1 937 819	19 710.62
7	that	1 118 985	11 381.81
8	it	1 054 279	10 723.65
9	is	990 281	10 072.69
10	was	881 473	8 965.95

词表 2.2 列出了 BNC 中前 10 个最常用的词。BNC 是一个 1 亿词[4]的英式英语平衡语料库。该词表提供了两个频率度量——绝对频率和相对频率。

绝对（或原始）频率（AF）是最直接的统计度量：它就是计算语料库中一个词出现的次数。更准确地说，绝对频率就是计算文本或语料库中所有的形符数。比如，你会发现表 2.2 中最常用的形符是定冠词 the。如果你计算 BNC 每一篇文本中 the 的出现次数，你就会得到 6 041 234。当我们分析一个语料库时，词的绝对频率很有用。比如，我们可以用绝对频率来制作词表，以获得最常用的词（表 2.2）。如果我们想比较两个或多个语料库[5]，我们就可以用**相对（标准化）频率（RF）**。相对频率的计算方法很简单。我们只要知道一个词的绝对频率和语料库的总词（形符）数就可以了。相对频率的计算方法如下：

$$相对频率 = \frac{绝对频率}{语料库的总形符数} \times 标准化基数 \qquad （2.1）$$

比如，表 2.2 中定冠词 the 的相对频率计算方法是：

$$相对频率（the）= \frac{6\ 041\ 234}{98\ 313\ 429} \times 1\ 000\ 000 = 61\ 448.72 \qquad （2.2）$$

在这个实例中，我们选择 100 万作为标准化基数，这在语料库语言学中是一个常用的基数。它的意思是：平均来说，每 100 万形符中有超过 61 000 个定冠词。事实上，在所有书面英语语料库中，这个定冠词都位居词频榜首，它的绝对频率大致占了总形符数的 6%。相对频率可以被视为**均值频率**——这个词在有 x 形符的假定样本中频率的均值，x 就是标准化的基数（在这个实例中是 100 万）。均值频率在后面会用到，到时候我们会讨论其他统计度量。

在小型语料库中，我们可以用较小的标准化基数，如 10 000 或 1 000。原因是：相对频率不仅用来比较两个（或多个）语料库中某一类符的频率，还用来呈现关于词或短语频率的证据，它的呈现形式要比绝对频率更简单易懂。如果我们选择的标准化基数相对于语料库来说太大，那么这就会人为夸大我们的数字，从而无法有效代表我们仅有的那么点证据。比如，假设一个小型语料库只有 11 000 个形符，其中，类符 homeostasis 在语料库中只出现了一次。如果我们选择 100 万作为标准化基数，那么 homeostasis 的相对频率就是每百万词 90 次。尽管从数学上说，这个比例是正确的，但它会极大地误导

4　表 2.2 用以计算相对频率的 BNC 准确词数是 98 313 429。

5　很难找到两个词数完全一样的语料库。即便是按照同一个抽样框创建的语料库（如布朗家族语料库），它们的总词数也不完全相同。一个通用原则是：在比较两个或多个语料库中的词频时，用相对频率。

读者，让读者以为这个词很常见。当罕见词如 homeostasis 在小型语料库中只出现一次时，它极不可能会在一个百万词的语料库中出现 90 次。它很有可能也只出现一次，或五次，或根本不会出现：这个小型语料库没有给我们足够的证据去推断。在这个例子中，一个更好的标准化基数是 10 000，这样它的相对频率就大致是 0.9。要强调一点：相对频率不应该遮盖绝对频率，而应该与绝对频率一起呈现。

千万记住，语料库是语言的样本（见 1.4 节）。它提供了关于词和短语使用的证据，但这一证据即便是在大型语料库中也是有局限的。比如，在 1 亿词的 BNC 中，超过一半的类符都只出现了一次（我们可以把它们称为**罕见词** [6]），另外 13% 的类符只出现了两次。少于 5% 的类符出现过 100 次或更多（换言之，相对频率大于等于每百万词 1 次）。词的这种分布不局限于 BNC，所有语料库都有这种情况。这种词频的迅速减少的原理被称为**齐波夫定律**。

简单来说，齐波夫定律告诉我们，当我们看词表的时候（不管语料库的大小），第二个最常用的词的频率只有第一个的一半。第三个最常用的词的频率只有第一个的 1/3，以此类推。换言之，我们能从语料库中获得的关于词的证据在迅速减少（图 2.1）。图 2.1 显示了 BNC 中词频的分布。上面是线性标度，下面是对数标度。在对数标度的 y 轴上显示频率的意思是：y 轴上的每个刻度都是前一个刻度乘以 10。这种显示方式能反映大范围的频率值的分布，让我们能看清楚从什么时候开始曲线渐渐消失。上面的线性标度反映了词频的急剧下降。

齐波夫定律的正规表达式是：

$$\text{一个词的绝对频率} \times \text{它在词表中的序列} \approx \text{常数} \qquad (2.3)$$

$$\text{或}\quad \text{绝对频率} \approx \frac{\text{常数}}{\text{词在词表中的序列}} \qquad (2.4)$$

这里的常数是词表中第一个词的频率。

6　罕见词（hepax legomena）在希腊语中意为"说过一次"。

(a)

(b)

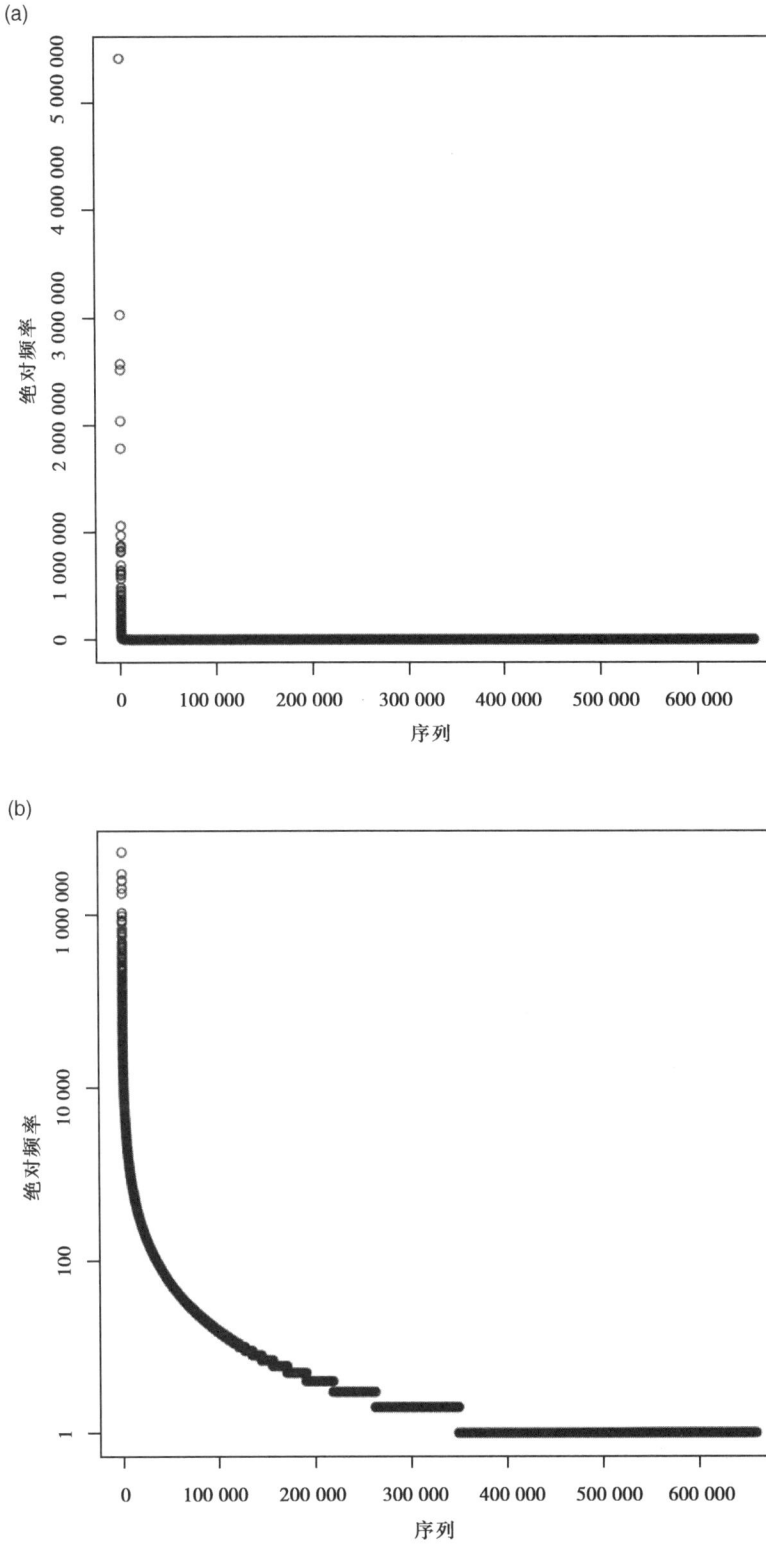

图 2.1　BNC 中的词频分布

注意：齐波夫定律只代表一个大致趋势。语料库中词的实际频率多多少少会偏离这个预测值。齐波夫定律的实际意义是：我们要学会批判性地评估证据量。对罕见词和低频率词来说，这个证据是不够的。要回答研究问题，我们就需要依靠大型语料库（上亿词的语料库）。在这样的语料库里，那些低频率词也会出现多次。我们还需要从其他渠道获得词的更多（可比较的）证据（见 8.3 节的元分析）。

报告统计数据：绝对频率和相对频率

1. 报告什么？

   报告词的频率时，我们应该既报告绝对频率，也报告相对频率。相对频率需要根据一个基数做标准化处理。这个基数与（子）语料库的大小相似。

2. 如何报告：示例

   • 介词 of 在 BNC 中是第二高频词（AF=3 042 376，RF=30 945.68 次每百万词）。

   • corpus 这个词在文本中出现了 20 次（13.3 次每 1 000 词）。

2.4   海螺问题：离散

> **思考**
>
> 在阅读本节前，请思考以下问题：
>
> 1. 你知道什么是"海螺"吗？
>
> 2. 这个词常用吗？

到目前为止，我们已经讨论了词的频率。但要全面描述一个词或短语，我们还需要介绍一个概念：离散。这个概念最好用"海螺问题"描述。这个术语由基加瑞夫（Kilgarriff，1997）提出，他指出，语料库中词的分布是不平衡的。假设你有这样一个语料库，里面有很多样本来自一本关于海螺的书。自然，"海螺"这个词在这本书中出现了很多次。但在通用英语中，"海螺"这个词并不常用，因为它属于特定语域或语类——关于海洋生物的书和文章。这里问题出现了：当我们基于这个语料库生成词频表的时候，"海螺"出现的频率就会比较高，就因为它在一个文本中重复出现。如果我们只看词频，我们得到的结果就会出现偏差。除了词频，我们还需要看离散——"海螺"只在一个文本中出现。

总的来说，**离散**（dispersion）告诉我们词或短语在整个语料库中的分布。比如，定冠词 the 不仅是一个频率很高的词，而且分布还很均匀。这是因为 the 是一个语法词，用来连接句子。另一些属于特定领域的词（如海螺、标签、语料库）分布就不太均匀。注意，离散没有一个单一的度量，而是一组不同的度量，用来考察语料库中的变化，并凸显离散的不同层面。在最抽象的层面，离散直接取决于我们对语料库的理解及其结构，因为离散描述的是词和短语在整个语料库或不同部分中的分布。因此，用哪种离散度量与我们的研究设计和语料库的设计密切相关。我们不要去争论语料库研究中哪种离散度量最好（如 Gries，2008，2010；Biber et al.，2016），而要去理解每个离散指标的属性，并将它们与我们的研究目的和我们对离散的理解结合起来。这里，我们要讨论五个重要的离散度量。要全面了解不同的离散度量，参见格里斯（Gries，2008）。

假设我们有一个 100 万词的语料库，它被分成 6 个大小不同的部分（每个部分代表一个不同的语类或语域），如表 2.3 所示。

表 2.3　示例语料库：100 万形符

	第 1 部分	第 2 部分	第 3 部分	第 4 部分	第 5 部分	第 6 部分	整个语料库
形符	100 000	100 000	200 000	200 000	200 000	200 000	1 000 000
词 w 的绝对频率	10	4	2	0	24	10	50
词 w 每 10 万词的相对频率	10	2	1	0	12	5	5
是否包含词 w?	包括	包括	包括	不包括	包括	包括	包括

这一示例语料库将被用来解释不同的离散度量。

范围（ R ）是一个很基础和原始的离散度量。[7] 它告诉我们包含某个词或短语的语料库部分的数量，不管各部分的大小。这些部分可以是基于语类或说话者的子语料库或单个的文本。范围的公式是：

$$范围 = 包含词\ w\ 或短语\ p\ 部分的数量 \qquad (2.5)$$

7　在统计学中，"range" 更多用来表示"极差"，即给定数据中最大值与最小值之间的差距。这一用法在 1.3 节中有所体现。

我们可以立即发现（见"是否包含词 w ？"），这个词的范围是 5，因为词 w 出现在 5 个部分中（1，2，3，5，6）。这可以表达为：

$$R（w）=5 \qquad （2.6）$$

有时，范围也用百分比来表示：

$$范围 \% = \frac{包含词 w 或短语 p 部分的数量}{语料库中的总部分数} \times 100 \qquad （2.7）$$

代入表 2.3 的数据，就变成：

$$R\%（w）= \frac{5}{6} \times 100 = 83.3\% \qquad （2.8）$$

我们可以说词 w 在这个 100 万词的语料库中的范围超过 80%，因为 83.3% 的语料库部分都包含了这个词。但范围不是一个很好的离散度量，因为它基于过于简单的是 / 不是这一问题，即某个词或短语出现还是没有出现在每个部分中，而没有考虑这个词或短语在每个不同部分中的实际频率。范围还没有考虑每个部分的大小。举个例子来说，假设词（w_1）与词 w 有相同的绝对频率（50），但有不同的分布：w_1 在语料库 6 个部分中的分布为 46，1，1，0，1，1。当我们计算 w_1 的范围时，我们会得到同样的数字（5/6 或 83.3%），但绝大部分 w_1 只出现在第 1 部分中，而 w 均匀分布在各个部分中。这就是范围作为离散度量的一个主要局限性。出于这个原因，范围只作为对语料库数据的初步考量，后面还需要使用更好的离散度量。

标准差是一个经典的离散度量，在语料库语言学以外的领域中也被广泛使用。它是指：数据集中的单个值（这里是表 2.3 示例语料库每个部分中 w 的相对频率）与平均相对频率的差值。

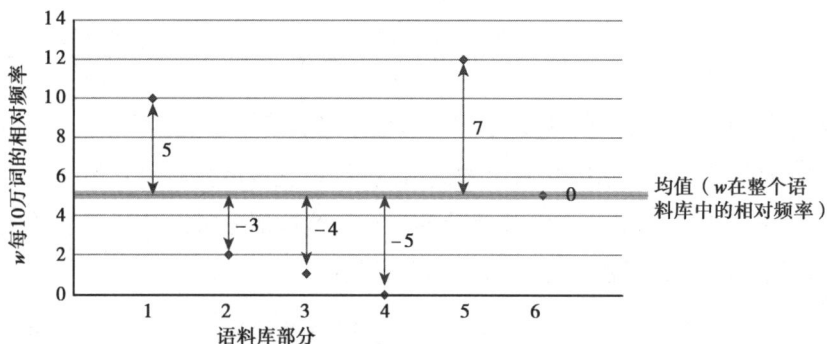

图 2.2　示例语料库：计算标准差

在图 2.2 中，我们可以发现，除了第 6 部分的值，1—5 部分的值（相对频率）都与均值（w 在整个语料库中的平均值）隔了一定的距离。距离分别是：

+5，–3，–4，–5，+7，0（注意：负数表示小于均值）。标准差的计算就是它们与均值的距离。从本质上讲，在计算标准差时，我们要问的问题是：在数据中我们可以观察到多少与均值的偏离？标准差的数学表达式是：

$$标准差_{总体} = \sqrt{\frac{与均值距离的平方之和}{语料库的总部分数}} \tag{2.9}$$

这个下标提醒我们，这是总体标准差的计算公式。它（SD_p 或 σ）与样本标准差（见下）稍有不同。代入表 2.3 的数据，SD_p 的计算方法是：

$$SD_p(w) = \sqrt{\frac{(10-5)^2 + (2-5)^2 + (1-5)^2 + (0-5)^2 + (12-5)^2 + (5-5)^2}{6}} \tag{2.10}$$
$$= \sqrt{\frac{25 + 9 + 16 + 25 + 49 + 0}{6}} = 4.55$$

解释：先平方距离（²）再取总数的平方根（√‾）似乎看上去没有必要。这样做的原因是，正如我们在上面看到的那样，一些值在均值上面（距离是正数），而一些值在均值下面（距离是负数）。如果我们只是把这些距离相加，那么正负就抵消了（5–3–4–5+7+0=0）。由于负数的平方是正数，那么这种先平方再开方的计算就可以避免这个问题。

还有一种（稍微改进的）计算标准差的方式，我们在谈到推论统计时会使用（这里讨论的是描述统计）。它就是所谓的**样本标准差（SD）**。它与（2.9）标准差计算方程式几乎完全一样。差别在于，距离平方之和除以的不是语料库部分的总数而是总数减 1（原因与 6.3 节解释的"自由度"这个概念有关）。

$$标准差_{样本} = \sqrt{\frac{与均值距离的平方之和}{语料库的总部分数 - 1}} \tag{2.11}$$

要描述语料库中的离散，我们应该用（2.9）标准差计算的基本形式。标准差是一个很有用的度量，它可以让我们发现某个词的分布是多么同质或异质。标准差需要与均值（这个词在整个语料库中的相对频率）一起考虑。在图 2.2 中，标准差 SD（4.55）几乎和均值（5）一样大。这表明有大量的差异，即许多单个值都与均值距离很远。

由于标准差需要与均值一起考虑，我们就不能使用这种度量来比较不同词（或短语）的离散，因为它们的频率不同。在这种情况下，我们可以用其他离散度量，如变异系数（CV）、Juilland's D 或比例差（DP）（见下）。

变异系数描述的是相对于语料库中一个词或短语的平均相对频率的变异量。某个词或短语在语料库各个部分中的频率变异越大，离散就越不均匀。变异系数的方程式很简单：

$$变异系数 = \frac{标准差}{均值} \qquad (2.12)$$

计算表 2.3 中 w 的变异系数：

$$变异系数（w） = \frac{4.55}{5} = 0.91 \qquad (2.13)$$

变异系数是一种标准化的度量；也就是说，我们可以比较一个语料库中不同词或短语的变异系数。变异系数越接近 0，这个词或短语的分布就越平均。变异系数的最大值取决于语料库的部分数量，等于语料库的部分数量减 1 的平方根（$\sqrt{语料库的部分数量 -1}$）。

有时，变异系数乘以 100，以变异百分比的形式呈现。这是有问题的，因为变异系数可以大于 1（当标准差大于均值时），这时百分比就大于 100。用语料库中最大可能的变异就可以实现真正的百分比转换。我们知道，变异系数的最大值取决于语料库的部分数量，可以计算为（$\sqrt{语料库的部分数量 -1}$）。下面的方程式将变异系数转换成百分比：

$$变异系数\ \% = \frac{变异系数}{\sqrt{语料库的部分数量 -1}} \times 100 \qquad (2.14)$$

计算表 2.3 中 w 的变异系数百分比：

$$变异系数\ \% = \frac{0.91}{\sqrt{6-1}} \times 100 = 40.7\% \qquad (2.15)$$

这表明，w 的离散少于 50% 的最大可能变异。当这个词只出现在语料库的一个部分中时，变异的最大值才会达到。

Juilland's D 这种离散度量基于变异系数。它是 0 到 1 之间的数字，0 代表分布极度不均，1 代表完全均匀分布。Juilland's D 最初是用来编撰频率词典的（Juilland & Chang-Rodriguez, 1964；Juilland et al., 1970; Leech et al., 2001; Davies & Gardner, 2010）。

从本质上讲，Juilland's D 与变异系数（和变异系数 %）是相反的。变异系数告诉我们语料库中的变异量（变异系数越大，频率的变异越多），而 Juilland's D 告诉我们分布的同质性（Juilland's D 越大，分布越平均，变异越少）。下面是计算 Juilland's D 的公式：

$$Juilland's\ D = 1 - \frac{变异系数}{\sqrt{语料库的部分数量 -1}} \qquad (2.16)$$

计算表 2.3 的 Juilland's D：

$$\text{Juilland's } D = 1 - \frac{0.91}{\sqrt{6-1}} = 0.59 \qquad (2.17)$$

这个值（0.59）表明分布不均，但它更接近于1（完全均匀分布）而不是0。格里斯批评了 Juilland's D（Gries，2008），因为它的值在预期范围（0~1）之外。但这个批评针对的是另一个公式。[8] Juilland's D 的另一个潜在问题是：它过于依赖语料库部分的数量，如果语料库部分的数量很大（如1 000个），那么 Juilland's D 的实际范围就会非常受限，因为正如公式所示，语料库的实际变异取决于语料库的最大可能理论上的变异，语料库部分的数量越多，理论上的变异就越大（$\sqrt{\text{语料库的部分数量} - 1}$）（Biber et al.，2016）。

作为 Juilland's D 的替代品，本节最后讨论的度量是**比例差（DP）**。它是格里斯于2008年提出来的度量（Gries，2008），它比较某个词或短语在不同语料库部分中的预期分布与实际分布。它是0~1之间的数字。0代表完全平均分布，1代表分布极度不均。注意：这个度量与 Juilland's D 是反的。比例差的计算方法是：

$$\text{比例差} = \frac{（观察比例 - 预期比例）的绝对值之和}{2} \qquad (2.18)$$

预期比例的计算方法是：用每个语料库部分的大小（形符数）除以语料库的总形符数，这是为了计算它们各自在语料库中占的比例。假设是，如果一个词或短语是均匀分布在语料库中的，它就应该符合我们计算的比例分布，这就是预期分布。观察比例的计算方法是：用这个词或短语在每个语料库部分中的绝对频率除以这个词或短语在整个语料库中的绝对频率。这是为了计算每个语料库部分对这个词或短语总频率的贡献比例。通过比较观察比例和预期比例（取差值的绝对值），并将这些差值加在一起，我们就得到了比例差。表2.4显示了表2.3的比例差。

$$\text{比例差} = \frac{0.1+0.02+0.16+0.2+0.28+0}{2} = 0.38 \qquad (2.19)$$

这个值（0.38）表明分布不均，但它更接近于0（完全平均分布）而不是1。在这里，比例差得出的结果与 Juilland's D 相似。

---

8 格里斯（Gries, 2008）用样本标准差（SD_{sample}）——见方程式（2.11）——来计算Juilland's D公式［方程式（2.16）］的变异系数。为了避免格里斯文章中提到的问题，我们应该用总体标准差［见方程式（2.9）］。

表 2.4　计算示例语料库中的比例差

	第 1 部分	第 2 部分	第 3 部分	第 4 部分	第 5 部分	第 6 部分	整个语料库
形符	100 000	100 000	200 000	200 000	200 000	200 000	1 000 000
w 的绝对频率	10	4	2	0	24	10	50
预期比例	$\frac{100\,k}{1\,M}=0.1$	$\frac{100\,k}{1\,M}=0.1$	$\frac{200\,k}{1\,M}=0.2$	$\frac{200\,k}{1\,M}=0.2$	$\frac{200\,k}{1\,M}=0.2$	$\frac{200\,k}{1\,M}=0.2$	1
观察比例	$\frac{10}{50}=0.2$	$\frac{4}{50}=0.08$	$\frac{2}{50}=0.04$	$\frac{0}{50}=0$	$\frac{24}{50}=0.48$	$\frac{10}{50}=0.2$	1
绝对差	0.1	0.02	0.16	0.2	0.28	0	0.76

报告统计数据：离散度量

1. 报告什么

　　当报告语料库的频率时，我们应该包括离散。使用哪种离散度量取决于我们的研究目标——离散的哪个层面有助于我们正确解释频率。主要的方法有（还有其他方法）：范围、范围 %、总体标准差、样本标准差、变异系数、变异系数 %、Juilland's D 和比例差。

2. 如何报告：示例

- corpus 这个词在 BNC 中出现了 773 次（6.9 次每百万词），但只在 201 个文本中出现（范围 %=5%）。
- 定冠词 the 是 BE06 中最常用的词（类符），平均相对频率是 51.64 次每千词（标准差 =14.17）。
- 脏话在 BNC64 中分布不均。比如 fuck 出现了 123 次，但它只出现在 14 个样本中（总共有 64 个说话者样本），比例差 =0.85。

2.5　哪些词很重要？平均减小频率

> **思考**
>
> 在阅读本节前，请思考以下问题：
>
> 你如何发现英语中哪些词很重要？

　　毫无疑问，在很多语境中频繁出现的词是重要的，因为我们很可能在很多交际场景中用到这些词。比如，对学习者来说，他们有必要知道应该首先学习哪些词。这些词常常不是具体词（出乎我们预料），而是常用的抽象词。比如，英语中使用最广泛的名词是 time，它频繁出现在口语和书面语的不同语境中：我们说话和写作都在谈时间。最近，有学者基于各种英语语料库（总词数达 120 亿）研究了英语中最重要的词（Brezina & Gablasova，2015）。这个研究用到的主要指标就是平均减小频率。

平均减小频率（ARF）是测量频率和离散的方法（Savický & Hlaváčová，2002）。其背后的理念是：产生一个使用系数，从频率和离散两方面来评估词在语料库中的重要性——这个词的频率越高，分布越平均，那么这个词就越重要。平均减小频率的一个优点是，它与语料库被分成几个部分无关。要计算平均减小频率，我们需要获得下面三个信息：

- 词的绝对频率
- 语料库的大小（总形符数）
- 词在语料库中的位置

绝对频率和总形符数已在前面几节讨论过了（见 2.2 节和 2.3 节）。词在语料库中的位置由数字代表，这些数字表示这个词出现在语料库中的顺序；它们是由语料库分析工具自动计算的。假设你开始浏览语料库（一个文本接一个文本），并从 1 开始赋予每个形符一个数字。当你遇到你要找的类符时，你记录下那个形符的数字（即它在语料库中的位置）。然后你继续浏览，直到你再次遇到那个词，并再次记录它的位置，这个过程一直继续下去。根据语料库中词的每个位置，我们可以计算词距。然后，我们把这个词距用到计算平均减小频率的公式中：

$$平均减小频率 = \frac{1}{v} \times \left[最小值（词距_1, v）+ 最小值（词距_2, v）+ 最小值（词距_3, v）\cdots）\right]$$

其中
$$v = \frac{语料库总形符数}{词的绝对频率} \qquad (2.20)$$

最小值（词距 n，v）的意思是取两个值中的最小值：词距或 v 值。

尽管这个方程式看上去很复杂，但平均减小频率背后的理念很简单：我们从概念上（不是实际的，只是为了计算方便）将语料库分成同样大小（v）的 x 份。数字 x 是词的绝对频率。也就是说，分成多少份以及每部分的长度[方程式（2.20）中的 v]都取决于这个词的频率。然后，我们只需数包括这个词的语料库的部分数量就行了。我们将这种计数称为"减小频率"。这么做的目的是忽略距离接近的两个词（即出现在同一部分中），把它们计为一次。为了完善这个过程，我们重复这个过程，以包括每个可能的出现点（把语料库想成一个圆圈而不是一条线），并计算所有减小频率值的均值。这个均值就是平均减小频率的值。

举个例子：假设在一个 100 万词的语料库中，我们要查找两个词 w_1 和 w_2。两个词都出现了 5 次，即它们的绝对频率是 5。第一个词（w_1）只在一个文本中出现，在语料库中的位置是 1，5，10，15 和 20，而第二个词（w_2）是均匀分布在语料库中的，位置是 1, 200 000, 400 000, 600 000 和 800 000。注意：图 2.3 中的 "p" 指的是这个词在语料库中的位置。

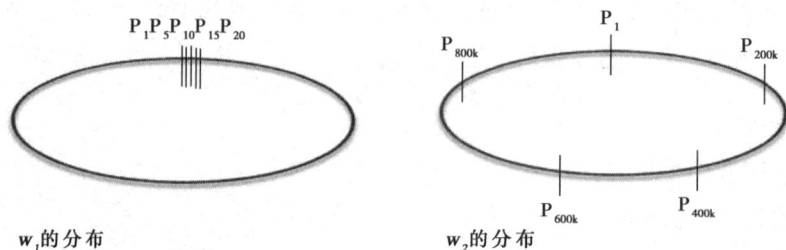

$P_1P_5P_{10}P_{15}P_{20}$

P_{800k}　P_1　P_{200k}

P_{600k}　P_{400k}

w_1的分布　　　　　　　w_2的分布

图 2.3　词 w_1 和 w_2 的分布

w_1 的平均减小频率的计算方法是：

首先，我们要计算出每个部分的长度 v：

$$v= \frac{1\,000\,000}{5} =200\,000$$

然后，我们计算（w_1）的词距——为此，我们要用到语料库位置。特别注意词距 $_1$ 是如何计算的：它是 w_1 在语料库中最后一次出现与第一次出现的距离。

- 词距 $_1$= 第一次出现 +（总形符数 – 最后一次出现）=1+（1 000 000–20）=999 981
- 词距 $_2$= 第二次出现 – 第一次出现 =5–1=4
- 词距 $_3$= 第三次出现 – 第二次出现 =10–5=5
- 词距 $_4$= 第四次出现 – 第三次出现 =15–10=5
- 词距 $_5$= 最后一次出现 – 第四次出现 =20–15=5

最后，把所有的数字都代入平均减小频率方程式：

平均减小频率（w_1）= $\frac{1}{v}$ ×（最小值（词距 1，v）+ 最小值（词距 2，v）+ 最小值（词距 3，v）…）

$$平均减小频率（w_1）= \frac{1}{200\,000} \times \big[\, 最小值（999\,981,\,200\,000）+ 最$$

小值（4\,200\,000）+ 最小值（5\,200\,000）+ 最小值（5\,200\,000）+ 最小值

（5\,200\,000）$\big]$ =0.000\,005 × （200\,000+4+5+5+5）=1.000\,095　　　（2.21）

我们从上面的计算可以发现，词 w_1 的平均减小频率约等于 1。对它的解释是：由于 w_1 的 5 次出现都非常接近，因此它们就被当作一次计算。另一方面，词 w_2 的平均减小频率约等于 5。对它的解释是：由于 w_2 是均匀分布在整个语料库中的，因此它的频率不应该被减小——每一次出现都被独立计算。下面是数学表达式：

$$平均减小频率（w_2）= \frac{1}{200\,000} \times \big[\, 最小值（200\,001,\,200\,000）+ 最小值$$

（199\,999,\,200\,000）+ 最小值（200\,000,\,200\,000）+ 最小值（200\,000,\,200\,000）+

最小值（200\,000,\,200\,000）$\big]$

=0.000\,005 × （200\,000+199\,999+200\,000+200\,000+200\,000）

=4.999\,995　　　（2.22）

如果你很难理解这个过程，别担心：平均减小频率是计算机自动计算的（见在线兰卡斯特统计工具中的平均减小频率计算器）。这里解释平均减小频率的目的是帮助你理解其背后的原理。

报告统计数据：平均减小频率

1. 报告什么

除了绝对频率和相对频率外，我们还可以报告平均减小频率。它可以用来给词频表中的词排序，以凸显那些最常用又均匀分布的词。

2. 如何报告：示例

• 下表显示了 BNC 中根据平均减小频率排序的前 4 个词元，同时还提供了它们的绝对频率。

BNC	平均减小频率	绝对频率
the 冠词	3 839 770	6 050 229
be 动词	2 702 664	4 119 048
of 介词	1 838 624	3 010 276
and 连词	1 671 566	2 615 148

2.6 词汇多样性：类符形符比、标准化类符形符比、移动平均类符形符比

> **思考**
>
> 在阅读本节前，请思考以下问题：
>
> 下面两篇短文，哪篇的词汇更丰富？
>
> | 短文 A［BNC：KB7］ | 短文 B［BNC：B25］ |
> |---|---|
> | You want a cup of tea？
Yeah I'm gonna put the kettle on. Yeah alright.
Yeah make us a cup of coffee Stuart.
Well we'll probably have our dinner first then I'll probably do it. | All sciences-physics, agriculture, medicine and even sociology-go beyond the mere solution of immediate problems, whether these problems are of a 'pure' intellectual type, or an 'applied' practical sort. |

当我们在看文本和语料库的时候，可以思考这个问题：不同的词（类符）如何用来传达意义？一些词（尤其是语法词）常常重复，而另一些只用了几次。要测量一个文本或语料库是用了丰富的词汇还是不断重复的有限的几个词汇，我们可以计算词汇多样性统计数值（Jarvis，2013）。

最简单的词汇多样性统计数值是类符形符比（见 2.2 节对形符和类符的定义）。**类符形符比（TTR）**表示类符（不同的词形）相对于形符（所有词）的比例。相对于形符来说，类符越多，词汇越丰富。类符形符比的计算方法如下：

$$类符形符比 = \frac{文本或语料库中的类符数}{文本或语料库中的形符数} \qquad (2.23)$$

上面"思考"任务中的两篇短文的类符形符比分别是 0.8（28/35）和 0.93（28/30）。这表明，短文 B（学术文本）比短文 A（非正式谈话）的词汇更丰富。这个比较是有效的，因为这两个文本都是同等大小（具有相似的形符数）。但我们需要记住，类符形符比极易受到文本长度的影响：随着文本的增长，类符形符比就会降低，更多的词就会被不断地重复使用。因此，方程式（2.23）显示的简单类符形符比只能用于比较同样长度的文本。从文献中（Covington & McFall，2010；Tweedie & Baayen，1998）我们可以发现，对于类符形符比，我们没有什么简单的办法可以让它不受文本长度的影响，虽然有人提出了一些方法（如 Guiraud's index、Yule's K 等）。也就是说，没有一个公式可以标

准化类符形符比，使它不受文本长度的影响。因此，有人提出了标准化类符形符比和移动平均类符形符比。这两种方法是先计算标准长度的文本样本的类符形符比，再取它们的平均值。

标准化类符形符比（STTR）是斯科特（Scott，2004）提出的。有的人也称其为均值节段类符形符比（MSTTR）（Malvern & Richards，2002）。这里，我们就用标准化类符形符比，因为这一术语已经广为语料库语言学界所知［因为 *WordSmith Tools*（v. 4.0）中标准化类符形符比的测量工具就是 STTR］。计算标准化类符形符比很简单：我们先将文本分成标准大小的节段（如1 000词），然后计算每个节段的类符形符比，最后再取它们的均值。由于大部分文本都没有分成标准大小的节段，最后一个节段总要比标准值小，因此最后一个节段的类符形符比被排除在外。对于较短的文本来说，我们可以选择更小的标准节段，但有学者指出，过小的节段（如少于100个形符）会影响结果（Malvern & Richards，2002）。**移动平均类符形符比（MATTR）**是由卡文顿和麦克福尔（Covington & McFall 2010）提出来的，它与标准化类符形符比相似，它也计算同样大小节段的类符形符比的平均值。但它不是将文本分成连续的不重叠的节段，而是用重叠窗口平稳移动；计算每个窗口中文本的类符形符比，然后再取它们的均值。因此，比起标准化类符形符比，移动平均类符形符比能更好地测量词汇丰富度，因为它考虑了文本的所有节段。

报告统计数据：类符形符比、标准化类符形符比、移动平均类符形符比

1. 报告什么

　　当我们报告不同的类符形符比时，我们还要报告影响结果的参数。对于类符形符比来说，我们需要报告文本的长度；对于标准化类符形符比和移动平均类符形符比来说，我们需要分别报告标准节段大小和窗口大小。

2. 如何报告：示例
   - 我们用类符形符比来比较文本，因为它们的长度一样（2 000个形符）。类符形符比值为：0.36（文本1），0.33（文本2）和0.39（文本3）。
   - 狄更斯《圣诞颂歌》（*Christmas Carol*）的移动平均类符形符比（窗口大小：100）是0.67。

2.7 应用和实例：英国人一直都在谈论天气吗？

在本节，我们将举一个实例，使用本章介绍的统计方法。假设我们要研究用英语常常讨论的话题（实词）。这可以让我们了解英国社会的公众话语。具体来说，我们想了解天气（weather）是否是英国文化的典型话题（人们通常这么认为）。我们想用的语料库是 BE06，它是一个现代书面英语语料库[9]，包括 15 个不同语类的样本，大小约为 100 万词。表 2.5 显示了这个语料库的构成。

表 2.5　BE06

大小（形符）	时间	结构：15 个语类
大约 100 万	2006 年前后	（1）新闻：报道；（2）新闻：社论；（3）新闻：评论；（4）宗教；（5）技能、手艺和爱好；（6）民间传说；（7）纯文学、传记、散文；（8）杂类（政府文件、基金会报告、工业报告等）；（9）学术和科学著作；（10）一般小说；（11）悬疑和侦探小说；（12）科幻小说；（13）探险和西方小说；（14）浪漫和爱情故事；（15）幽默

在看数据之前，我们先设计一下我们的研究。我们知道，在书面英语中，最常用的几乎总是定冠词，大概占了总形符数的 6%（见 2.3 节）。因此，我们可以大胆预测，在这个语料库中，定冠词大约会出现 60 000 次。为了避免对英国文化做出不恰当的判断，我们需要分析在语料库中至少出现 30 次的词，以避免低频率词和罕见词。我们选择的最低频率为 30，因为这个语料库有 15 个部分，我们希望所选的词在每个部分中至少出现 2 次（见 1.4 节语料库抽样）。我们用齐波夫定律来确定有多少词满足这一要求。我们的研究问题是：已知常数（即频率表中第一个词的频率）大约是 60 000 词，截止频率是 29（即我们不考虑频率是 29 或低于 20 的词），那么这样生成的词表中词序是什么样的呢？

我们用齐波夫定律方程式（2.4）来表示顺序，得到：

$$序列 \approx \frac{常数}{绝对频率} = \frac{60\,000}{29} \approx 2\,068 \qquad (2.24)$$

这就是说，我们大概会有 2 000 或 3 000 个词满足这一标准。幸运的是，这个数字足够大（也就是说，即便排除了一些语法词，我们还有足够的词来

分析），因此我们可以继续我们的研究。

下一步是决定我们到底想分析什么。我们知道，"词"有不同的定义（见2.2节），我们首先要确定我们用的是哪一个定义。我们可以选择类符、词元和词素。权衡考虑之后，我们决定用词元。如果我们对文化或话语感兴趣，那么词元就是一个好的选择，因为词的屈折形式与研究无关。我们现在可以分析数据了。基于词元的频率表证实了我们基于齐波夫定律所做的假设（关于频率在30及以上的词的数量）：一共有3 196个这样的词元。词元的实际数量比预期的还要高，这表明，齐波夫定律只能粗略估计词频分布。

表2.6　BE06中与大气有关的词元

与天气有关的词元	绝对频率	范围	Juilland's D
cloud	40	8	0.7
cold	120	11	0.8
flood	54	10	0.2
heat	104	12	0.7
hot	108	12	0.8
ice	63	13	0.7
rain	37	12	0.8
storm	37	12	0.8
sun	71	9	0.7
temperature	66	11	0.7
warm	90	13	0.8
weather	49	10	0.7
wind	78	15	0.8

再仔细看一下这个词元表，我们注意到，在3 196个满足要求的词元中，有13个词元与天气有关（这一分析要手动完成）：cloud，cold，flood，heat，hot，ice，rain，storm，sun，temperature，warm，weather和wind。如表2.6所示，这些词元在语料库中的绝对频率在37到120之间。频率信息需要和离散一起考虑。因此，表2.6还提供了两个离散数据：范围和Juilland's D。

正如我们所见，大多数词元都是均匀分布在语料库中的，范围值在8到15之间，Juilland's D值是0.7或0.8。但有一个例外——词元flood。尽管这个词元出现在绝大部分语类中（范围是 10），但它的 Juilland's D 值很低（0.2）。这表明分布极其不均。进一步查看这个词，我们发现，flood 主要出现在代表政府文件的这个语类中。大部分（54 次中有 38 次）来自一个关于洪水的议会报告。

　　初步探索之后，要知道英国公众话语中的重要话题是什么，我们还需要查看语料库中的天气词与其他词元的关系。为此，我们需要按照它们在书面英语中的重要性排列这些词元，看天气词在这个序列中的位置。我们可以计算平均减小频率，它既考虑了频率，又考虑了离散，然后按照它们的平均减小频率值将其排序。表 2.7 显示了这 13 个与天气相关的词元以及它们在 3 196 个词元中基于平均减小频率的序列。

表 2.7　BE06 中与天气相关的词元的序列

与天气相关的词元	平均减小频率	基于平均减小频率的序列
hot	53.8	835
cold	48.3	940
warm	45	1 005
heat	38.2	1 195
wind	34.6	1 333
sun	30.1	1 527
weather	24.2	1 867
ice	23.1	1 941
temperature	21.7	2 048
storm	20.8	2 128
rain	20.2	2 166
cloud	14.8	2 767
flood	14.1	2 888

　　我们可以发现，根据平均减小频率，有 2 个与天气相关的词属于英语中前 1 000 个最常用的词；6 个属于中间 1 000 个最常用的词，剩下 5 个属于最后 1 000 个最常用的词。因此，我们可以说，天气是英国话语的重要话题，但它不是谈论最广泛的话题。要知道什么是英国书面话语中谈论最广泛的话题，请参见配套网站。

2.8　练习

1. 计算下面四个句子（a）—（d）中的形符、类符、词元和词素。

   （a）The City is braced for far worse figures to come in the coming months,
   unless the Government recovery package produces a startling turn
   round in optimism.（来源：BNC, CEN）

   （b）Of 354 fifth- and sixth-formers who left Sharon's school in the summer
   of 1981 forty had found real jobs by 18 November, four of these having
   entered military service.（来源：BNC, GUR）

   （c）Erm erm erm but, yeah and people er have great areas of that taken.
   （来源：BNC, KC3）

   （d）Homonyms are headwords to different entries that are spelt in the same
   way, e.g. bow (the weapon), bow (the action), bow (the verb expressing
   the action).（来源：BNC, EAT）

2. 使用在线词计算器，将你的结果与计算器的结果相比较。结果一样
   吗？如果不一样，你能解释原因吗？

3. 使用在线词计算器来比较网上的不同文本。用类符形符比、标准化
   类符形符比和移动平均类符形符比来计算它们的词汇多样性。比较
   结果，思考哪种测量方式最适合这个文本。你选择这种测量方式的
   原因是什么？

4. 计算下列词的相对频率。为每种情况选择恰当的标准化基数。

   （a）词：muggle
   绝对频率：2
   语料库大小：100 000

   （b）词：intriguingly
   绝对频率：3 035
   语料库大小：11 191 860 036

   （c）词：worse
   绝对频率：50
   语料库大小：1 007 299

5. 下面的词频表显示了 BNC 中的 10 个词及其序列。用齐波夫定律来预
   测这些词的绝对频率。

序列	词	绝对频率
1	the	6 041 234
2	of	
3	and	
4	to	
5	a	
10	was	
50	so	
100	way	
1 000	limited	
10 000	conveniently	

6. 对照配套网站上提供的实际频率，思考齐波夫定律预测频率的准确性有多大？

7. 表 2.8 列出了四个词在 BNC 几大语类中的绝对频率。配套网站上有这张表的电子版。

   计算每个词的：

   （a）范围

   （b）标准差

   （c）变异系数

   （d）Juilland's D

   （e）比例差

表 2.8　BNC：4 个词的分布

BNC 语类	总形符数	some（AF）	smile（AF）	theory（AF）	chance（AF）
小说和诗歌	16 143 913	24 616	5 498	347	2 645
报纸	9 412 174	10 520	304	266	2 589
非学术文章和传记	24 178 674	43 161	385	3 977	2 191
学术文章	15 778 028	30 297	58	6 588	923
其他书面文体	22 390 782	37 867	488	1 268	3 323
口语文体	10 409 858	20 589	112	363	1 138
整个语料库	98 313 429	167 050	6 848	12 809	12 809

8. 使用离散计算器来检查练习 7 的结果。

9. 计算 BE06 语料库（985 628 个形符）中下列词的平均减小频率：

（a）frigid——绝对频率：2，语料库位置：840 797– 848 280

（b）chemistry——绝对频率 =7，语料库位置：160 129–589 607–594 834–596 351–611 214–948 612–950 458

（c）porn——绝对频率 = 14，语料库位置：16 602–16 792–28 191 – 49 606–161 929–170 396–268 155–497 891–497 916–498 146–498 205–498 216–498 246–498 361

10. 自己在网上下载一些文本，使用平均减小频率计算器比较这些文本中不同词的绝对频率和平均减小频率。

记住

- "词"有不同的概念：形符、类符、词元和词素。
- 齐波夫定律表述词在语料库中的分布及其迅速减小的频率。
- 要充分描述一个词，我们需要描述它的频率和离散。
- 不同的离散度量（范围、标准差、变异系数、变异系数 %、Juilland's D、比例差）适用于不同的情况。
- 平均减小频率既测量频率，又测量离散；它可以用于没有被分成几部分（子语料库）的语料库。
- 类符形符比测量词汇多样性，它易受文本长度的影响。
- 标准化类符形符比和移动平均类符形符比能更好地测量词汇多样性，可以用于长度不同的文本。

补充阅读

Baroni, M. (2009). Distributions in text. In A. Lüdeling & M. Kytö (eds.), *Corpus linguistics: an international handbook*, vol. 2, pp. 803-21. Berlin: Mouton de Gruyter.

Covington, M. A. & McFall, J. D. (2010). Cutting the Gordian knot: the moving-average type-token ratio (MATTR). *Journal of Quantitative Linguistics, 17* (2), 94-100.

Gardner, D. (2007). Validating the construct of word in applied corpus-based vocabulary research: a critical survey. *Applied Linguistics, 28*(2), 241-65.

Gries, S. Th. (2008). Dispersions and adjusted frequencies in corpora. *International Journal of Corpus Linguistics, 13*(4), 403-37.

(2009). Dispersions and adjusted frequencies in corpora: further explorations. *Corpus linguistic applications: current studies, new directions*, Amsterdam: Rodopi.

Hlaváčová, J. (2006). New approach to frequency dictionaries-Czech example. *5th edition of the International Conference on Language Resources and Evaluation*, Genoa, 22-28 May. www.lrec-conf.org/proceedings/lrec2006/pdf/11_pdf.pdf (accessed 22/6/2014).

Savický, P. & Hlaváčová, J. (2002). Measures of word commonness. *Journal of Quantitative Linguistics, 9* (3), 215-31.

Tweedie, F. & Baayen, R. H. (1998). How variable may a constant be? Measures of lexical richness in perspective. *Computers and the Humanities*, 32, 323-52.

配套网站：在线兰卡斯特统计工具

1. 本章的所有分析都可以用在线兰卡斯特统计工具进行。本章用到的工具有：
   - 词计算器
   - 词表工具
   - 离散计算器
   - 平均减小频率计算器
2. 该网站还为老师和学生们提供了额外材料。

3 语义学和话语：
搭配、主题词和人工编码的信度

3.1 本章概述

到目前为止，我们已经讨论了单个的词。在本章，我们将要讨论词在语境中的意义，这对语言学和社会学分析都很重要。我们将要着重讨论搭配、主题词和检索行的人工编码，它们对语义学（词的"字典"意义）和话语分析都很重要。本章的前提是：研究词义的最好方式是分析语料库中重复出现的语言模式。主题词可以帮助我们注意到特定文本或语料库中特有的词，然后我们可以进一步使用搭配（即研究重复的词语共现）和检索（即分析语境中的词语使用）等手段。我们将探索下面五个问题：

- 如何找出搭配？（3.2 节）
- 搭配网是什么？（3.3 节）
- 如何找出主题词和锁词？（3.4 节）
- 如何使人工编码检索行更可靠？（3.5 节）
- 本章讨论的方法如何应用到语言学和社会学研究中？（3.6 节）

3.2 搭配和关联度量

> **思考**
>
> 在阅读本节前，请思考以下问题：
>
> 1. 当你看到 love 这个词时你会联想到什么？
>
> 2. 为什么这个词会带给你这些联想？

众所周知，在语料库语言学中，词以组合的形式出现，这就是我们称为的**搭配**。50 多年前，弗斯（Firth，1957：6）就提出，我们应该研究"词的同伴"，至此之后，它就成为搭配关系的一种非正式定义（Gries，2013b；Brezina et al.，2015）。搭配是指：习惯性地共同出现在文本或语料库中的词语组合。搭配可以仅基于频率，也可以（更常见）基于一种统计度量——关联度量。**关联度量**（有的时候也称**搭配度量**）是一种基于共现关系的不同方面来计算词之间关联强度的统计度量（见下）。有许多不同的关联度量，每一个都会生成（略微）不同的搭配表（Evert，2008；Gablasova et al.，2017b）。没有一种度量可以用于所有的研究目的和研究问题。因此，我们需要了解关联度量的测量方式，以选择一个最好的度量来凸显我们感兴趣的搭配关系。

下面这个例子展示了在实际操作中如何找出搭配：

My love is like a red, red rose that's newly sprung in June: My love is like the melody that's sweetly played in tune. As fair art thou, my bonnie lass, so deep in love am I: And I will love thee still, my dear, till a' the seas gang dry. Till a' the seas gang dry, my dear, and the rocks melt wi' the sun : And I will love thee still, my dear, while the sands o' life shall run. And fare thee weel, my only love, and fare thee weel a while! And I will come again, my love, thou' it were ten thousand mile.

（Robert Burns, 'A Red, Red Rose'）

上面的例子摘自彭斯的著名诗歌《一朵红红的玫瑰》（原稿是用苏格兰语写的）的英文翻译。所有 love 及其紧邻语境——love 的左边一个词和右边一个词——都被凸显出来，而且整个诗歌没有分行。

假设我们对诗歌中 love 这个词的使用感兴趣。我们将 love 称为节点词。**节点词**就是我们想查找和分析的词。围绕节点词的就是搭配候选词。**搭配词**是在一个特定的**跨距（搭配窗口）**内与节点词共现的词。打个比方，我们可以把搭配窗口想象成一个围绕节点词的"磁场"，它吸引特定的搭配词，就像磁铁吸引金属物体一样。这里，跨距（搭配窗口）就是节点的左边一个词和右边一个词，有时简称为 1L 和 1R。在上面 1L 和 1R 的搭配窗口中，我们可以观察到与 love 共现的词是（按照出现顺序）：my（3 次），is（2 次），in（1 次），am（1 次），will（2 次），thee（2 次），only（1 次），and（1 次）和 thou（1 次）。括号里面是共现的频率；我们把这个值称为**观察到的搭配频率**。与 love 最常一起出现的词是 my。现在，我们要问：my 是这首诗歌中 love 真正的搭配词吗？换言之，my 真的与 love 有很强的关联吗？要回答这个问题，我们需要找到一个方法来评估观察到的频率。我们有三个选择：

1. 没有基线：比较我们观察到的所有与节点词共现的词的频率，然后生成一个等级序列表。

2. 随机共现基线（"摇盒子"模型）：比较观察到的频率与仅凭偶然预测的频率，然后用一个数学方程式（强调搭配关系的一个特定方面）来评估搭配强度。

3. 词语竞争基线：它与随机共现基线不同，这一基线融进了方程式，这一方程式也强调搭配关系的一个特定方面。

第一个（也是最简单的）选择不涉及任何统计计算。我们只需要根据共现词的频率生成一个等级序列表就行了，如 my（3），is（2），thee（2），will（2）……最前面的词是最强的搭配词（按照频率来说）。这个方法的缺点是：最前面的搭配词往往是语法词（因为它们在语料库中的频率较高）。因此，基于频率的搭配词是相似的（我们可以预测，几乎所有的节点词都有类似的一套搭配词），它们的用处不大。

第二个选择涉及与随机共现基线作比较。我们的问题是：这两个词的共现（如 my 和 love）是偶然的吗？思考下面的事实：

1. 这首诗歌有 107 个形符；
2. Love 在整首诗歌中出现了 7 次；
3. My 在整首诗歌中出现了 8 次；
4. My 与 love 共同出现了 3 次，与其他词共同出现了 4 次。

假设在这首诗歌中词语之间没有关联，所有词都是随机出现的。下面的例子随机显示了彭斯诗歌中的词：

fare art And like red, sweetly in **love love,** And gang wi' played like dear, life shall rocks sprung the Till deep my my And still, weel, again, ten the the while! is till And As I: a' only come were sands sun: dry, and gang it a' the still, My thee will in my bonnie My red is a run. ⟨My love⟩ thee thou, melt the seas and thou' I the I lass, I melody thee a my am rose **love** dear, that's **love** newly **love** fare **love,** will o' so dry. fair thee will that's in while June: my seas tune. mile. thousand weel dear,

你预测 my 和 love 仅凭偶然会共现几次？ 在上面的例子中，my love 只出现了 1 次；如果我们进行多次随机模拟，最后得到的平均数（均值）将接近于 1。我们把这个过程称为建立随机共现基线，最后的结果值就是搭配的期待频率。期待频率可用下面的公式计算：

$$搭配的期待频率 = \frac{节点词频率 \times 搭配词频率}{语料库的形符数} \quad (3.1)$$

如果搭配窗口大于 1，我们就要做一个更正，来解释为什么词与节点词随机共现的几率更高。更正期待频率的计算方法如下：

$$\text{搭配的期待频率（更正）} = \frac{\text{节点词频率} \times \text{搭配词频率} \times \text{窗口大小}}{\text{语料库的形符数}} \quad (3.2)$$

在我们的例子中，love 和 my 在 1L—1R 的跨距内搭配的期待频率计算如下：

$$\text{搭配的期待频率（love，my；更正）} = \frac{7 \times 8 \times (1+1)}{107} = 1.05 \quad (3.3)$$

我们可以看到，love 和 my 搭配的观察频率（3）大于期待频率（1.05）。要比较这两个值的区别，我们可以用不同的关联度量（表 3.3）。在公式（E_{11}）中包含期待频率的所有关联度量都是基于随机共现基线的。这些度量的潜在缺点是：它们假设了一个特定的语言模型（"摇盒子"模型），而这种假设是有问题的（Stubbs，2001：73-4）。这一模型是把语料库想成一个盒子，在这个盒子里，所有词都写在单独的一张卡片上，然后我们使劲摇动盒子来获得一个基线。但语言比这个模型更有序。这个模型将语言过分简单化了。

为了避免"摇盒子"模型的潜在问题，一些关联度量使用了不同的基线；这些度量在方程式中不包含 E_{11}。这种基线视每种情况而定，情况不同，关联度量的公式也不同。

总的来说，要理解这些方程式，我们需要考虑方程式里面的项。这些最好用**列联表**（显示词语共现所有可能的组合）来呈现。表 3.1 显示了观察频率（我们能够在语料库中"观察"到的共现频率），表 3.2 计算了期待频率，因此它只与使用随机共现基线的度量有关。[1]

表 3.1 观察频率

	有搭配词（affair）	无搭配词	总计
有节点词（love）	O_{11}	O_{12}	$R_1 \times$ 窗口大小
无节点词	O_{21}	O_{22}	R_2
总计	C_1	C_2	N

在这个列联表中，O 代表观察频率，E 代表期待频率。C 代表列，R 代表行。O 和 E 后面的数字分别代表行和列。比如，O_{12} 代表第一个列联表的第一行、第二列的观察频率。

期待频率表是在观察频率表的基础上，使用表 3.2 的方程式计算得出的。表 3.1 的阴影格代表了我们需要直接从语料库中收集的值（用恰当的软件）。

---

1 列联表中的符号基于埃弗特（Evert，2008）。

这些值包括：

　　（a）整个语料库的形符数：N

　　（b）整个语料库的节点词频率：R_1

　　（c）整个语料库的搭配词频率：C_1

　　（d）搭配窗口中的搭配（节点词 + 搭配词）频率：O_{11}

　　（e）搭配窗口大小

　　要计算这些关联度量，我们要使用表 3.3 列出的方程式。

　　最后，还有一个问题有待回答：哪一个是"最好的"关联度量？对这个问题的回答是：它取决于你想凸显的是搭配关系的哪一方面。一些搭配度量（如互信息）凸显了搭配关系的罕见排他性，更喜欢那些几乎只与节点词搭配使用的词，即便这个搭配只在语料库中出现了一两次。其他指标（如 Dice 和 log Dice、互信息 2）更青睐那些只与节点词搭配出现但不一定罕见的搭配词。还有一些度量（Delta P）考虑了方向性或离散（Cohen's d）。我们简要看一下方向性和离散吧。探索方向性的时候，我们的问题是：在什么程度上节点词与搭配词是相互吸引的？在对称关系中，搭配词对节点词的吸引与节点词对搭配词的吸引一样强。红灯（Red light）就是这种搭配对称关系。另一方面，在不对称的关系中，一方的吸引力更强。比如，在红鲱鱼（red herring）这个搭配中，鲱鱼（herring）对红（red）的吸引远远大于红对鲱鱼的吸引（McEnery，2006：18）。也就是说，当我们在文本中看到鲱鱼（herring）这个词时，红（red）在它前面的概率很大（超过 20%）。相反，当我们在文本中看到红（red）时，鲱鱼（herring）在它后面的概率就不大，因为红（red）后面可以接很多不同的名词，后面接鲱鱼（herring）的概率还不到 0.3%。[2] 在实际操作中，方向度量（如 Delta P）会生成两个概率，搭配关系的每个方向都会生成一个。非方向度量（表 3.3 中除了 Delta P 之外的所有度量）只生成一个值，所以不能用来探索方向性。**离散**是搭配关系另一个可能的方面，它是搭配词在单个语料库文本或语料库部分中的分布（见 1.3 节和 2.4 节）。搭配词在语料库中的分布越均匀，它就越重要。

表 3.2　期待频率：随机共现基线

	有搭配词（affair）	无搭配词	总计
有节点词（love）	$E_{11}=\dfrac{R_1 \times C_1}{N}$	$E_{12}=\dfrac{R_1 \times C_2}{N}$	R_1
无节点词	$E_{21}=\dfrac{R_2 \times C_1}{N}$	$E_{22}=\dfrac{R_2 \times C_2}{N}$	R_2
总计	C_1	C_2	N

2　这些概率基于 red、herring 和 red herring 在 120 亿词语料库 EnTenTen12 中的频率。

在实际操作中，我们如何选择关联度量？看表 3.4，它显示了表 3.3 中 14 个指标的典型表现。在 100 万词的 BE06 语料库中，从高频定冠词 the 到低频词如 ex-teacher 或 zealand 的这 8 个词被视为形容词 new（绝对频率 =1 233）在这个语料库中的搭配词。这张表的数字显示了每个关联度量是如何给搭配词排序的，1 表示根据某一特定的统计数据得出的最重要的搭配词。

表 3.3　关联度量：概览

序列	统计方法	方程式
1	共现频率	O_{11}
2	MU	$\dfrac{O_{11}}{E_{11}}$
3	MI（互信息）	$\log_2 \dfrac{O_{11}}{E_{11}}$
4	MI2	$\log_2 \dfrac{O_{11}{}^2}{E_{11}}$
5	MI3	$\log_2 \dfrac{O_{11}{}^3}{E_{11}}$
6	LL（对数似然值）	$2 \times \left(\begin{array}{l} O_{11} \times \log \dfrac{O_{11}}{E_{11}} + O_{21} \times \log \dfrac{O_{21}}{E_{21}} \\ O_{12} \times \log \dfrac{O_{12}}{E_{12}} + O_{22} \times \log \dfrac{O_{22}}{E_{22}} \end{array} \right)$
7	Z-score$_1$	$\dfrac{O_{11} - E_{11}}{\sqrt{E_{11}}}$
8	T-score	$\dfrac{O_{11} - E_{11}}{\sqrt{O_{11}}}$
9	Dice	$\dfrac{2 \times O_{11}}{R_1 + C_1}$
10	Log Dice	$14 + \log_2 \dfrac{2 \times O_{11}}{R_1 + C_1}$
11	Log ratio（对数比）	$\log_2 \dfrac{O_{11} \times R_2}{O_{21} \times R_1}$
12	MS（最小灵敏度）	最小值$\left(\dfrac{O_{11}}{C_1}, \dfrac{O_{11}}{R_1} \right)$
13	Delta P	$\dfrac{O_{11}}{R_1} - \dfrac{O_{21}}{R_2} ; \dfrac{O_{11}}{C_1} - \dfrac{O_{12}}{C_2}$
14	Cohen's d	$\dfrac{\text{均值}_{窗口内} - \text{均值}_{窗口外}}{\text{合并标准差}}$

表 3.4　"new" 的搭配词在 BE06 中的排序（L_3-R_3）

搭配词	C_1	O_{11}	共现频率	MU	MI	MI2	MI3	LL	Z-score1	T-score（corr.）	T-score（uncorr.）[a]	Dice	Log Dice	Log ratio	MS	Delta P	Cohen's d
the	58 951	447	1	7	7	4	2	8	7	7	1	2	2	7	2	3	8
and	27 917	203	2	8	8	5	3	7	8	8	2	3	3	8	3	8	7
york	100	83	3	3	3	1	1	1	1	1	3	1	1	2	1	1	1
year	708	25	4	6	6	8	6	5	6	2	4	4	4	6	4	2	5
system	285	17	5	5	5	6	7	4	5	5	5	5	5	5	5	3	3
technologies	31	14	6	4	4	3	5	3	3	4	7	5	6	4	5	3	2
zealand	14	14	6	1	1	2	4	2	2	3	6	5	6	1	5	3	4
ex-teacher	1	1	8	1	1	7	8	6	4	6	8	8	8	3	8	7	6

a T 分数表明更正和不更正频率之间的巨大差异。其他指标（如互信息）则非常稳定，更正和不更正频率之间差异很小。

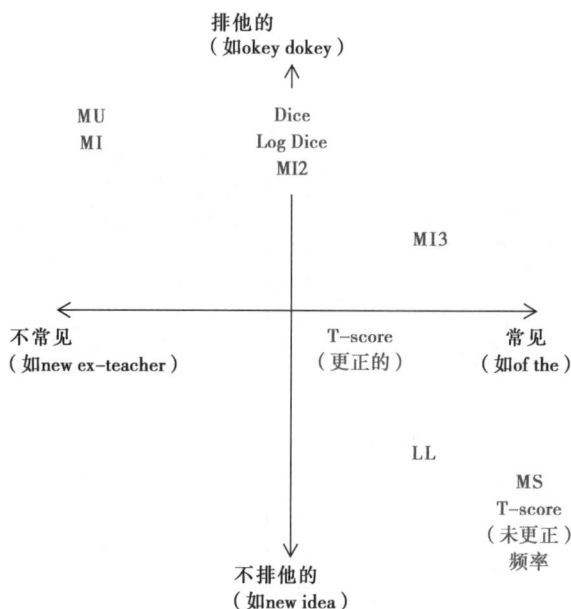

图 3.1　频率和排他性量表

　　要选择一个关联度量，我们首先需要定义我们感兴趣的搭配类型（基于我们的研究问题）。我们可以把大多数关联度量想成从两个主要方面来凸显搭配：频率和排他性。频率指节点词与搭配词共同出现在语料库中的次数。排他性指搭配关系的一个特定方面，即节点词只与或主要与搭配词共现。根据关联度量给搭配词排序的方法，关联度量可以被置于一个二维量表上，它表示这些关联度量凸显搭配关系的频率和 / 或排他性的程度（图 3.1）。这张图没有包含对数比，Delta P 和 Cohen's d。对数比是一个组合度量，它预设在应用对数比方程式之前数据被过滤（主要是被对数似然值过滤）；Delta P 考虑方向性，Cohen's d 考虑离散。这些度量都在不同的维度上运作，因此没有被包含在图 3.1 中。

报告统计数据

　　1. 报告什么

　　　　要使结果具有可重复性，我们应该报告会影响识别搭配的所有主要参数。要做到这一点，布热齐纳等人（Brezina et al.，2015）介绍了搭配参数符号，以获取识别搭配的所有重要参数（表 3.5）。

表 3.5 搭配参数符号

统计序号	统计名称	统计截止值	左右跨距	最小搭配词频率（C）	最小搭配频率（NC）	过滤	
4b	MI2	3	L5-R5	5	1	去掉语法词	⎫ ⎬例子 ⎭
4b-MI2（3），L5-R5，C5-NC1；去掉语法词							

搭配参数符号有几个不同的参数。统计序号指的是表 3.3 中序号一栏的数字。数字后的"a"表示未更正的数据，"b"表示更正的数据——这指的是窗口大小大于 1 的情况。后面是统计名称和统计截止值、左右语境的跨距、搭配词在整个语料库中的最小频率和搭配（节点词和搭配词的共现）的最小频率。最后一个参数是过滤，它指的是搭配提取过程中的任何额外操作，如去掉结果里的某些词（基于词类的划分）或设定最小离散值。

2. 如何报告：示例

- 下面这些词是 BE06 语料库中形容词 new 的前 5 个搭配词，使用的方法是互信息统计［3b-MI（5），L3-R3，C5-NC5；无过滤］：zealand，mobilities，york，technologies 和 testament。

3.3 搭配图和搭配网：探索交叉关联

> **思考**
>
> 在阅读本节前，请思考以下问题：
>
> 1. 当你看到 university 这个词时会想到什么？请写下五个联想词。
>
> 2. 回顾词表，划出你认为与 university 这个词搭配最紧密的词。

搭配图和搭配网是基于 3.2 节介绍的搭配概念。**搭配图**是节点词和搭配词之间搭配关系的视觉呈现。不用列表的方式，搭配图通过展示搭配词与节点词距离的远近来显示它们之间的关系。图 3.2 显示了基于百万词语料库 BE06，使用 log Dice 为关联度量的搭配图。这张图的中心由节点词（love）占据，它的周围是搭配词。这张图显示了搭配关系的三个维度：（1）关联强度；

（2）搭配词的频率；（3）搭配词在文本中的位置。关联强度由关联度量测量（这里用的是 log Dice；见 3.2 节），用节点词与搭配词之间的长度来表示：搭配词越靠近节点词，它们之间的关系就越强（想一下磁铁）。频率是通过搭配词的颜色深浅来表示：颜色越深，频率越高。最后，搭配词在文本中的位置（它主要出现在节点词的左边还是右边）是由搭配词在图上的位置（左中右）来表示。比如，fall、falling 和 fell 总出现在节点词 love 的前面，而 you 既出现在 love 的前面，也出现在它的后面，而且出现在前面和后面的频率都差不多。

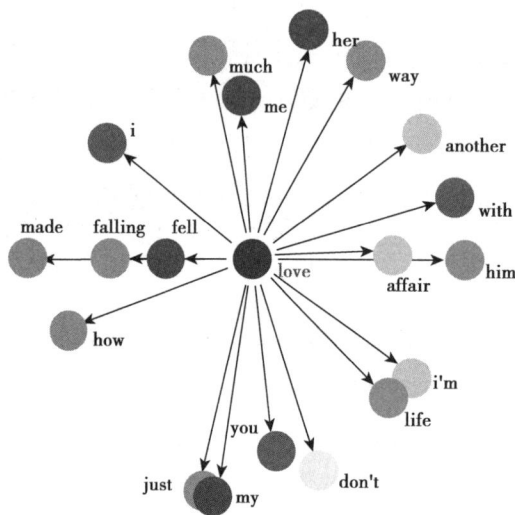

图 3.2　搭配图：BE06 中的"love"［10a-log Dice（7），L3-R3，C5-NC5］

搭配网是搭配图的延伸，它显示了超越紧邻语境的更大关联模式（Phillips，1985；Williams，1998；Brezina et al.，2015）。搭配网是搭配关系的网络（图 3.3），它以最初节点词（N1）开始，围绕它的是第一级搭配词（C1-C5）。每一个搭配词又可以被视为一个新的节点词（N2），围绕它的是第二级搭配词（C6-C8），这个过程可以重复无数次（图 3.3 重复了 4 次），目的是创建一个广阔的网络来显示单个词是如何通过关联和交叉关联联系在一起的。搭配网的假设很简单：哪怕距离最远的搭配词也能参与词义的创建，因为它与这个词有相似的概念空间，这是通过它与其他直接搭配词之间的关联来实现的。

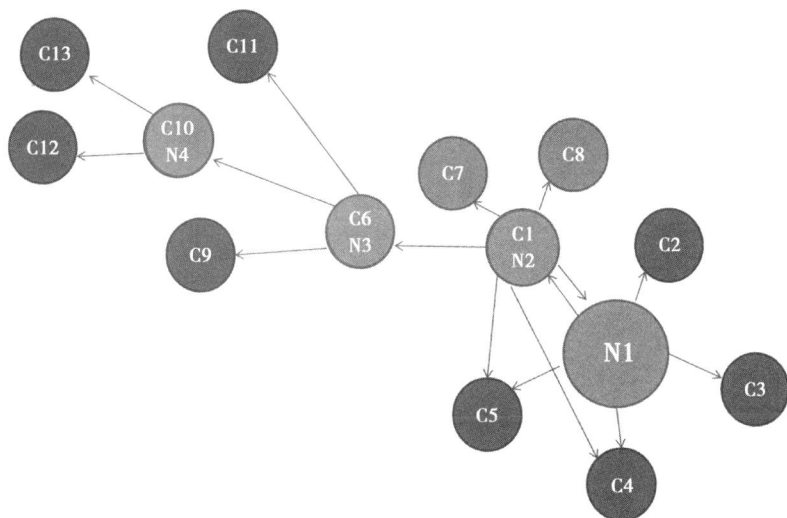

图 3.3 搭配网：概念演示

现在，我们用一个基于百万词 LOB 语料库的搭配网（图 3.4，注意标题中的搭配参数符号）来说明这一点。这个搭配网显示了 time 和 money 这两个词之间的关系。尽管 money 不与 time 直接搭配（反之亦然），但我们还是可以看出这两个词是联系在一起的，因为它们有一些共同的搭配词，如 spend，spent，saved，waste，lose 和（a）lot。这个观察可以为这个著名的概念隐喻——时间就是金钱（Lakoff & Johnson，1980）——的存在提供证据。基于这个证据，我们可以声称，在英语中，我们用 time 这个词就像用 money 这个词一样，而且我们通常通过金钱隐喻来理解时间。

另一个可以说明搭配网的例子是 university 这个词及其交叉关联（图 3.5）。你可以比较这个搭配网与你在本节"思考"任务中对两个问题的回答。我们可以发现，尽管 university 这个词本身只有 7 个紧邻搭配词满足搭配参数符号记录的识别标准，但 university 占的概念空间更大，因为它的搭配词距离更远（图 3.5）。

搭配图和搭配网很好地总结了词在文本和语料库中的复杂意义。这些网络能告诉我们文本和话语中的关键主题及其关系。要有效地创建搭配网，我们需要用到专门的软件，它可以多次比较词语共现，并将结果用图的形式显示出来。这种工具——#LancsBox（Brezina et al.，2015）——现在可以免费下载了。本书的配套网站上提供了该工具的链接。#LancsBox 让用户上传自己的语料库，然后根据合适的搭配参数符号找出搭配网。这个工具会运行表 3.3 列出的所有关联度量，还允许用户修改现有的关联度量或增加新的关联度量。

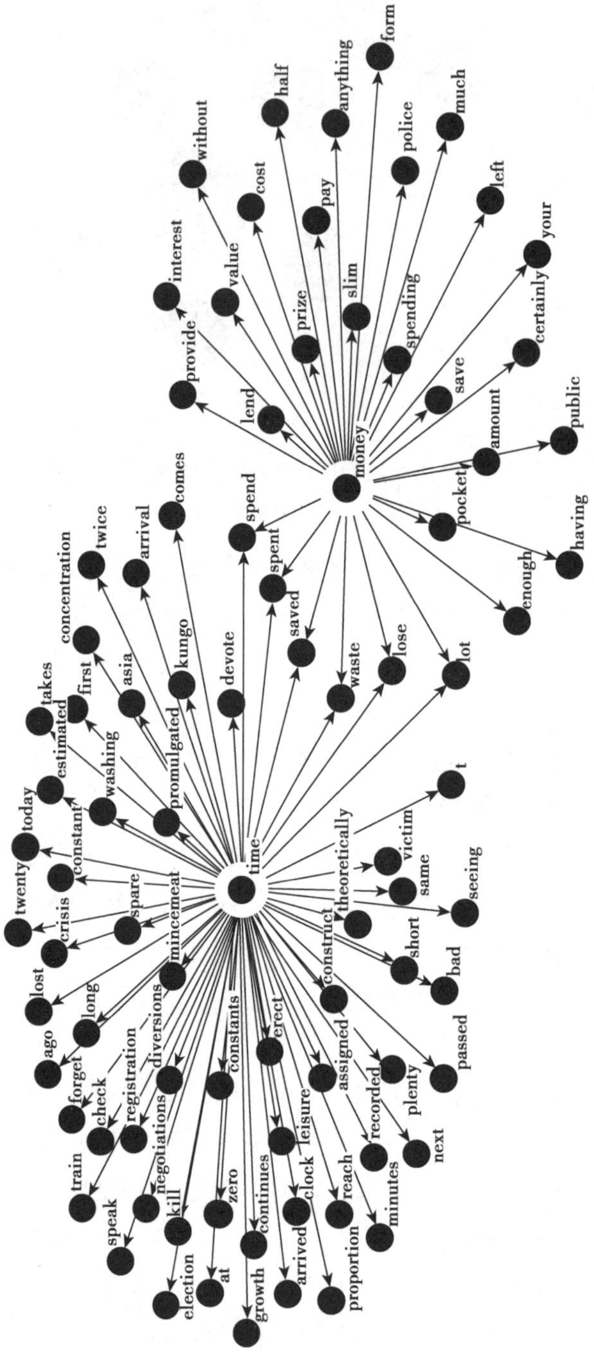

图 3.4 在 LOB 中 time 的三级搭配词 [3a–MI（5），R5–L5，C4–NC4；无过滤]

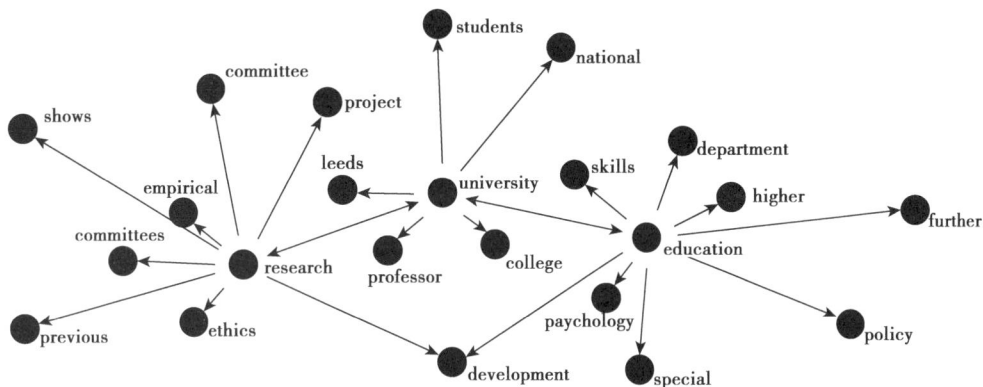

图 3.5 "university" 基于 BE06 的搭配网 [3b-MI（3），L5-R5，C8-NC8]

3.4 主题词和锁词

> **思考**
>
> 在阅读本节前，请思考以下问题：表 3.6 中的哪个词表能最好地体现频繁出现在美式英语中，而不出现在英式英语中的词？给出理由。

找出主题词是语料库语言学的关键方法之一（Scott，1997），但这个方法常常被误解。**主题词**是更频繁出现在一个语料库，而不是另一个语料库中的词；我们可以说，主题词就是那个语料库特有的词。但我们要记住，"主题词"是一个相对的概念，取决于两个语料库中的词频差异。主题词能帮助我们找出话语的关键概念、语类／语言变体的特定词汇和词汇的历时发展等。与主题词互补的是锁词，这个概念是贝克（Baker，2011）提出来的。**锁词**是两个语料库中频率相似的词。主题词和锁词有赖于我们是否能有意义地比较两个语料库。但实际操作更复杂，而且学术界就"如何比较"这个问题产生了一些争议。

表 3.6 AmE06：美式英语主题词

主题词表 1	主题词表 2	主题词表 3	主题词表 4
U.S.	U.S.	LABOR	TOWARD
PERCENT	PERCENT	NEIGHBORHOOD	NEIGHBORHOOD
AMERICAN	PROGRAM	DEFENSE	RECOGNIZE
PROGRAM	TOWARD	CONGRESSIONAL	NEIGHBORS

续表

主题词表 1	主题词表 2	主题词表 3	主题词表 4
TOWARD	AMERICAN	ATLANTA	COLORED
STATES	BUSH	PGF2A	MANHATTAN
FEDERAL	FEDERAL	MACDOWELL	FAVORITE
BUSH	STATES	MRNA	RECOGNIZED
PRESIDENT	CENTER	NEIGHBORS	CENTER
CENTER	MR.	ABBY	REALIZE
MR.	PRESIDENT	GENOME	RECOGNIZING
PROGRAMS	PROGRAMS	FLORIDA	TRAVELED
UNITED	UNITED	9–11	SIGNALED
STATE	WASHINGTON	DOE	COLOR
CONGRESS	CONGRESS	POE	CALIFORNIA
WASHINGTON	AMERICANS	ROUSSEAU	GOTTEN
AMERICANS	STATE	NS1	LABOR
DEFENSE	CALIFORNIA	REZKO	FAVOR
CALIFORNIA	AMERICA	MITCH	FINALLY
WAR	DEFENSE	ADDITIVES	CENTERS

现在让我们讲一下提取主题词这个过程：**我们感兴趣的语料库**，有时也称"焦点语料库"（Kilgarriff，2012）或"节点语料库"（Scott，1997），要与一个**参照语料库**进行比较，并使用一种统计度量来找出那些与参照语料库相比，更多或更少出现在我们感兴趣的语料库中的词。如果一个词更多地出现在我们感兴趣的语料库中，那么我们就称它为正主题词（＋）；如果一个词更少地出现在我们感兴趣的语料库中，那么我们就称它为负主题词（－）。如果一个词在两个语料库中的频率都差不多，我们就称它为锁词（0）。在实际操作中，这个过程由软件自动完成，它会生成两个词表，一个是基于我们感兴趣的语料库，一个是基于参照语料库，然后逐个比较词表中的词，以确定这个词是正主题词还是负主题词。表 3.7 总结了这个过程。

表 3.7　关于主题词的决定：基本选择

我们感兴趣的语料库	参照语料库	决定
常见	不常见	＋（正主题词）
不常见	常见	－（负主题词）
差不多	差不多	0（锁词）

这个比较的原则似乎很直接。但在实际操作中，我们还需要做出很多具体的决定。下面是我们在找出主题词和锁词过程中的不同选择。

1. 如何选择参照语料库？

通常，参照语料库要比我们感兴趣的语料库大，或至少大小相似，这样才能为我们提供足够多的词频证据（见下面的问题 2）。总的来说，参照语料库越大并且与我们感兴趣的语料库越相似，这个比较就越可靠。这是因为每两个语料库都有许多方面不同，这些不同的方面在提取主题词的过程中又得到不同程度的凸显。举个例子来说明任意两个语料库的相对异质性。让我们比较下面两个文本，它们分别摘自美式英语语料库（AmE06）和英式英语语料库库（BE06），每个文本都是 100 词。

文本 A	文本 B
Democrats call those shifts too little, too late. "Changing direction in Iraq starts with changing the people we send to Washington," Shays' challenger, Diane Farrell, said Saturday in the Democratic response to Bush's radio address. Democrats, who since the Vietnam War have battled voter perceptions that they are soft on defense, are finding a more receptive audience for the argument that they could do a better job of protecting America and conducting its foreign policy. In the poll, 52% say the Iraq war has made the USA less safe from terrorism. Nonetheless, Republicans continue to view the issue of terrorism as ...	Something behind him went 'gloink'. It was a small, subtle and yet curiously intrusive sound, and it accompanied the appearance, on a shelf above Rincewind's desk, of a beer bottle where no beer bottle had hitherto been. He took it down and stared at it. It had recently contained a pint of Winkle's Old Peculiar. There was absolutely nothing ethereal about it, except that it was blue. The label was the wrong colour and full of spelling mistakes but it was mostly there, right down to the warning in tiny, tiny print: May Contain Nuts. Now it contained a note.

我们可以开始列举两个文本的差异：文本 A 是关于美国政治，而文本 B 是关于一个叫 Rincewind 的人的故事节选。文本 A 来自报纸，而文本 B 来自小说。文本 A 使用美式拼写（defense），而文本 B 使用英式拼写（colour）。我们还可能观察到反映两个文本主题的词汇差异。一些读者可能注意到文本 B 中有拟声词 gloink，文本 A 中有与伊拉克战争相关的词（Bush，Iraq，terrorism，war 等）。这些只反映两个文本差异的一些方面，在更大层面上，也反映了两

个语料库的不同。

这里要问的关键问题是：我们感兴趣的语料库和参照语料库代表了哪种语言，以及每个语料库的构成如何反映在比较（提取主题词）的过程中（见1.4节对语料库代表性的论述）？在实际操作中，每个主题词（或锁词）都应该与两个语料库（我们感兴趣的语料库和参照语料库）的构成以及它们之间的差异联系起来。我们还应该考虑，如果我们选择一个不同的参照语料库，我们又会得到哪些主题词。事实上，我们可以选择很多参照语料库，与它们进行对照，提取主题词，并比较结果。

2. 如何处理缺席词？

当我们比较两个语料库的时候，总有这样的情况出现：在一个语料库中很常见的词在另一个语料库中却没有出现。问题是在提取主题词的过程中如何处理这些缺席词。我们知道，除非一个语料库能代表总体（全部语言使用），否则缺席并不代表不会出现（见1.4节）。因此，对这个问题的回答在很大程度上取决于两个语料库的相对大小以及我们对它们的代表性和抽样的理解。一般规则是：我们在判断一个词是主题词（不管正负）之前，应该认真评估两个语料库是否给我们提供了足够的证据。这里要问的问题是：

- X是正主题词，还是参照语料库不够大？
- Y是负主题词，还是我们感兴趣的语料库不够大？

在实际操作中，一些语料库工具可以让我们在提取主题词之前，先设置两个语料库中的最小截止频率。但这个操作需要非常谨慎。

3. 什么统计度量可以用来比较语料库？

要回答这个问题，我们以AmE06和BE06这两个语料库为例，每个语料库都由大约100万词组成。我们先思考一下文本A和文本B中的独特词——war, defense, pint, Rincewind和gloink——以及两个通用词（语法词）the和he。这次，我们比较的是包含这两个文本的两个语料库。假设AmE06是我们感兴趣的语料库，BE06是参照语料库。我们从表3.8中可以看出，war和defense（美式拼写）的确在AmE06中更常见，而pint和Rincewind在BE06中更常见。Gloink是罕见词，这个词只在语料库中出现了一次，而这一次就是出现在文本B中。the和he是常见的语法词，它们出现在两个语料库中的频率都差不多。现在，我们可以假设有 2 个正主题词（＋）、1 个负主题词（－）和两个锁词（0）。对 Rincewind 和 gloink 而言，AmE06 中没有足够的证据来证明其主题性。

表 3.8　BE06 和 AmE06 中所选词比较

词	AmE06 绝对频率（相对频率[a]）	BE06 绝对频率（相对频率[a]）	相对频率比 AmE06/BE06[b]	假设
war	620（609.11）	267（265.00）	2.30	＋
defense	120（117.89）	1（0.99）	118.78	＋
pint	1（0.98）	16（15.88）	0.06	－
Rincewind	0（0）	10（9.93）	0.00	无
gloink	0（0）	1（0.99）	0.00	无
the	59 901（58 848.84）	58 960（58 519.23）	1.01	0
he	7 310（7 181.60）	6 827（6 775.96）	1.06	0

a 每百万词相对频率

b AmE06 和 BE06 的相对频率比

为了确定其主题性，我们常用对数似然值（LL）来判断两个语料库之间的差异是偶然还是有统计显著性的。与搭配一样（见 3.2 节），我们用两个列联表（一个是观察频率，一个是期待频率）并把值输入到下面的对数似然值方程式中：[3]

$$\log \text{likelihood}_{\text{short}} = 2 \times \left(O_{11} \times \log \frac{O_{11}}{E_{11}} + O_{21} \times \log \frac{O_{21}}{E_{21}} \right) \tag{3.4}$$

O_{11} 代表我们感兴趣的语料库中词（w）的频率，O_{21} 代表同样的词在参照语料库中的频率。E_{11} 和 E_{21} 分别代表如果 w 的频率在两个语料库中没有差异，我们期待这个词偶然出现在我们感兴趣的语料库和参照语料库中的频率。期待

3　事实上，对数相似值有两种方程式：长方程式和短方程式，这两种方程式的计算结果略有不同。短方程式可以被视为长方程式的简化。表 3.3 列出了关联度量下的长方程式。

频率的计算方法如下：

$$E_{11}=\frac{我们感兴趣的语料库的形符数 \times（w在我们感兴趣的语料库中的频率+w在参照语料库中的频率）}{我们感兴趣的语料库和参照语料库的总形符数}$$

$$E_{21}=\frac{参照语料库的形符数 \times（w在我们感兴趣的语料库中的频率+w在参照语料库中的频率）}{我们感兴趣的语料库和参照语料库的总形符数}$$

比如，要计算表 3.8 中 war 这个词的对数似然值，我们要用到这个词的绝对频率以及两个语料库的大小（AmE06：1 017 879；BE06：1 007 532）。

$$E_{11}=\frac{1\ 017\ 879 \times（620+267）}{2\ 025\ 411}=445.77$$

$$E_{21}=\frac{1\ 007\ 532 \times（620+267）}{2\ 025\ 411}=441.23$$

$$\text{log likelihood}_{short}（war）=2 \times\left(620 \times \log\frac{620}{445.77}+267 \times \log\frac{267}{441.23}\right)=140.87 \quad（3.5）$$

由于对数似然值大于 3.84（显著性 $p<0.05$ 的切分点），我们可以说 war 在 AmE06 和 BE06 中的频率差异具有统计显著性；也就是说，我们有足够的证据推翻零假设（war 在 AmE06 和 BE06 中没有差异）（见 1.3 节）。事实上，我们可以报告 p 值小于 0.000 1（$p<0.000\ 1$），因为对数似然值小于 15.13。因此，我们可以得出结论：war 是 AmE06 中的正主题词。尽管对数似然值能帮助我们判断是否有足够的证据来证明同样一个词在我们感兴趣的语料库和参照语料库中的频率是不同的，但现在有越来越多的证据（Brezina & Meyerhoff，2014；Bestgen，2014）表明，用于语料库比较的对数似然值会找到太多的主题词（有些实际上不是主题词）。其中的一个原因是：我们感兴趣的语料库和参照语料库之间相对较小的频率差异在足够大的语料库中也能达到统计显著性。要解决主题词过多这个问题，我们通常先按照主题词的对数似然值（有时又被冠以"主题度"的标签，实则毫无用处）来排序，然后只选对数似然值最大的词（如前 10，50 或 100 个主题词）做进一步分析。这就产生了一个问题：对数似然值能否最好地反映两个语料库的词频差异量，以及如何阐释这样的结果（如 140.87）。

基加瑞夫（Kilgarriff，2009）建议不用对数似然值来找出和选择主题词（因为它较难解释），而用词在两个语料库中的相对频率比。由于只有参照语料库中的值大于 0，这个比值才能够计算，基加瑞夫建议给两个相对频率加一个常数 k。这个常数可以是任何正数，但通常是 1，10，100 或 1 000。这个度量叫简单数学参数，计算方法如下：

$$简单数学参数 = \frac{w\text{在我们感兴趣的语料库中的相对频率}+k}{w\text{在参照语料库中的相对频率}+k} \quad （3.6）$$

常数 k 同时可以作为一个过滤器，过滤掉语料库中某一相对频率以下的词。比如，如果我们将常数设为 1，我们就将一些低频词也包括进来了，但如果我们将常数设为 100，我们就可以过滤掉那些相对频率小于 100 每百万词的词。词 war 的简单数学参数（k=100）计算如下：

$$简单数学参数（war） = \frac{620+100}{267+100} = 1.96 \quad （3.7）$$

对简单数学参数值的解释要比对数相似值更为直接：由于词的相对频率大于 100（在选择常数的时候就规定了），我们可以说 war 在我们感兴趣的语料库中出现的频率约是在参照语料库中出现频率的 2 倍。

目前，人们对哪种统计度量最适合找出主题词这个问题还没有定论。其他方法有 %DIFF（Gabrielatos & Marchi，2012）、对数比（Hardie，2014）和 Cohen's *d*（Brezina，2014）；最后这个方法还考虑了离散。提取主题词这个过程还可以应用到更抽象的层面，如词元或关键语义域（Rayson，2008）。这样，我们可以找出更大的概念或某一话语相对于其他话语（参照语料库）的典型语义域。

总的来说，"主题词"这个术语可能有点误导人，因为它暗示，有一组词可以代表一个语料库的特征。但正如我们所见，主题词表是多个决定的结果，从选择参照语料库到最后选择统计度量。为了说明这一点，让我们回到本节的"思考"问题上来。如果你已经选择了你最喜欢的美式英语主题词表，你可能想知道是用什么方式来找出这些主题词的。就这个语料库中的主题词是什么这个问题来说，没有一个简单的答案。

报告统计数据

1. 报告什么

　　提取主题词的结果受三个重要参数的影响：（1）参照语料库的选择；（2）最小频率切分点的选择；（3）统计度量的选择。我们还通常报告我们使用的是全部主题词还是前 10，50，100 个主题词。上面列出的参数通常在"方法"部分的"步骤"中报告。同时，我们还需要在"方法"部分的"数据"中详细描述我们感兴趣的语料库。

2. 如何报告：示例

数据

• 我们使用的是 AmE06 语料库，它代表在 2006 年抽取的书面美式英语。
AmE06 由 15 个语类组成，它们又可以归为四个大类：新闻、一般文章、
学术文章和小说……

步骤

• 我们通过比较 AmE06 和 BE06 来找出 AmE06 的主题词。我们用 BE06
作为参照语料库，因为它与 AmE06 有同样的抽样框（布朗家族抽样
框），因此它在时间（2006 年）和语类上与 AmE06 有可比性。我们
用的是简单数学参数（Kilgarriff，2009），常数设为 100；没有设定频
率切分点。我们选择前 20 个正主题词来做进一步分析。

3.5　评判者间一致性度量

> **思考**
>
> 在阅读本节前，请思考以下问题：
>
> 　表 3.10 中哪一个检索行显示 "religion" 这个词出现在积极语境中（即
> 作者积极评价宗教）？

最后，我们看一下在基于语料库的话语研究中还没有引起足够关注的领
域——评判者间一致性。**评判者间一致性**是对一个编码的可靠性和一致性的
评判，在有**判断变量**的研究中，我们应该报告它。判断变量是对实例（如检
索行）的分类或评估，这种评估是人做的，因此可能会带入一些主观性。主
观性因素越大，越需要双重编码和报告评判者间一致性。比如，如果我们想
把 time 这个词分成 10 个不同的语义类（想想词典定义），这就会涉及一定程
度的主观性，因为语义学是模糊的。在这个语境中的 time 应该被归到 X 类还
是 Y 类？另一个例子就是上面的"思考"问题，哪个检索行显示 religion 这个
词出现在积极语境中，哪个检索行显示 religion 出现在消极语境中。很明显，
你对宗教的理解以及你对宗教的评估会对你的判断产生影响。另一方面，根
据动词的语法类别将句子归为积极结构和消极结构这种情况不会涉及太多的
主观判断，因此不需要双重编码。这种情况适用于自动加工；在词性标注的
语料库中，积极结构和消极结构可以自动查找和计算。

表 3.9 BE06："religion"的索引

	左语境	节点词	右语境	P/N[a]
1	use it to pursue their own needs, don't blame the	religion	A lot of my friends have faced racism from white	
2	it's no wonder the confused flock to fundamentalist	religion,	which brooks no deviation from its rigid truth. And	
3	the war on terror-as by internal conflicts of class,	religion	and ethnicity. Closely examined, Muslim societies	
4	dissolve our complacent, parochial notions about	religion,	democracy, secularism and capitalism. They	
5	who are also authority figures within an organized	religion,	have the right to speak freely in the public square	
6	discrimination as per the Employment Equality	(religion	or Belief) regulations. Iqbal Sacranie, Secretary–	
7	crime, in 50% of cases, the actual or perceived	religion	of the victim was Islam. The criticisms of those who	
8	and I want him to stay that way". A	religion,	old or new, that stressed the magnificence of the Universe	
9	"He's positive science is incompatible with	religion,	but he waxes ecstatic about nature and the universe	
10	two different attitudes towards worship. 20 True	religion	is that piety or reverence that emerges from the	

aP= 积极；N= 消极

如何进行评判者间一致性计算？在计算评判者间一致性之前，我们需要找到第二个评判者，他/她可以是我们项目的另一个研究者或者愿意提供帮助的同事。第一步是向他们认真解释编码系统——通常我们用带实例的书面编码方案，这样两个评判者都可以参考。然后我们让第二个评判者独立编码同样的数据集或（如果这个数据集特别大）数据集的样本。最后，用合适的统计方法就可以评估我们的编码有多可靠，换言之，我们的编码涉及多少主观性。

表 3.10 双重编码："思考"任务中的检索

序号	宗教人士	无神论者	（不）一致
1	1	1	一致
2	0	0	一致
3	1	0	不一致
4	0	0	一致

续表

序号	宗教人士	无神论者	（不）一致
5	1	0	不一致
6	1	1	一致
7	1	0	不一致
8	1	1	一致
9	0	0	一致
10	1	0	不一致
积极	7	3	—
消极	3	7	—
总计	10	10	

　　在深入讨论这个统计方法之前，我们先看一些数据。假设我们请了两位评判者，一位是宗教人士，一位是无神论者，来编码"思考"任务中的检索行。表 3.11 显示了结果，"1"代表积极评判，"0"代表消极评判。

　　我们可以看到，宗教人士和无神论者对 6 个实例做出了一致评判，对 4 个实例做出了不一致的评判。这 4 个实例所在的检索行没有提供足够的语境证据，因此评判者只好基于自己的理解。我们可以简单计算的第一个统计数据是原始一致性。原始一致性是一个度量，通常用百分比来表示，即一致性实例在全部实例中所占的比例。原始一致性的计算方法如下：

$$原始一致性 = \frac{一致性实例}{全部实例} \tag{3.8}$$

　　对上面的例子来说，原始一致为：

$$原始一致性 = \frac{6}{10} = 0.6 \tag{3.9}$$

　　我们可以说，在上面的例子中，原始一致性为 0.6 或 60%，这是一个比较低的值。在理想情况下，我们希望原始一致性达到 80% 或以上。[4] 因此，这个例子中的判断变量非常有问题，因为它涉及了太多的主观性，两位评判者遵照同样的指示，但却出现了 40% 的不一致率。

　　原始一致性是一个初步测试评判信度的有用方法，但我们需要考虑这一点：如果两个评判者随机编码实例，那么他们之间可能会达成一些一致。一

4　但是，我们需要记住，原始一致性没有一个放之四海而皆准的数值。分析者需要在具体研究中评估不一致的本质以及编码的稳健性。

些更复杂的评判者一致性度量，如 Cohen's Kappa（κ）或 Gwet's AC$_1$ 考虑了这种偶然一致性，并把它从原始一致性中减去。Cohen's κ 长期用于名义变量；最近的研究（Gwet，2002）推荐使用 Gwet's AC$_1$。这两种度量都基于同样的方程式（3.10）。它们的区别在于对偶然一致性的估算。

$$\text{Cohen's } \kappa / AC_1 = \frac{\text{原始一致性} - \text{偶然一致性}}{1 - \text{偶然一致性}} \qquad (3.10)$$

两种度量计算偶然一致性的方法是：

κ	偶然一致性 = 两个评判者把它归为 X 类的概率 + 两个评判者把它归为 Y 类的概率
AC$_1$	偶然一致性 = 2 × 被归为 X 类的概率 × 不被归为 X 类的概率

在上面的例子中，Cohen's κ 的计算方法如下：

偶然一致性 $=0.7 \times 0.3 +$ $0.3 \times 0.7 = 0.42$	（3.11）	注意：0.7×0.3 是第一个评判者积极评判概率（7/10）和第二个评判者积极评判概率（3/10）的数学表达式（7/10）。0.3×0.7 是两个评判者消极评判概率的数学表达式。
$\kappa = \dfrac{0.6 - 0.42}{1 - 0.42} = 0.31$	（3.12）	

在上面的例子中，AC$_1$ 的计算方法如下：

偶然一致性 $= 2 \times \dfrac{10}{2 \times 10} \times$ $\left(1 - \dfrac{10}{2 \times 10}\right) = 0.5$	（3.13）	注意：在中 $\dfrac{10}{2 \times 10}$ 中，10 是两个评判者积极评判的数量（7+3），2×10 是两个评判者评判的数量。$\left(1 - \dfrac{10}{2 \times 10}\right)$ 是互补概率，即不被偶然归为积极评判的概率。
$AC_1 = \dfrac{0.6 - 0.5}{1 - 0.5} = 0.2$	（3.14）	

κ 和 AC$_1$ 这两个度量计算出的值都很低：0.31 和 0.2。这两个值更接近于 0（它是随机一致性的基线），而不是 1（表示绝对 / 完全一致）。

下面这个量表有助于我们解释 κ [5] 和 AC$_1$ 的结果。0.67 是一致性的切分点，0.8 是非常一致，这两个数值是克里彭多夫［Krippendorff，2012（1980）］针对文本的内容分析提出来的。他指出，如果结果在 0.67 到 0.8 之间，我们可以尝试性地下结论，如果结果在 0.8 以上，我们就可以肯定地下结论了。这些切分点，如同任何效应量的切分点一样，都是基于在特定领域对评判者行为

5　注意：κ 没有一个最小值。但这并没有关系，因为它是用来评估评判者一致性，而非不一致性的，因此我们只看大于 0 的值。

的观察提出的，不是绝对真理。

| 完全不一致 | 随机一致 | | 一致 非常一致 完全一致 |
| [−1] | 0 | | 0.67 0.8   1 |

另外，κ 和 AC_1 作为效应量度量，可以再加一个 p 值，它将考虑样本大小（被评判实例的数量），并告诉我们评判者间的一致性是否具有统计显著性。我们检验的零假设是：一致性纯属偶然。如果 p 值小于 0.05，一般情况下我们就可以推翻零假设，认为这个一致性不是偶然的。

到目前为止，我们已经看了一种简单的情况，即两个评判者用两个类别（积极或消极）来编码数据集。但如果我们有更多的评判者，或有更多的类别，或评判是用可以标在量表上的等级或数值来做的，该怎么办呢？这时，我们就需要选择不同的评判者间一致性度量。表 3.11 列出了可以用在这些情况下的统计度量。所有这些度量都可以用在线兰卡斯特统计工具中的一致性工具来实施。

表 3.11   评判者间一致性度量概览

判断变量的类型	值的数量	评判者的数量	使用的统计度量
名义（类别）	2 个或更多	2 个	Gwet's AC_1 和 Cohen's κ
	2 个或更多	3 个或更多	Gwet's AC_1 和 Fleiss's κ
序列（等级）	2 个或更多	2 个或更多	Gwet's AC_2
定距 / 定比（规模）	范围	2 个或更多	组间相关（ICC）

报告统计数据

1. 报告什么

为了使读者能评估判断变量编码的信度，我们要提供一下信息：（1）评判者数量；（2）编码的数据量（全部数据集还是随机抽样）；（3）评判者间一致性度量；（4）p 值；（5）对结果的解释。这些信息应该在"方法"部分报告。

2. 如何报告：示例

• 两个独立的评判者按照上面描述的编码方案编码 100 个检索行，它们是从语料库中包含 religion 这个词的 1 053 个检索行中随机抽样出来的。Gwet's AC_1 度量显示，两个评判者之间存在一致性（AC_1=0.7，$p<0.001$）。检查评判者之间的差异，我们没有发现系统的不一致模式。鉴于这个判断变量的本质，我们认为这个一致性的量是足够的。

3.6 应用和实例：英国报纸的读者如何看待移民？

这一节将用本章介绍的统计方法来进行一个小型的话语分析研究。这个研究关注两份英国报纸（《卫报》，政治左倾的严肃性报纸）和《每日邮报》，政治右倾的大众性报纸的读者对"东欧移民"的看法。本研究将用到两个语料库，这两个语料库收集了读者在报纸网站上对移民问题的评论。我们假设，由于这两种报纸有不同的读者群，因此对评论的分析将揭示人们对移民问题的不同看法。

现在，我们先介绍一下本研究的背景。在 2014 年 1 月，英国向罗马尼亚和保加利亚的公民开放了就业市场。随后，英国媒体频繁争论这一做法对英国经济和生活质量可能产生的影响。媒体还拿这个事件与 10 年前（2004 年）的一个类似的事件作比较，当时，英国向波兰、匈牙利、捷克共和国和斯洛伐克的公民开放了就业市场。

语料库包含了 2010 年到 2013 年之间的数据。我们找出了《卫报》和《每日邮报》包含检索词 "east europeans" 或 "eastern europeans" 的所有文章，并提取了读者对这些文章的评论。"East (ern) Europeans" 这个词常常被英国媒体用来指来自新欧盟国家（如罗马尼亚、保加利亚、捷克共和国和波兰）的人。我们从《卫报》语料库中总共提取了 942 232 个形符，从《每日邮报》语料库中总共提取了 2 149 493 个形符。

首先，要显示这两个语料库总的差别，我们找出了这两个语料库的前10 个正主题词。在提取一份报纸中的主题词时，另一份报纸的读者评论就作为参照语料库，以凸显两个报纸读者群的不同用词。我们用简单数学参数（Kilgarriff, 2009）来找出主题词，常数设为 100；没有设置频率切分点。表 3.12 显示了主题词。

表 3.12　主题词

《卫报》语料库	《每日邮报》语料库
Guardian	UKIP
Balls	THE
Russia	DM
Duffy	homeless
economic	benefits
argument	police
debate	NOW
white	TO

续表

《卫报》语料库	《每日邮报》语料库
Russian	squatters
post	NO

除了 *Guardian* 和 *DM* 这两个分别指称两个报纸的"明显"主题词之外，我们还可以看到这两个语料库的另一个有趣的区别。《卫报》语料库中的主题词似乎显得更为中立，并与移民争论的理论层面相关（economic，argument，debate），但《每日邮报》语料库的主题词显著偏向移民的负面影响（homeless，benefits，police，squatters）。《每日邮报》读者的话语中带有强烈的感情色彩，这也反映在频繁使用大写字母上[6]（THE，NOW，TO，NO），如下所示：

（1）NO NO NO NO NO WAY. ENOUGH.（DM，25/04/2011）

（2）TOTAL DESTRUCTION OF THE UK（DM，03/03/2011）

下一步，我们要建立围绕节点词"immigrants"的搭配网。结果如图 3.6 和图 3.7 所示。

图 3.6 显示了在《卫报》读者群话语中移民的构建。与"移民"搭配最近的词反映出"移民"在"非法"和"寻求庇护者"之间的调和。尽管词语共现往往暗含共同的意义，但我们可以从下面的例子中看出，《卫报》读者常常能清楚地区分什么是合法移民和寻求庇护者，什么是非法移民。因此，这种调和表示，这两类搭配是相互排斥的。

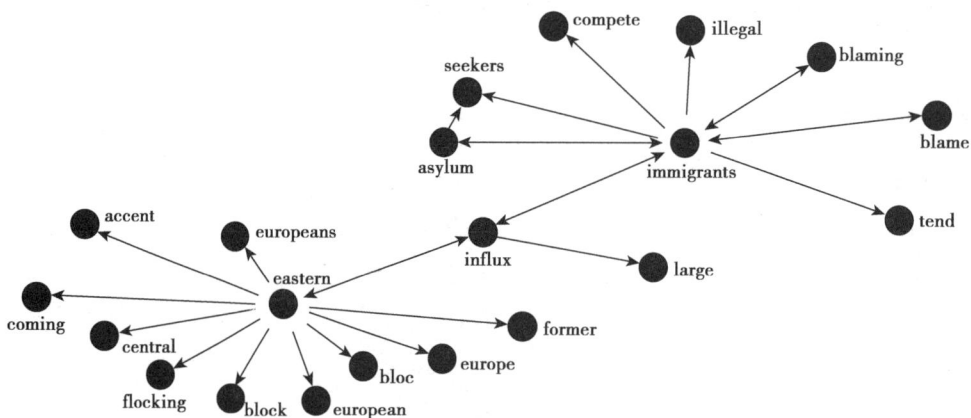

图 3.6　《卫报》中围绕"immigrants"的搭配网［3a-MI（6），R5-L5，C10-NC10；无过滤］

6　注意：这里提取的主题词是区别了大小写的。在标准文本中，大小写一般被忽略，因为它不传达任何语言或社会意义。因此主题词也一般不区分大小写。但在网络论坛中，大写是一个强调的手段。

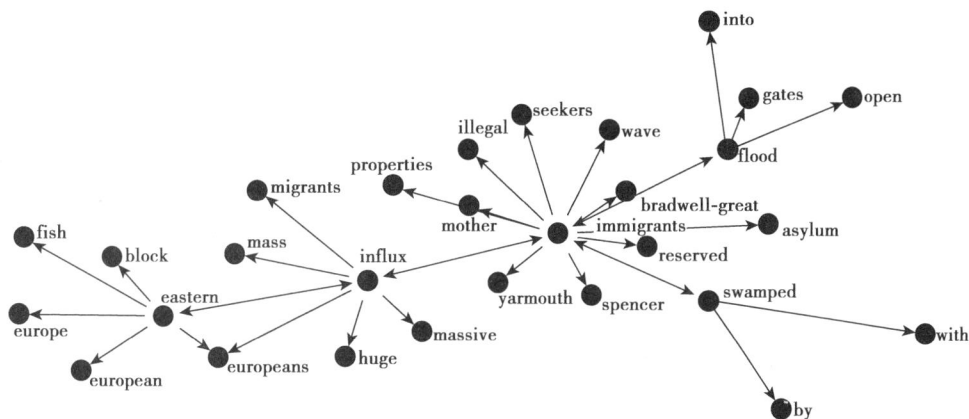

图 3.7　《每日邮报》中围绕"immigrants"的搭配网［3a-MI（6），R5-L5，C20-NC20；无过滤］

（3）Rarely is the distinction made between asylum seekers, immigrants and illegal immigrants. Personally, I have no time for people who easily take a swipe at hard working low-paid legal migrants who often take jobs that unemployed UK citizens sometimes find unpalatable.（GU, 29/04/2010）

（4）There you go again. Is "immigrants and asylum seekers" some kind of single entity to you?（GU, 29/03/2010）

　　另外，搭配词 blame 和 blaming 也在《卫报》的争论中凸显出来。尽管这两个词都带有消极语义韵，但这里它们是批评一种趋势：把移民当作各种社会问题的替罪羊。很多《卫报》读者觉得这是不公正的——见下面的例子。

（5）Sure there are issues, but blaming immigrants for everything isn't going to address the real issues is it?（GU, 06/06/2010）

　　当我们比较图 3.6 和图 3.7 的时候，最明显的区别是描述来到英国的移民数量的词。《卫报》读者多用 influx，而《每日邮报》读者多用 flood，wave 和 swamped.

　　要调查"移民"这个词在两个读者群话语中多用于积极语境还是消极语境，我们在每个语料库中随机选取了 100 个检索行，然后让两个评判者在 5 级李克特量表上进行人工编码，（1）代表非常积极，（5）代表非常消极。评判者间一致性（DM：AC_2=0.93；GU：AC_2=0.8）是很高的。表 3.14 总结了读者的评估。

　　我们发现，《卫报》读者用"移民"这个词更积极，而《每日邮报》读者很少把这个词用于积极语境。因此，《每日邮报》语料库主要是消极和非常消极的评估（加在一起超过 50%）。

表 3.13　《卫报》和《每日邮报》语料库中对"移民"这个词的评估

	1（非常积极）	2（积极）	3（中性）	4（消极）	5（非常消极）
卫报	4%	31%	39%	26%	0%
每日邮报	2%	6%	40%	45%	7%

3.7　练习

搭配

1. 在下面的情况中，你会用哪种关联度量？每种情况都不止一个答案，并给出理由。

   （a）你需要在一个有机化学研究论文语料库中找出与 process 这个词联系的技术术语，如 petrochemical process。注意：技术术语是专属某一领域、相对少见的词语组合，有其特定的意义。

   （b）你想研究词 enemy（节点词）在新闻话语中的搭配。你想知道围绕这个节点词的有哪些实词（非高频语法词）。

   （c）你想为英语学习者编写一部搭配词典，它将包括很多固定搭配，如 find out，take responsibility，dire consequences 等。你包含的搭配需要有完整的意义和较高的频率。

2. 看表 3.14 关于词 issue 在 BE06（1 百万词的书面英语语料库）中 L3–R3 搭配窗口中的搭配。用在线搭配计算器来计算四个关联度量：MI，LL，Delta P 和 log Dice。

   • 语料库的总形符数（N）：1 001 514
   • 节点词在语料库中的频率（R_1）：164
   • 搭配窗口大小：6（3L，3R）

表 3.14　issue 这个词在 BE06 中的搭配

搭配词	C_1	O_{11}	MI value	LL value	Delta P values	log–Dice value
the	58 591	101				
this	4 815	38				
important	322	7				
address	88	6				
bbc	98	5				
HUPO-PSI	1	1				

3. 讨论练习 2 中的关联度量将如何给这 6 个搭配词排序。你会用哪种关联度量?

搭配网

4. 比较图 3.8 中的搭配网，它们是基于（a）BE06 非学术子库，它由 840 000 词的书面英语组成，涵盖新闻、一般文章和小说；（b）BE06 学术子库，它由 160 000 多词的学术英语组成。注意：BE06 非学术子库是学术子库的 5 倍多。注意最初节点词的频率以及搭配参数，尤其是切分点及其对搭配词的影响。

BE06-非学术（840k）

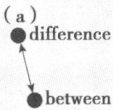

AF(node'between'):641

BE06-学术（160k）

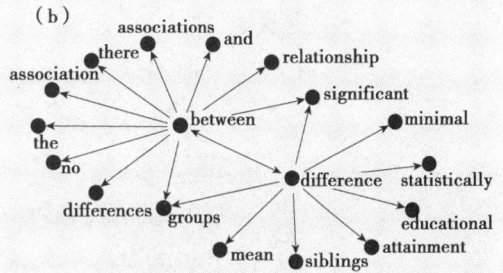

AF(node'between'):482

10a-log Dice(10)，R5-L5，C5-NC5；无过滤

AF(node'shopping'):72

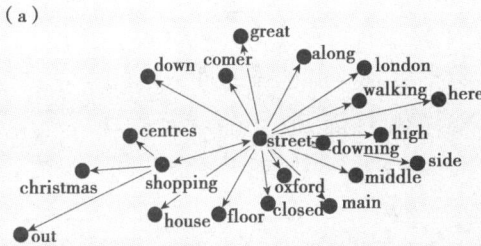

AF(node'shopping'):1

3a-log MI(5)，R5-L5，C5-NC5；无过滤

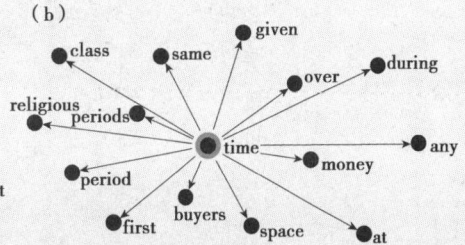

AF(node'time'):1 444

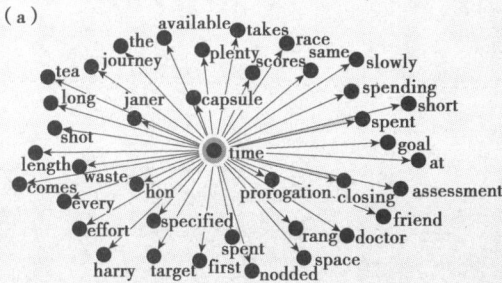

AF(node'time'):210

3a-log MI(5)，R5-L5，C5-NC5；无过滤

图 3.8　搭配网

5. 用 #LancsBox（可以到 http://corpora.lancs.ac.uk/lancsbox 下载）来创建基于 LOB 语料库（可通过 #LancsBox 获得）的搭配网。LOB 是一个 100 万词的语料库，代表了 1960 年代的书面英语。

查找的节点词：

- university
- time

比较基于 LOB 建立的 time 和 university 搭配网与基于 BE06（代表2006 年前后的英式英语）建立的 time 和 university 搭配网（见 3.3 节）。有什么区别吗？能看出语言的演变吗？

主题词

6. 根据下面的情况选择参照语料库（通用语言语料库、代表某一特定领域的专门用语语料库……）并给出理由。

（a）在文学文体研究中，我们创建了一个由某一作者的全部作品构成的语料库；我们想找出这个作者特有的主题词。

（b）我们对某一类学术写作典型的主题词感兴趣。我们创建了一个由代表所有主要学术领域的不同学科的研究论文和书籍构成的语料库。

（c）我们对口语典型的主题词感兴趣。我们的语料库是 BNC 的口语部分。

7. 计算表 3.16 中各词的简单数学参数。判断哪些词属于（1）正主题词（+）；（2）负主题词（-）；（3）锁词（0）。

表 3.15　主题词

词	我们感兴趣的语料库（形符：1 007 532）	参照语料库（形符：1 017 879）	简单数学参数	判断（+/-/0）
BBC	106	3		
before	970	854		
London	471	119		
nation	51	195		
she	4 162	4 494		
slowly	83	94		
today	270	278		
tomorrow	47	48		
Washington	27	222		
which	2 680	2 056		

评判者间一致性

8. 下列评判是在三种情况下获得的，涉及一个判断变量。计算每种情况的评判者间一致性。

   i. 情况 1：在话语分析研究中，三个独立评判者编码了一个带有 3 个可能的值（1，2，3）的判断变量。这个变量是代表一个话语类别的名义变量。

   > 评判者 A：2，1，1，2，1，1，3，3，2，2，3，1
   >
   > 评判者 B：2，1，2，2，1，1，2，2，2，2，3，1
   >
   > 评判者 C：2，1，1，2，1，2，2，2，2，2，3，1

   ii. 情况 2：在应用语言学研究中，我们用到了二语说话者的文本。基于这些文本，我们用等级序列类别（序列变量）编码了二语说话者的水平，1 代表最低水平，6 代表最高水平。我们随机选取了 20% 的文本进行双重编码，以评估编码的稳健性。

   > 评判者 A：4，4，4，3，4，4，3，3，4，4，3，3，2，4，4，4，3，4，4，4
   >
   > 评判者 B：4，4，4，3，4，3，3，3，3，4，4，5，2，5，5，4，4，4，4，5

   iii. 情况 3：我们给两个誊写员同样的录音材料，让他们转写。这个录音材料包含了 6 个不同说话者之间的口语交流。由于在对话中很难分辨这句话是哪个说话者说的，因此我们用评判者间一致性度量来检查标注在每个话轮开始前的说话者编码(1—6)的可靠性。

   > 誊写员 A：1，4，5，4，3，4，2，4，1，2，6，1，4，2，1，6，1，6，4，1
   >
   > 誊写员 B：1，4，5，4，3，4，2，4，1，2，6，2，4，6，2，4，2，4，6，2

9. 表 3.16 是取自三一兰卡斯特口语语料库的例子。它们显示了以英语为外语的说话者如何表达不同意。判断这些说话者表达不同意的时候有多礼貌（或不礼貌）。用下面的 5 级李克特量表：

1	2	3	4	5
非常礼貌	礼貌	中性	不礼貌	非常不礼貌

表 3.16 评判例子

例子	评判
（a）	I completely disagree with this because er I I repeat as I said ...
（b）	I agree with this point but don't you think maybe the ti= fact that times are changing is a good thing ?
（c）	but I personally would disagree that that money would necessarily be spent on that

续表

例子	评判
（d）	erm no no it's not so
（e）	well I'm not totally convinced but er you know I live in a really traditional family
（f）	mm I can understand your opinion erm but I was still wondering ...
（g）	I can't agree with you
（h）	er er I I think erm I I think they I I think they are wrong
（i）	I think they're completely wrong
（j）	no way
（k）	I think he's stupid
（l）	I I I can understand what you're saying but I'm not I don't agree with that

评判之后，回答下面的问题：

· 你对自己的评判有多少信心？

· 你认为礼貌是一个稳健的判断变量吗？

· 对这种判断变量，你认为是否有必要请另一个评判者来评判？

10. 比较你在练习 9 中的编码与另一个评判者（请你的朋友来帮忙）对同样数据集的编码。用一致性计算器来计算一致性度量。

    计算的度量：＿＿＿＿＿＿＿，值：＿＿＿＿＿＿

    · 如果可能的话，继续追加评判者，然后计算评判者间一致性。

11. 假设你需要基于练习 9 和练习 10 的数据集写出研究报告。报告你在练习 10 中得到的评判者间一致性度量结果。参考"报告统计数据"这一栏。

记住

- 有许多关联度量，每个度量凸显搭配关系的不同方面（如频率或排他性）。没有"最好"的关联度量。
- 搭配可以以表格或图形的方式呈现。
- 搭配网显示文本和话语中复杂的交叉关联。
- 提取主题词的过程从本质上说是一种比较，它基于许多参数。没有所谓的一组主题词。
- 对判断变量来说，我们需要报告评判者间一致性数据。Gwet's AC_1 和 AC_2、Cohen's κ 和 Fleiss's κ 以及组间相关都可以用，视情况而定。

补充阅读

Brezina, V., McEnery, T., & Wattam, S. (2015). Collocations in context. *International Journal of Corpus Linguistics, 20* (2), 139-73.

Evert, S. (2008). Corpora and collocations. In A. Lüdeling & M. Kytö (eds.), *Corpus linguistics: an international handbook*, vol. 2, pp. 223-33. Berlin: Walter de Gruyter.

Evert, S. & Krenn, B. (2001). Methods for the qualitative evaluation of lexical association measures. In *Proceedings of the 39th Annual Meeting of the Association for Computational Linguistics*, Toulouse, pp. 188-95.

Fleiss, J. L. (1971). Measuring nominal scale agreement among many raters. *Psychological Bulletin, 76*(5), 378.

Gablasova, D., Brezina, V. & McEnery, A. M. (2017). Exploring learner language through corpora: comparing and interpreting corpus frequency information. *Language Learning, 67*(S1), 130-54.

Gries, S. Th. (2013). 50-something years of work on collocations: what is or should be next... .*International Journal of Corpus Linguistics, 18*(1), 137-66.

Gwet, K. L. (2014). *Handbook of inter-rater reliability: the definitive guide to measuring the extent of agreement among raters*. Gaithersburg, MD: Advanced Analytics.

Kilgarriff, A. (2012). Getting to know your corpus. In *Text, Speech and Dialogue*, pp. 3-15. Berlin: Springer.

Scott, M. (1997). PC analysis of key words-and key key words. *System, 25*(2), 233-45.

Sinclair, J., Jones, S. & Daley, R. (2004). *English collocation studies: the OSTI report*.London: Continuum.

配套网站：在线兰卡斯特统计工具

1. 本章的所有分析都可以用在线兰卡斯特统计工具进行。本章用到的工具有：
   - 搭配计算器
   - #LancsBox
   - 主题词计算器
   - 一致性计算器
2. 该网站还为老师和学生们提供了额外材料。

4 词汇语法:
从简单计算到复杂建模

4.1 本章概述

　　本章将关注对语言中词汇语法特征（如冠词、被动结构或情态表述式）的统计分析。我们首先将讨论研究语料库中词汇语法[1]的两种方法。第一种方法用"整体语料库"研究设计，比较一个语言变量（及其变体）在各个子语料库中的频率。第二种方法用"语言特征"研究设计，它清楚定义一个语言变量会出现的语境（即它的词汇语法框架），并分析造成这个变量的一个变体（而不是另一个变体）出现的因素。本章用的是第二种方法，本章将显示如何用交叉表总结词汇语法变化以及基于这个交叉表可以用什么统计度量。这些度量包括简单的百分比计算、卡方检验和 logistic 回归。由于 logistic 回归代表了一种高级的统计方法，本章大量的篇幅都将用来介绍这一方法及如何阐释它的结果。我们将探索下面四个问题:

- 如何最好地描述词汇语法变化？可以用哪种研究设计？（4.2 节）
- 如何总结词汇语法变化，可以用什么简单的统计度量？（4.3 节）
- 如何创建复杂的模型来解释预测词汇语法变化的诸多变量？（4.4 节）
- 本章讨论的统计方法该如何应用于词汇语法研究？（4.5 节）

4.2 分析一个词汇语法特征

> **思考**
>
> 阅读本节前，请思考下面的情境:
>
> 一个学英语的朋友给你看一篇新闻（题目是 "Google unveils new logo at turning point in company's history"）中的一句话。这句话是: The logo has undergone many, mainly small, changes in its history. 你的朋友问你: "为什么这个句子用了定冠词？"想想你该如何回答这个问题，什么语法规则可以解释为什么要在这里使用定冠词？

1　在本章，"词汇语法"这个术语专指语言中的规律，它涉及在词汇—语法这个连续体上的很多语言特征，需要用语料库方法加以研究。具体来说，本章研究的特征在特定的词汇语法框架中可以找到（见 4.2 节）。

从大的视角看词汇语法，我们会发现，语言使用因语境不同会有很多变化。比如，甚至看似稳定的语法词（如英语中的冠词）在口语（如演讲）和书面语（如小说、新闻、一般写作和学术写作）中也会表现出极大的变化。图 4.1 中堆叠条形图显示了定冠词 the 和不定冠词 a/an 在 BNC 不同语域中的频率。堆叠条形图能够显示一个语言变量的多种变体（如图 4.1 中的 the 和 a/an）在语料库不同部分中的（相对）频率。这种图有助于我们比较一个语言特征的分布。比如，比伯就常用这种图来显示不同语域中的多个词汇语法模式（Biber et al., 1999）。

从图 4.1 中，我们可以发现，在所有 BNC 子语料库中，定冠词都比不定冠词更为常用。另外，不定冠词使用的变化在子语料库中不太明显，而定冠词使用的变化却是很明显的。演讲和小说用到的定冠词远远少于一般文章和学术写作，新闻居中，在新闻子语料库中，定冠词平均占了 6%。

我们现在回到"思考"任务中来，用图 4.1 提供的证据来思考这个问题。基于这个证据，我们可以评论冠词在不同语域中的分布，甚至建议，当我们不知道这个语域该用什么冠词时，我们最好用定冠词，而不是不定冠词。但这些观察是否能帮助我们真正回答"思考"问题？让我们先考虑这一点：尽管我们已经探索了冠词在 BNC 中的整体分布，我们还没有关注冠词出现的紧邻语境（上下文[2]）。这些语境对深度理解词汇语法特征及其使用的语言内部原理是至关重要的。对它们的理解反过来又将帮助我们回答这个问题：为什么在特定语境下要用特定的词汇语法结构，也就是"思考"问题。如果我们仅基于图 4.1 提供的信息，我们也许就得出这个结论，即定冠词的使用规则因不同的语域而异。但为什么学术写作这么青睐定冠词呢？结果显示，冠词的频繁出现与名词的频繁使用直接相关：一个文本或语域中名词越多，那么出现在它们前面的冠词也就可能越多。这个结论稍微有点简单化，因为名词可以是合成词的一部分或其他名词的修饰成分，在这些情况下，它们都不带冠词。这个实例中的冠词表明，语域之间存在更广泛的功能变化（见第 5 章对语域变化的深度探索）。那么，我们该如何系统地探索冠词出现的语言环境呢？

---

2 从字面上讲，上下文指的就是围绕我们感兴趣的语言特征的实词。这个术语用来指称我们感兴趣的语言特征的紧邻语境，它可以帮助我们确定这个语言特征的不同属性，如它的句法位置或功能；上下文可以在检索行中观察。

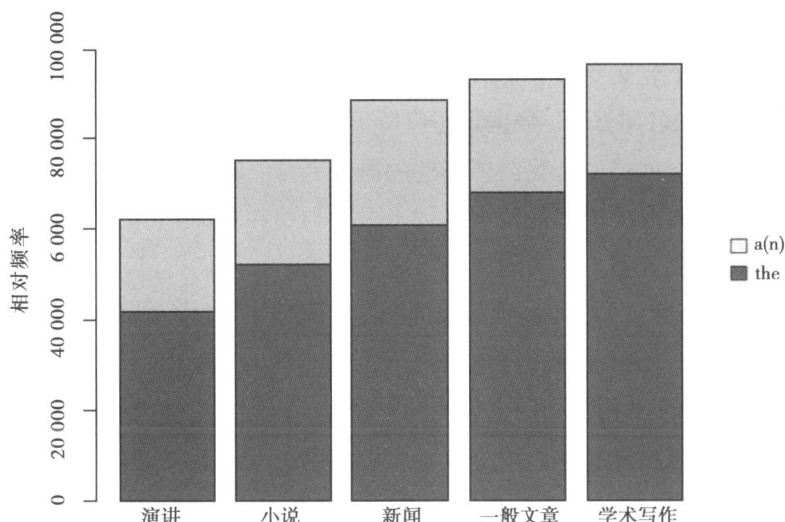

图 4.1　BNC 子语料库中的定冠词和不冠词

　　第一步是用一个不同的研究设计（见 Biber & Jones，2009）。到目前为止，我们已经用**整体语料库设计**探索了 BNC。为了关注冠词出现的语言环境，我们要用到语言特征设计（见 1.4 节对研究设计的讨论）。这里，我们要搜索 BNC 中所有的定冠词和不定冠词，并编码每个实例的语境特征，如语境类型和名词类型。图 4.2 显示了这个数据集。由于 BNC 中搜索到的实例太多，无法进行人工编码[3]（超过 850 万个），因此我们随机选取 100、500 或 1 000 个实例进行分析。

File	Article_type	Context_type	Noun_typ	Left	KWIC	Right
A0T	definite	non-determined	proper	y Grey Walter , who called it	<<< the >>>	Contingent Negative
A0Y	definite	determined	count_pl	upported by a pillow , and all	<<< the >>>	natural outlets of th
A1D	definite	determined	uncount	th his obsessive recording of	<<< the >>>	weather . Matteo Fa
A6L	definite	determined	count_pl	he first bank that comes into	<<< the >>>	ratings is NatWest o
A7D	definite	determined	uncount	ence , she was in England for	<<< the >>>	publication of her n
A7L	definite	determined	count_sg	British filmmaking , nor was	<<< the >>>	film industry the on
ABD	indefinite	non-determined	count_sg	debate in a journal , Nature ,	<<< a >>>	week before the co
AJX	definite	determined	proper	lens promised by Labour and	<<< the >>>	Liberal Democrats .
ALB	indefinite	non-determined	count_sg	n mind when they state : -- [	<<< A >>>	framework for estab
ALU	definite	determined	count_sg	of a beautiful red colour and	<<< the >>>	other half of a deep
ASA	definite	determined	count_sg	could n't believe my luck . In	<<< the >>>	end none of us won
ASL	definite	determined	count_sg	t where it starts will become	<<< the >>>	anus . The embryo h

图 4.2　the 对 a（n）数据集：语言特征设计（节选）

3　语料库工具能以多种方式帮助我们编码。一些变量（如图 4.2 中的冠词类型）可以被自动赋予每个冠词，但更复杂的功能类别（如冠词出现的语境类型）需要人工编码，因为编码者可以在完整语境中评估每个实例。出现在冠词后面的名词类型（单数、复数、专有名词）可以自动进行预处理，即先对它们进行词性标注。但这个过程需要人工检查，因为词性标注从来都不是 100% 准确。同样，名词的可数性 / 不可数性也需要手动编码。

图 4.2 的数据集节选了我们随机抽取的 100 个检索行[4]。在这个数据集中，我们人工编码了三个名义变量（表示无序列类别）（见 1.3 节）。它们是：冠词类型、语境类型和名词类型。数据集还包括了文件名和人工编码的检索行。在这三个变量中，冠词类型是我们感兴趣的**语言变量**。有时，它又被称为**结果变量**，因为它的值取决于其他两个变量（语境类型和名词类型），后者被称为**解释变量**或**预测变量**。"预测变量"这个词暗示，我们可以用这些变量来预测结果，即结果变量的值（这里是冠词和不定冠词）。这个预测效果怎样，我们将在 4.4 节揭晓，到时候我们会介绍一种方法，叫 logistic 回归。

让我们看看图 4.2 数据集中的变化实例。就冠词出现的语境类型来说，一个基本的区分是语境决定和非语境决定（人工编码），语境决定是指：前文提到过或暗示过的人、物品或抽象实体前的冠词（例 1）或后面马上会明确说明的人、物品或抽象实体前的冠词（例 2）。非语境决定是指：第一次提到的人、物品或抽象实体前的冠词或后面也没有明确说明的人、物品或抽象实体前的冠词（例 3 和例 4）.

（1）Lands were granted to a group of men known as feoffees, who became the legal owners of the land, while the grantor enjoyed the use of the lands–in other words, all the rights and profits arising from them. But because the feoffees were the legal owners, the lands could not be taken into wardship if the grantor died leaving an heir under age ...（BNC, file: E9V）

（2）In September, a month after the RSPCA conference, she was in England for the publication of her new book.（BNC, file: A7D）

（3）The kit includes a fine brass pendulum and chain along with a detailed book to point you in the right direction.（BNC, file: CBC）

（4）This effect, which is strongest over the frontal lobes, was first observed in 1964 by Grey Walter, who called it the Contingent Negative Variation.（BNC, file: A0T）

用语言特征设计可以做什么样的分析（见 4.3 节和 4.4 节）？在回答这个问题之前，我们需要注意词汇语法变量的一些重要特征以及它们运作的空间。本章讨论的词汇语法变量是在两个或多个变体中选其一的变量，如定冠词和不定冠词。选择一个变体而不是另一个变体取决于语境：一个语境青睐一个语言变体，而另一个语境青睐另一个语言变体。要用语言特征设计，我们首先要能够找出这个语言（结果）变量运作的所有语境——**词汇语法框架**，包含了**所有变化或变量出现的语境**（Tagliamonte，2006：70ff；Grieve-Smith，2007）。比如，如果我们对冠词的选择感兴趣，我们就需要在语料库中搜索所有冠词并找出这些冠词出现的所有语境。这些语境就形成了冠词的语法框架。如果我们对英语名词前面限定词（不仅是冠词，还包括其他限定词，如this，that，my，your 或零限定词）的一般用法感兴趣，那么这个语法框架就会不同。我们需要搜索所有的名词并判断它们的前面是否用了限定词，如果用了，是什么限定词。

表 4.1 列举了可以用语言特征研究设计来分析的词汇语法特征。它列出了研究问题、结果变量的选择（说话者可以做出的选择）和词汇语法框架。

表 4.1 带语法框架的词汇语法变量实例

研究问题	结果变量选择	词汇语法框架
在什么情况下用被动结构？	主动，被动	可以用于被动的所有动词形式，即及物动词
在定语从句中，在什么情况下用 which，在什么情况下用 that？	which，that	所有定语从句
在什么情况下说话者省掉 that？如 I think Ø this is good	that，Ø［没有关系词］	that 出现或被省掉的所有从句
表达强烈义务的各种情态表达式之间有什么区别？	must，have to，need to	强烈道义情态动词出现的所有语境

提醒：并非所有语言变量都适用于上面列出的这类研究设计。其他的一些语言变量（如话语标记词、犹豫词或脏话）可以出现在任何语境中，也没有一个定义清晰的词汇语法框架，因此这类语言变量不适用表4.1列出的方法。对这些变量来说，单个文本 / 说话者研究设计则更为合适（见 6.3 节）。下面，我们专门说明带词汇语法框架和不带词汇语法框架的语言变量之间的区别。例（5）中的被动结构有一个定义清晰的词汇语法框架（所有及物动词），但话语标记词，如例（6）所示，可以出现在话语中的任何地方。带词汇语法框架的变量也有明确的变体数量：所有及物动词要么是主动要么是被动的；但是，很多话语标记词不是竞争关系——它们可以重复出现，一些话语标记词竞争一个句法位置，如例（6）所示。

（5）It's about time <u>that was done</u>.（BNC, file: KBB）

（6）<u>Well</u>, <u>you know</u>, it <u>you see</u>, time were, <u>I don't know I suppose</u>, <u>I don't know</u> but I never seemed to be afraid ...（BNC, file: HDK）

总的来说，我们看到了分析词汇语法变化的两种方法。一种方法探索词汇语法特征在整个语料库中的一般分布，而另一种方法关注词汇语法特征使用的单个语言环境。这种方法能最好地回答"思考"问题，即探索英语中冠词使用的语言环境（用语言特征研究设计）。下面，我们将介绍这种统计方法。

4.3   交叉表、百分比和卡方检验

> **思考**
>
> 在阅读本节前，请思考以下问题：
>
> 1. 你最常说的是下面哪种表达方式？
>
> • I must go.
>
> • I have to go.
>
> • I need to go.
>
> 2. 你能想到你用这些表达方式的语境吗？

探索数据之前，我们最好做一个简单的总结表。在第 3 章中（见 3.2 节和 3.4 节），我们已经看到了为搭配和主题词分析做的列联表，它可以显示词语共现的所有可能性。本节讨论的**交叉表**是一种类似的方法（Hill et al.，2006：32–8）；它考察**类别变量**（用来将观察到的现象归类的变量，如名义变量和序列变量）（见 1.1 节）之间的关系。**交叉表**[5]交叉绘制一个语言变量和一个或多个解释变量。最简单的交叉表形式是 2×2 表（2 个主要的列和两个主要的行），一个是语言变量，一个是解释变量，[6]每一个都带两个类别（有时也称水平），如表 4.2 所示。

表 4.2 显示了不同类型语境中冠词的使用（见 4.2 节）。语言变量"冠词类型"有两个值，它们被编码为变量的两个类别（水平）："不定冠词"和"定冠词"；解释变量被标为"语境类型"，它也有两个类别："语境决定"和"非语境决定"。一般来说，语言变量的类别是列，解释变量的类别是行。另外，这个表还包括了**行总和**和**列总和**（有时也称边缘频率）（表 4.2 中浅色阴影）以及**行列总和**（表 4.2 中深色阴影）。这个交叉表包括了变量类别所有可能的组合以及每个子类别（表格中的单元格）中的频数。表 4.2 列

---

5   对这类表有不同的术语表达："交叉表""列联表"或"数据透视表"，最后一种术语用于电子制表程序（如 Excel 或 Calc 中）。

6   在统计学行话中，这种表被称为双向表，因为它包含两个变量。我们也可以绘制三向表、四向表（见表 4.4）等，带一个语言变量和两个、三个或更多解释变量；但表越复杂，就越难被解释。

出了以下的组合：（1）非语境决定的不定冠词；（2）非语境决定的定冠词；
（3）语境决定的不定冠词；（4）语境决定的定冠词。

表 4.2　交叉表：由语境决定的冠词类型

语境类型	冠词类型		
	不定冠词	定冠词	总和
非语境决定	25	1	26
语境决定	2	72	74
行列总和	27	73	100

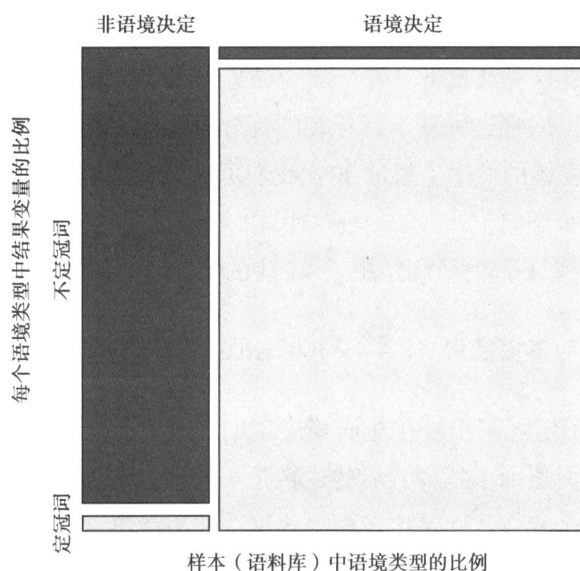

图 4.3　马赛克图：由语境决定的冠词类型

　　简单交叉表中的信息可以用马赛克图来表示（图 4.3）。**马赛克**图将频率
信息转换成图中区域面积的大小。另外，它还可以显示语料库中预测变量类
别的面积和每个预测类别中语言变量的值的面积。在图 4.3 中，我们可以清楚
地看到，最大的区域（浅色大长方形）表示语境决定的定冠词，一共有 72 处。
最小区域表示非语境决定的定冠词，只有 1 处。长方形的宽表示样本或语料
库中每个语境类型的比例（非语境决定：语境决定 =26 ∶ 74），长方形的长表
示每个语境类型（预测变量）中结果变量（定冠词和不定冠词）的比例。注意，
数据在马赛克图中的呈现方式与在交叉表中的呈现方式是相反的：在马赛克
图中，解释变量的类别是横着列出来的，语言变量的类别是竖着列出来的（详
见 Theus and Urbanek，2008：50ff 和 Friendly，2002）。

回到交叉表上，除了频数，交叉表还常常包括了百分比，以进行跨类别的简单比较。百分比可以根据行总和、列总和或行列总和来计算，计算方程式如下：

$$交叉表中的百分比 = \frac{单元格的值}{相关的总和} \times 100 \qquad (4.1)$$

注意：三种百分比（基于行总和、列总和或行列总和）有完全不同的阐释，并且用于不同类型的比较。比如，表 4.2 中第一个单元格（非语境决定的不定冠词）基于行总和的百分比计算方法如下：

$$非语境决定的不定冠词\ \% = \frac{25}{26} \times 100 = 96.2 \qquad (4.2)$$

我们可以说，在所有的非语境决定的情况下，大多数（96.2%）都更倾向于使用不定冠词。换言之，在这种情况下，有 96.2%（或 0.962）的概率使用不定冠词。一般来说，我们可以将这种基于行总和的百分比阐释为在特定语境下，一个语言变量的某个变体的概率（超过 50% 我们可以说有这个倾向，少于 50% 我们可以说没有这个倾向）。

或者，我们可以计算基于列总和的百分比。用表 4.2 中的例子，我们将得到：

$$非语境决定的不定冠词\ \% = \frac{25}{27} \times 100 = 96.6 \qquad (4.3)$$

我们可以说，92.6% 的不定冠词出现在非语境决定的情况下。虽然这个和前面的阐释听上去相似，但这两个阐释背后的逻辑是不同的。这里，我们不是比较这个语言变量的两个变体，而是比较两个语境（非语境决定和语境决定）。

最后，我们可以计算基于行列总和的百分比：

$$非语境决定的不定冠词\ \% = \frac{25}{100} \times 100 = 25 \qquad (4.4)$$

注意： 由于表 4.2 中行列总和是 100，因此百分比和单元格中的实际值是一样的。这个百分比代表了语料库中不同的子类别（如非语境决定的不定冠词）。这个百分比往往反映了语料库的抽样，而非语言或语法的某一内在原则。表 4.3 总结了计算交叉表中百分比的选择、对它们的阐释及其用途。很明显，要比较词汇语法特征，用基于行总和的百分比更为合适。

表 4.3　交叉表中的百分比选择

相关总和	阐释	用途
行	语言变量的一个变体出现在某一特定语境中的概率	比较不同的语言变体在特定语境中的使用
列	带某一特定语言变体的某一语境出现的概率	比较不同的语境
行列	代表语料库中不同的子类别	语料库描述

　　到目前为止，我们只看到了一种非常简单的交叉表形式（2×2 表）。如果我们有很多解释变量（及其类别），我们就可以创建更复杂的交叉表。在"思考"任务中，你被问及会在哪种情况下使用 must, have to 和 need to。它们都是表示强烈义务的情态表达式，换言之，它们都表明什么事情是必须的或应该做的。表 4.4 从英语变体、语类和主语（第一人称代词、第二人称代词或其他）三方面显示了情态表达式的不同语境。每一行表示 must, have to 和 need to 在特定语境中的使用，如美式英语学术写作中以"I"为主语的句子（第一行）。表 4.4 中的百分比是基于行总和计算的，可以把它阐释为每个情态表达式在特定语境（由预测变量英语变体、语类和主语共同决定）中出现的概率。

表 4.4　英式英语和美式英语不同语类中的强烈（半）情态动词：交叉表

语言变体	语类	主语	情态动词			总和
			must	have to	need to	
美式英语	学术	I	0（0.0%）	1（100.0%）	0（0.0%）	1
		you	3（33.3%）	1（11.1%）	5（55.6%）	9
		other	63（64.3%）	18（18.4%）	17（17.3%）	98
	小说	I	8（12.7%）	34（54.0%）	21（33.3%）	63
		you	16（24.6%）	35（53.8%）	14（21.5%）	65
		other	51（28.5%）	87（48.6%）	41（22.9%）	179
	一般	I	8（19.5%）	27（65.9%）	6（14.6%）	41
		you	4（10.0%）	24（60.0%）	12（30.0%）	40
		other	152（56.5%）	72（26.8%）	45（16.7%）	269
	新闻	I	1（50.0%）	1（50.0%）	0（0.0%）	2
		you	2（20.0%）	7（70.0%）	1（10.0%）	10
		other	44（33.6%）	48（36.6%）	39（29.8%）	131

续表

语言变体	语类	主语	情态动词			总和
			must	have to	need to	
英式英语	学术	I	0（0.0%）	0（0.0%）	1（100.0%）	1
		you	1（100.0%）	0（0.0%）	0（0.0%）	1
		other	37（39.8%）	23（24.7%）	33（35.5%）	93
	小说	I	19（28.8%）	34（51.5%）	13（19.7%）	66
		you	14（27.5%）	29（56.9%）	8（15.7%）	51
		other	88（41.3%）	107（50.2%）	18（8.5%）	213
	一般	I	9（23.1%）	27（69.2%）	3（7.7%）	39
		you	21（32.8%）	21（32.8%）	22（34.4%）	64
		other	193（53.0%）	105（28.8%）	66（18.1%）	364
	新闻	I	4（25.0%）	12（75.0%）	0（0.0%）	16
		you	2（18.2%）	7（63.6%）	2（18.2%）	11
		other	60（48.4%）	40（32.3%）	24（19.4%）	124
总和			800	760	391	1 951

最后，我们要讨论可以与交叉表一起使用的检验统计显著性的方法；统计显著性检验评估我们是否有足够的证据来推翻零假设（见 1.3 节）。由于交叉表用的是类别数据，因此我们可以用**卡方检验**（常写作 χ^2）（Balakrishnan et al.，2013；Azen & Walker，2011：58-9；Sheskin，2007：493-561）。卡方适用于简单的表格，带一个语言变量和一个解释变量（表 4.2）。在使用卡方检验之前，我们需要检查正确使用它的假设和前提条件。卡方有两个假设。

1. **观察的独立性**。我们假设，每个观察［如英语中冠词的使用（见表 4.2）］是独立于另一个观察的。但是，由于我们观察的是语料库，因此我们不需要严格执行这个假设（当然，这么做也会付出代价）：当我们观察语料库中的文本时，我们会发现，同一个文本中的语言特征是相互联系的。一个语料库，不管抽样方案设计得多好，都不是语言特征（或词）的（随机）抽样，而只是文本的抽样，这些文本组合成很多相互联系的语言特征（Kilgarrifff，2005）。也就是说，这在一定程度上违反了观察的独立性假设。这种违反可能导致很多错误的显著结果。

2. **期望频率大于 5**（在大于 2×2 的列联表中，至少 80% 的期望频率大于 5）。期望频率是我们计算卡方的基线频率（见下）。由于语料库数据集通常都很大，这个假设一般都能满足。如果违反这个假设，我们就要用对数似然值检验（也称似然比检验或 G 检验）或 Fisher 精确检验来评估统计的显著性（p 值）（Upton，1992；Rayson et al.，2004；Sprent，2011）。

　　计算卡方的方程式是：[7]

$$卡方 = \frac{（观察频率 - 期望频率）^2}{期望频率}（所有单元格的总和）\qquad（4.5）$$

从第 3 章（见 3.2 节）我们知道，期望频率是如果数据中变量之间没有关系时（即如果零假设是真的）我们期待看到的频率。如果变量之间有关系（在这里是解释变量对语言变量的作用），那么我们可以把期望频率当作基线。期望频率的计算方法如下：

$$期望频率 = \frac{行总和 \times 列总和}{行列总和}\qquad（4.6）$$

　　让我们举一个上面讨论过的英语冠词的例子。表 4.2 提供了数据，即观察频率。用方程式（4.6）和表 4.2 的数据，我们就可以计算期望频率（见表 4.5）。

　　然后再计算卡方检验值：

$$卡方 = \frac{（25-7.02）^2}{7.02} + \frac{（1-18.98）^2}{18.98} + \frac{（2-19.98）^2}{19.98} + \frac{（72-54.02）^2}{54.02}\qquad（4.7）$$

$$= 85.25$$

表 4.5　期望频率：由语境决定的冠词类型

语境类型	冠词类型		
	不定冠词	定冠词	总和
非语境决定	$\frac{26 \times 27}{100}=7.02$	$\frac{26 \times 73}{100}=18.98$	26
语境决定	$\frac{74 \times 27}{100}=19.98$	$\frac{74 \times 73}{100}=54.02$	74
总和	27	73	100

　　对 2×2 表来说，0.05 显著关键值（切分点）是 3.84，0.01 的显著关键值

7　技术细节：有时，你计算出的卡方值与方程式（4.5）计算出的结果稍有不同。这是因为一些软件包用卡方的时候用了所谓的 Yates 校正。但对语料库比较来说，由于数据量很大，这点差异可以忽略不计。

是 6.63^{8}；这就是说，对于 2×2 表来说，只要卡方检验的值大于 3.84 和 6.63，就表明它是显著的，前者是在 0.05 水平上显著，后者是在水平层面上显著。在这个实例中，与检验值 85.25 相关的 p 值非常小，p<0.000 000 000 000 000 1，这通常报告为 <0.00 01。记住，统计检验不是竞论最小的 p 值（见 1.4 节）。在统计检验中，我们评估的是我们在数据中拥有的证据是否足以推翻零假设（声称数据中变量之间没有关系）（表 4.2 中冠词的使用和语境类型之间没有关系）。除了统计显著性，我们还要用标准的术语表达交叉表中类别之间差异的大小。也就是说，我们要报告效应量度量。对于卡方检验来说，我们有几种选择。计算列联表中整体效应的统计数值是 Cramer's V。Cramer's V^{9} 是标准化的卡方值，它根据观察的总数（交叉表中的行列总和）做了调整，这是因为卡方值会随着样本的增大而增大。这种增大是零假设检验的预期效应，这是因为卡方检验评估了推翻零假设的证据。但效应量（Cramer's V）需要在不同大小的样本（语料库）之间比较，因此我们对它做了标准化处理：

$$Cramer's\ V = \sqrt{\frac{卡方}{总观察数 \times (行数或列数中较小的那个 -1)}} \quad (4.8)$$

表 4.6　解释 Cramer's V

自由度（表类型）	效应量		
	小	中	大
1（2×2）	0.10	0.30	0.50
2（2×3 或 3×2）	0.07	0.21	0.35
3（2×4 或 4×2）	0.06	0.17	0.29

应用到我们的例子中，得到：

$$V = \sqrt{\frac{85.25}{100 \times (2-1)}} = 0.923 \quad (4.9)$$

结果值是 0.923，它是非常大的效应量。Cramer's V 的范围是 0—1，表 4.6 显示了科恩对值做出的解释（Cohen，1988）。

另一种选择是**概率比**（有时也称**相对风险**或**风险比**），它在很多情况下优于 Cramer's V。顾名思义，概率比是交叉表中两个概率的比，它比较一个语

8　用统计学的术语，我们用特定的自由度（df）谈论卡方分布。不同的统计表对应不同的自由度，而不同的自由度又对应不同的显著性的关键点。A 2×2 表对应 df=1，a 2×3 表对应 df=2，a 3×3 表对应 df=4 等。一般来说，df =（行数 −1）×（列数 −1）。如果你觉得这个很难懂也没有关系，本书提供的在线统计工具可以自动计算 p 值，你不用去查找自由度及其对应的 p 值。

9　与 Cramer's V 相似的统计数值是 Phi（有时写作 φ）。Phi 只用于 2×2 表，与 Cramer's V 有同样的值。

言结果（如定冠词）出现在一个语境类型中的概率和同样的语言变量出现在另一个语境类型中的概率。由于这个效应量是两个值的比率，因此它只适用于简单的 2×2 交叉表，因为在这种表里，每个变量只有两个类别。它的计算方法如下：

$$概率比 = \frac{我们感兴趣的结果出现在语境 1 中的概率}{我们感兴趣的结果出现在语境 2 中的概率} \qquad (4.10)$$

表 4.7 计算了定冠词和不定冠词出现在两个语境类型中的概率。[10] 可以看出，它们是单元格中除以行总和的值。

与对照实验研究（如医学研究，研究者对一种效果感兴趣，即实验组出现了这种效果，而对照组没有出现这种效果）不同，[11] 在语料库语言学中，我们可以计算多个概率比，这取决于我们的研究重心。基于表 4.7，这里有四种概率比：

- 不定冠词出现在非语境决定的情况 vs 出现在语境决定的情况的概率比 =0.962/0.027=36
- 不定冠词出现在语境决定的情况 vs 出现在非语境决定的情况的概率比 =0.027/0.962=0.03
- 定冠词出现在非语境决定的情况 vs 出现在语境决定的情况的概率比 =0.038/0.973=0.04
- 定冠词出现在语境决定的情况 vs 出现在非语境决定的情况的概率比 =0.973/0.038=25.3

表 4.7　概率：由语境决定的冠词类型

语境类型	冠词类型		
	不定冠词	定冠词	总和
非语境决定	25/26=0.962	1/26=0.038	26
语境决定	2/74=0.027	72/74=0.973	74
总和	27	73	100

我们可以看到，不定冠词出现在非语境决定情况下的概率是它出现在语境决定情况下的概率的 36 倍多。相反，不定冠词出现在语境决定情况下的概率只有它出现在非语境决定情况下的概率的 0.03 倍；这是一个非常小的概

10　通常，概率比的范围是 0~1，这与基于行总和的百分比是一样的，只不过概率比还要乘以 100。

11　术语小知识：术语"相对风险"或"风险比"来自医学和流行病学研究，这两种研究要计算患病的风险。

率。概率比的值可以从 0 到无穷，对其的解释是：

- 概率比为 1 表示两个语境没有区别；
- 概率比小于 1 表示我们感兴趣的语言结果出现在语境 1 中的可能性小于它出现在语境 2 中的可能性；
- 概率比大于 1 表示我们感兴趣的语言结果出现在语境 1 中的可能性大于它出现在语境 2 中的可能性。

有时，我们用另一种方式叫**几率比**。几率比用的是几率而非概率。但几率比没有概率比好理解，因为我们对概率的理解好于几率（Cohen，2000；Davies et al.，1998）。我们可以用下面的方程式将概率比转换成几率比：

$$\text{几率比} = \text{概率比} \times \frac{\text{我们感兴趣的结果出现在语境 1 中的概率}}{\text{我们感兴趣的结果出现在语境 2 中的概率}} \quad (4.11)$$

见 4.4 节对几率比的详述。注意：除了效应量度量，我们还应该计算效应量的置信区间（95% 置信区间），以估计这个效应可能出现在总体（全部语言使用）中的范围。

报告统计数据：交叉表和卡方

1. 报告什么

在只有一个语言变量和一个解释变量的简单情况下，我们报告交叉表的百分比和卡方检验结果。对卡方检验来说，我们需要报告以下几点：（1）自由度（见注释 8）；（2）检验值；（3）p 值；（4）效应量（概率比或 Cramer's V 或二者）；（5）效应量的 95% 置信区间。

在更复杂的情况下（多个解释变量），交叉表本身就足够描述重要 / 有趣的对比了。如果我们想报告对这个复杂的表做出的推论，那么我就需要用到 logistic 回归（见 4.4 节）。

2. 如何报告：示例

- 语境类型和冠词类型之间存在显著关联 [χ^2 (1) =85.25，$p<0.001$]。总体效应很大：Cramer's V =0.923，95% 置信区间 [0.727，1]。定冠词出现在语境决定情况下的概率是它出现在非语境决定情况下的概率的 25.3 倍（95% 置信区间 [3.7，172.95] ）。
表 4.2 和表 4.4 分别举出了简单和复杂交叉表的例子。

4.4 logistic 回归

> **思考**
>
> 在阅读本节前，复习一下本章前面部分用到的术语。你知道它们的意思吗？
>
> 变量类别、解释变量、变量水平、语言变量、结果、结果变量、预测因素、预测变量、类别变量的值、（一个语言变量的）变体

在这一节，我们将讨论一种非常强大的统计方法：logistic 回归。到目前为止，我们已经探索了词汇语法变量的本质（见 4.2 节）和处理词汇语法变化的一些相对简单的方法（见 4.3 节）。在下面的讨论中，我们将讨论如何用 logistic 回归来分析词汇语法变化。logistic 回归是用解释（有时也称预测因素）变量（它可以是类别变量，也可以是规模变量）来估计它们对语言（结果）变量（它只能是类别变量[12]）的影响的方法。也就是说，我们要寻找影响一个语言变量不同变体（如定冠词和不定冠词）出现的任何语境特征（预测因素）。分析数据时，我们要建构一个数学模型（方程式），它能代表数据中变量之间的复杂关系。然后，我们用这个模型来解释预测变量对结果变量的影响。logistic 回归是一种非常复杂的统计方法，本节将介绍一些新的术语和技术细节。但如果你没有理解这个过程的每一步也没关系。重要的是了解这个方法和基本原则及对结果的解释；logistic 回归是自动计算的，我们可以用在线兰卡斯特统计工具中的 logistic 回归工具来计算。

下面是 logistic 回归方程式的一种形式：

$$\text{我们感兴趣的结果的概率} = \frac{e^{\left(\text{截距}+b_1X_1+b_2X_2\cdots\right)}}{1+e^{\left(\text{截距}+b_1X_1+b_2X_2\cdots\right)}} \tag{4.12}$$

要解释这个方程式，我们先介绍一些新的术语：e[13] 是一个数学常数，大约等于 2.718 28，截距是基线值，b_1、b_2 是所谓的估值或系数，X_1、X_2 是预测因素。我们将在这一节解释这些术语。现在，用简单的话说，logistic 回归基于单个预测因素（在不同程度上促成了这个结果，一些作用大，一些作用小）估算一个特定结果出现的概率。从本质上说，这是一个复杂的归类练习，我们把所有相关预测因素（指向词汇语法的模式、规律或"规则"）都集合起来，

---

12 如果结果变量是规模变量，就需要使用普通最小二乘法回归（详见 Gries，2013a：261–82 对这个方法的解释）。

13 e 是无理数（这就是为什么它不能写成分数或小数点后的有限数列）。你还知道 e 是自然对数的基数。

这些因素能预测语言特征的一个特定实例属于哪一类。我们的问题是：这个语境更倾向于使用变体 A（如定冠词）还是变体 B（如不定冠词）？图 4.1 显示了这一点。

在解释 logistic 回归方法的细节之前，让我们先复习一下基本术语。在"思考"任务中，你复习了用在词汇语法研究中的术语，这些术语在 logistic 回归中的意思与其在词汇语法研究中的意思相近，这些术语可以分成四组。

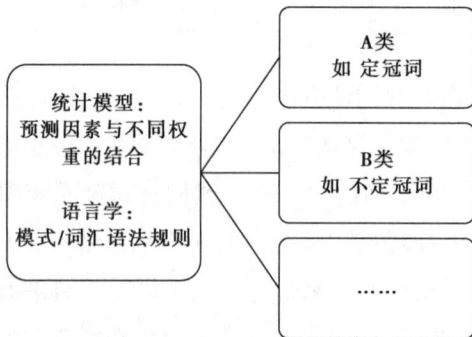

图 4.4　logistic 回归：基本模式

- 我们研究的词汇语法特征："语言变量"="结果变量"。
- 专门与结果变量的结构相联系的术语："（一个语言变量的）变体"="结果"。
- 帮助我们解释词汇语法特征使用的语境变量："解释变量"="预测变量"="预测因素"。
- 与既用作结果变量又用作预测变量[14]的类别变量的结构相联系的术语："变量的类别"="变量的水平"="类别变量的值"。

logistic 回归有几个步骤：（1）检查数据（前提条件和假设）；（2）创建模型；（3）解释模型。为了进一步说明这一方法，我们将用前面讨论过的定冠词为例（图 4.2）。

第一步：检查数据（前提条件和假设）

在分析数据之前（我们称之为创建模型），我们需要检查数据集是否适合这类分析，以及统计检验的假设是否满足。首先，我们需要确定数据集是**根据语言特征研究设计**（见 1.4 节）的原则组织起来的。也就是说，语言特征（如定冠词和不定冠词）每次出现都是单独的一行而且对解释变量做了适当的注释（图 4.2）。我们还需要检查这个语言特征是否适合这类研究，以及**词**

14　注意：预测因素也可以是规模变量。

汇语法框架是否被清楚定义（见4.2节）。

第二，就像任何定量分析一样，变量需要被测量（注意测量的准确性）和编码（注意编码的一致性和准确性）。多变量分析（如logistic回归）对测量错误尤为敏感。由于建模中用了多个变量，因此错误会产生倍增效应。由于词汇语法变量的多个（尤其是功能）层面（如语言特征的句法/语义功能）是人工编码，因此编码的一致性和准确性不容忽视。如果涉及**判断变量**，我们建议对数据的一部分（如随机抽取20%）进行双重编码（见3.5节）（详见Osborne，2012：195ff对数据准备和管理的讨论）。

第三，我们需要足够的数据。一般来说，我们用的解释变量越多，我们需要的数据（实例或数据集中的行）就越多。霍斯默等人提出了"10法则"（Hosmer et al.，2013：407-8），它规定，估算可以包含在模型中的系数的最大数量［方程式（4.12）中的b_1，b_2等］的方法是用最低频结果的频率除以10。计算系数数量的最好方式是看logistic回归输出的系数结果（见下），排除截距，数表中的行数。以表4.2中的数据集为例，最低频结果是不定冠词（27个实例），我们可以在模型中最多包含两个系数（27/10）。霍斯默等人还考虑了这一法则的局限性（Hosmer et al.，2013：408），他们指出，有很多不同的因素会影响logistic回归中数据充分性这个问题。在语料库中，我们通常有足够的数据来做这一类分析，虽然编码通常会涉及一定量的人工劳动，而且也比较耗时。我们也需要谨慎选择预测变量（基于文献和语言理论），而不是随便抛出一大堆解释变量（解释变量并非越多越好）。

第四，我们需要检查是否有必要创建模型。如果一个预测因素能很好地解释（归类）所有实例，那么我们就没必要建模了。不能创建这种模型还有其他的数学原因（Hosmer et al.，2013：147-8）。在统计学术语中，这个问题被称为**（准）完全分离**。比如，名词类型（单数可数、复数可数、不可数、专有名词）能非常准确地预测不定冠词的出现：a/an只能出现在单数可数名词的前面。表4.8用这个数据集阐明了这一点。

第五，我们需要检查检验本身的假设（见Osborne，2015：85-130）。有三种主要的假设：观察的独立性，无（多重）共线性，线性。（1）**观察的独立性**。如同4.3节讨论的卡方检验一样，我们假设每个观察（如冠词的使用）都是独立于另一个观察的。在语料库中，鉴于语言的本质（语言特征是相互联系的）和语料库的抽样（是在文本层面抽样，而不是在单个语言特征层面抽样），我们会在一定程度上违反这一假设。在研究词汇语法变化时，我们通常预设同一类型文本之间存在一定的一致性，因此我们不需要担心这个问题，我们只需要确保在我们的样本中，语言特征来自很多不同类型的文本。

我们可以在语料库中随机抽取语言特征，构成子样本。对于需要对单个文本或说话者进行控制的研究，我们可以用**混合效应建模**（见 6.5 节对它的详述）。（2）**预测因素之间无（多重）共线性**。共线性的特征是预测变量之间存在高度相关（$r \geq 0.8$）（见 5.2 节对相关的解释）。不管是规模变量还是类别变量，我们都需要检查这一点。[15] 共线性的意思是：相关变量测量的是相似的东西（用专业术语来说就是构念），因此我们不需要都用到它们。如果我们遇到了（多重）共线性，我们需要排除变量或整合变量，以避免这个问题。（3）**线性**。logistic 回归属于使用**线性建模**的一组统计方法。意思是说，变量之间的关系是靠（回归）线来表示（见 1.2 节）。但变量之间并非所有的关系都是线性。比如，语言的历时变化通常呈**曲线**——用曲线表示而非直线（见 7.5 节对非线性模型的详述）。在 logistic 回归中，我们假设规模变量（如果有的话）和结果变量的对数几率（见下面对对数几率的解释）之间存在线性关系（见 Hosmer et al.，2013：94ff 和 Field et al.，2012：344–5 对检验这个假设的详述）。

表 4.8　概率：由名词类型决定的冠词类型

名词类型	冠词类型	
	不定冠词	定冠词
可数名词单数	27	34
可数名词复数	0	19
不可数名词	0	10
专有名词	0	10

第二步：创建模型

检查完数据和假设后，我们就可以进行数据分析了（创建模型）。第一步是选择类别变量（包括结果变量）的基线值；规模变量的基线值总是 0，因此我们不需要说明这一点。**基线值**（有时也称**参考水平**）是模型用来与预测因素对结果的影响相比较的值。简单来说，这些值不是我们研究的重心。比如，如果我们的研究问题是"在什么语境下会使用定冠词？"那么定冠词就会成为我们**关注的结果**。因此，我们将不定冠词作为基线值。类似，如果我们假设（基于文献和语言学理论）语境决定的情况更倾向于用定冠词，那么我们会把非语境决定的情况作为预测变量的基线值。

15　如果要对类别变量进行相关检验，我们需要用数字代替类别标签，如非语境决定 =0，语境决定 =1。

实用建议：我们可以用前置字母（A_，B_，C_）来区分基线值和类别变量的其他值。我们用前置字母 A_（如 A_ 非语境决定）来编码基线值，用其他前置字母（如 B_ 语境决定）来编码其他值。这么做是因为软件包（包括在线兰卡斯特统计工具的 logistic 回归工具）都默认按照字母顺序将数据录入模型。图 4.5 显示了用 logistic 回归分析已准备好的数据集。在这个数据集中，我们有三个预测因素（"语境 _ 类型""名词 _ 类型""名词短语 _ 长度"）和一个结果变量（"冠词 _ 类型"）。除了"名词短语 _ 长度"之外，它是在规模层面测量名词短语的长度（字符数），所有其他变量都是类别（名义）变量，因此都有　个前置字母。

ID	Context_type	Noun_type	NP_Length	Article_type
1	A_nondetermined	D_proper	29	B_definite
2	B_determined	B_count_pl	15	B_definite
3	B_determined	C_uncount	7	B_definite
4	B_determined	B_count_pl	7	B_definite
5	B_determined	C_uncount	27	B_definite
6	B_determined	A_count_sg	14	B_definite
7	A_nondetermined	A_count_sg	4	A_indefinite
8	B_determined	D_proper	17	B_definite
9	A_nondetermined	A_count_sg	51	A_indefinite
10	B_determined	A_count_sg	26	B_definite
11	B_determined	A_count_sg	3	B_definite
12	B_determined	A_count_sg	4	B_definite
13	B_determined	A_count_sg	6	B_definite

图 4.5　英语中的冠词使用：数据集（节选）

下一步是决定如何将变量录入模型以及将什么变量录入模型。我们的目标是创建这样一种模型，它能用最少的变量解释数据中最多的变化。这被称为**简约模型**。因此，我们只想在模型中包括最有用的变量。我们可以通过两种方式实现。一种方法是基于文献和语言学理论事先决定录入哪些变量，然后进行分析，最后只留下那些有统计显著效应的变量。这种方法叫**块录入**。另一种方法是**逐步录入**：我们让统计软件逐步增加或移除变量，直到这个模型的 AIC 信息准则（见下）不再进一步改进。在这个逐步方法中，我们可以选择**正向步骤**、**反向步骤**和**混合步骤**。正向步骤首先不包括任何预测变量，而是一个一个增加变量。反向步骤首先就有所有的变量，然后一个一个移除它们。混合步骤结合了正向步骤和反向步骤，依据每个阶段对模型的重新评估来增加或移除预测因素。块录入的好处是：研究者可以完全掌控这个过程，他们可以基于理论来决定录入哪些变量（从语言学理论的角度看哪些变量是有用的），而不是依靠统计软件做自动的、无理论的挑选。逐步录入可以用在探索性的研究中（没有清晰的理论告诉我们哪些变量可用）（Hosmer et al., 2013: 93–4; Osborne, 2015: 251–3）。词汇语法语料库研究通常更青睐块录入。

用图 4.5 中的数据集（定冠词和不定冠词的使用），我们可以建几种模型。表 4.9 列出了最有趣的几个。第一个模型（md0）是所谓的**基线（或零）模型**，它没有包括预测因素，只作为更复杂模型的参考点；这个模型没有包含语言变量会出现的语境信息，我们可以给它增加一些相关变量，从而改进这个模型。md1 只包括一个预测因素（语境_类型），而其他两个模型（md2 和 md3）都包括两个预测因素（语境_类型和另一个预测因素）。那么我们该选择哪个模型呢？

默认情况下，统计软件包会把我们创建的任何模型与基线模型作比较。如果我们的模型不比基线模型好，那么它就是无用的，因为所选的预测因素没有什么效应，因此我们可以抛弃这个模型。在表 4.9 中，我们可以看到，md1 和 md3 都显著好于基线模型，因此我们可以用这两个模型。**对数相似性检验**（也称似然比检验，语料库语言学中一个著名的度量）（见 4.3 节和 3.4 节）可以用来确定其统计显著性。另一方面，md2 显示出回归模型的典型的警告信号——极大的**标准误**。表 4.10 显示了 logistic 回归的部分输出，凸显了标准误。正如我们所见，标准误差比估值大了很多倍；这就是个危险信号，告诉我们模型哪里出问题了。标准误和估值的意思将在下面解释。md2 造成了与名词_类型预测因素相关的完全分离问题（见上），因此我们可以抛弃 md2。

表 4.9　模型：概览

模型名称	结果	包括的预测因素	基于统计软件输出的结果（见下面的"第三步：解释模型"）
md0	冠词_类型	［无］	只带截距的基线模型
md1	冠词_类型	语境_类型	具有统计显著性，即显著好于基线模型，AIC=30.86
md2	冠词_类型	语境_类型，名词_类型	大的标准误差→哪里出问题了；名词_类型造成了完全分离问题
md3	冠词_类型	语境_类型，名词短语_长度	具有统计显著性，即显著好于基线模型，但未显著好于 md1；AIC=31.91（比 md1 的 AIC 大）

表 4.10　logistic 回归的部分输出：大的标准误差

	估值（对数几率）	标准误差
（截距）	−21.056	4 530.376
语境 _B 型 _ 决定	23.889	4 530.376
名词 _B 型 _ 可数 _ 复数	18.733	6 706.381
名词 _C 型 _ 不可数	18.733	9 244.108
名词 _D 型 _ 专有名词	39.961	8 958.692

　　排除了 md2 之后，让我们比较 md1 和 md3。第一眼看去，似乎一个模型拥有的预测因素越多越好。但这不是真的。正如我们可以比较我们的模型和基线模型一样，我们也可以比较任意两个模型（md1 和 md3），以确定哪个模型显著更好。除了用对数相似值检验统计显著性以外，我们还可以用 AIC（赤池信息准则）来确立哪个模型是最高效的，即用最少的变量达到显著性。AIC 的计算方法是：

　　AIC= 模型未解释的变量 +2×（结果类别数 −1+ 预测因素数）　（4.13）

　　AIC 有如下解释：比较基于同样数据集的两个模型时，AIC 越小，说明这个模型越好。这个度量的逻辑是，要解释数据中的变化，模型用的预测因素越多，这个模型就越不好。如前所述，一个成功的模型是简约模型，即用最少的预测因素解释最多的变化。注意，AIC 不是标准化的效应量度量，因此不能用于比较基于不同数据集的模型。从表 4.9 可以看出，md3 未显著优于 md1，而且 md1 的 AIC 值（30.86）小于 md3（31.91）；因此，我们选择只有一个变量的模型（md1）。

　　最后，在这一步，我们需要决定是否只包括所选预测因素所谓的**主效应**，还是也要包括预测因素之间的**相互作用**。相互作用是特定预测因素的结合（语言变量出现的语境的结合），在一些情况下，单个的预测因素对结果没有显著效应，但这种结合对结果有显著效应。如果不检验相互作用，这个效应就不会被发现。如同选择变量一样，是否包含相互作用需要用文献和语言学理论来指导。

　　第三步：解释模型

　　logistic 回归的输出由两部分组成：模型概述和系数（估值）。我们以模型 md1 的输出为例。注意，这种输出形式来自在线兰卡斯特统计工具中的 logistic 回归工具，它可能与其他统计软件包的输出形式有所不同。

模型 md1

模型概述：似然比检验（LL）：89.79（$p<0.000\,1$）→显著；

$C-$ 指数：0.96 →显著；Nagelkerke R^2：0.86；AIC：30.87

系数：

	估值（对数几率）	标准误差	Z 值（Wald）	$p-$ 值	估值（几率）	95% 置信区间 下	上
（截距）	−3.219	1.020	−3.156	0.002	0.04	0.002	0.189
语境_B型_决定	6.802	1.247	5.457	0.000	900	116.878	21 421.229

从这个模型概述，我们可以看出，从整体上说，这个模型是统计显著的，其似然比检验值是 89.79[16] 而且 p 值也很低（$p<0.000\,1$）；这就是说，带一个预测因素（语境_类型）的模型 md1 显著好于不带预测因素的基线模型。另外，其他许多度量，如 $C-$ 指数和 pseudo-R^2 的不同版本都可以用来进一步评估模型的效果。$C-$ 指数（一致性指数[17]）可以测量模型的分类是否成功，换言之，它可以测量这个模型在多大程度上能预测结果［我们例子中的 the 或 a(n)］。$C-$ 指数在 0.7 以上就可以了[18]（Hosmer et al.，2013：177）。[19] 有时，我们还报告 pseudo-R^2 值（如 Nagelkerke R^2）。这些度量试图测量数据中能够被模型解释的变化数量。pseudo-R^2 的范围是 0（没有变化被解释）到 1（所有变化都被解释）。不幸的是，pseudo-R^2 度量不太可靠（Osborne，2015：51）。

现在，让我们关注单个预测因素的效应，我们要看输出的第二部分"系数"。系数（估值）以表格形式呈现。第一行显示的是**截距**（或**常数**），即模型中的基线值，它评估这样一种情境，即所有预测因素都在基线值。记住，对类别预测因素（如语境_类型）来说，它们就是我们设的基线值；对规模预测因素来说，它总是 0（见"第二步：创建模型"）。在 md1 中，截距估计了定冠词出现在基线（即非决定的）语境中的几率。这个几率很小：0.04（95% 置信区间［0.002，0.189］）。让我们先来解释一下用来测量预测因素效应的单位。它们是**几率**和**对数几率**，后者是用几率的自然对数计算出来的。logistic 回归用的就是对数几率。由于它们很难理解，我们通常把对数几率转换成简单几率。几率的计算方法如下：

---

16 注意：用表 4.2 的数据运行对数相似值检验也会得到同样的值 89.79，这是因为带一个预测因素的最简单的 logistic 回归等同于运行对数相似值检验。还要注意：用表 4.2 的数据运行卡方检验会得到接近于 85.25 的值（见 4.3 节）。

17 这个度量还有其他名称，如准确性指数、基尼指数和 AUC。

18 指数大于 0.8 说明这个模型的分类做得好，大于 0.9（罕见）表明这个模型的分类是非常好的。

19 尽管 $C-$ 指数广泛使用，但最近有学者批评它，并建议使用另一种度量（$H-$ 度量）（Hand，2010）。对此的争论是相当专业的；我仍然建议报告 $C-$ 指数，但提醒：没有一种单一的度量能成功测量模型在所有情况下的预测。

$$几率 = \frac{出现结果 o 的概率}{不出现结果 o 的概率}$$

$$= \frac{我们感兴趣的结果出现在基线语境中的概率}{基线结果出现在基线语境中的概率} \qquad (4.14)$$

在现实生活中，几率通常用在体育博彩中。我们通常问的问题是：我们队赢的几率是多少？如果几率是 2 比 1，那么我们队赢的概率（66.7%）是输的概率（33.3%）的 2 倍。在我们的例子中，基线值（截距）（定冠词出现在非语境决定的情况）几率的计算方法如下（相关概率值参见表 4.7）：

$$几率（截距）= \frac{the\ 出现在非语境决定情况下的概率}{a（n）出现在非语境决定情况下的概率} = \frac{0.038}{0.962} = 0.04 \qquad (4.15)$$

注意：这个值就是输出表第 6 列"估值（几率）"中截距的几率值。回到这个表中的系数这一行，我们需要用它来评估不同预测因素的效应，列出规模变量和所谓的**虚拟变量**（类别预测因素及其非基线值）。"语境_B型_决定"这一行显示了语境决定对定冠词使用的影响。这个影响是用对数几率比（对 logistic 回归的内部操作很有用）和几率比（对解释这个影响很有用）来测量的，方法是将其与基线值作比较。几率比的计算方法如下：

$$几率比 = \frac{\dfrac{我们感兴趣的结果出现在我们感兴趣的语境中的概率}{基线结果出现在我们感兴趣的语境中的概率}}{\dfrac{我们感兴趣的结果出现在基线语境中的概率}{基线结果出现在基线语境中的概率}}$$

$$= \frac{几率（我们感兴趣的预测因素的值）}{几率（截距）} \qquad (4.16)$$

几率比大于 1 表明，我们感兴趣的结果出现在我们感兴趣的语境中的几率大于同样的结果出现在基线语境中的概率；几率比小于 1 表明，我们感兴趣的结果不太可能出现在我们感兴趣的语境中；几率比等于 0 表明，没有效应。

在我们的例子中，决定语境类型对定冠词使用的影响的几率比的计算方法如下（相关概率值参见表 4.7）：

$$几率比_{（语境 B 型决定）} = \frac{\dfrac{the\ 出现在语境决定情况下的概率}{a（n）出现在语境决定情况下的概率}}{\dfrac{the\ 出现在非语境决定情况下的概率}{a（n）出现在非语境决定情况下的概率}}$$

$$= \frac{\dfrac{0.973}{0.027}}{\dfrac{0.038}{0.962}} = \frac{36}{0.04} = 900 \qquad (4.17)$$

　　我们可以看到这个值就是输出表第二行"语境_B型_决定"，第六列"估值（几率）"的值。我们可以说，定冠词出现在语境决定情况下的几率是它出现在非语境决定情况下的几率的 900 倍（95% 置信区间［117，21，421］）。

　　输出表还列出了每一行的**标准误**、显著统计度量 Wald's *z* 及相应的 *p* 值，告诉我们这个估值是否具有统计显著性。标准误告诉我们估值反映总体中值的准确性；标准误越小越好。**Wald 统计量**（*z*）的计算方法是用标准误除以估值。每个参数的效应量是上面讨论过的几率比（由 95% 置信区间所补充），它告诉我们几率比可能在总体中的位置。

　　在更复杂的模型中（带多个预测因素的模型），我们一个一个地评估估值。下面的表显示了加入名词短语_长度（测量名词短语的长度）这个规模预测因素后系数的输出。

	估值（对数几率）	标准误	Z 值（Wald）	*p* 值	估值（几率）	95% 置信区间 下	上
名词短语_长度	0.037	0.039	0.939	0.348	1.037	0.966	1.138

　　我们可以看到，名词短语_长度不是一个显著的预测因素（*p*>0.05），而且几率比 1.037 接近于 1，意思是没有效应。置信区间也证实了这一观察，它包括了 1，这是统计不显著结果的标志，因为在总体中，效应很可能为零（几率比为 1）。显示这个输出的原因是讨论在规模预测因素里的几率比。规模预测因素的几率比表明，规模预测因素一个单位的变化导致我们感兴趣的结果出现的几率比基线结果出现的几率大（如果 >1）多少倍或小（如果 <1）多少倍。在我们的例子中，名词短语长度的单位是一个字符。因此，估值（1.037）表明，定冠词 the 出现的几率会随着名词短语每增加一个字符而增大 1.037 倍。也就是说，名词短语越长，定冠词越有可能出现。但是，如前所述，这个效应不具有统计显著性，我们会在模型中排除它，因为数据中没有足够的证据支持它的存在。

　　总的来说，logistic 回归是一个强大的方法，它让我们看到不同语境对语言结果的影响。在这一节，我们已经讨论了一种 logistic 回归，叫二项式 logistic 回归，它是一种带一个结果变量，这个结果变量又带两个类别（如 the 和 a/an）的 logistic 回归。在词汇语法研究中我们常用到这种 logistic 回归，它在一个特定的词汇语法框架下探究两个语言特征之间的竞争。如果结果变量有超过两个选择（类别），那么我们就用**多项式 logistic 回归**，它与二项式 logistic 回归相似。这两种回归都遵循同样的原则，但多项式 logistic 回归的比较更为复杂（见 Field et al.，2012：8.9.1–8.9.2 和 Arppe，2008 对多项式 logistic 回归的介绍）。

报告统计数据：logistic 回归

1. 报告什么

　　logistic 回归是一个复杂的方法，它的成功使用取决于本章讨论的几个步骤。我们的研究要简要报告这些步骤，以允许重复性。第一，我们要指出词汇语法框架是如何定义的、用的哪些变量以及为什么要用这些变量。第二，我们要让读者知道数据是如何获得的（如从语料库中随机抽取语言特征的所有实例，构成子样本），如何编码的以及是否有双重编码（如果有，我们需要报告评判者间一致性统计数值）。第三，我们需要提供模型的整体统计数据（对数似然值、p 值、C- 指数）以及单个系数表，包括统计显著性、几率比及其 95% 置信区间。

2. 如何报告：示例

- 由于我们研究的重心是定冠词与不定冠词之间的变化，因此我们找到了语料库中这些语言特征的所有实例。然后，我们随机选取 100 个实例并对此进行编码［出现或不出现定冠词（结果变量）］，另外，我们还测量了两个语境变量（预测因素），因为文献指出这两个变量对英语中冠词的使用会产生影响。它们是语境类型和名词短语的长度。
- 语境类型是预测哪类冠词使用的显著因素。将语境决定录入模型显著改进了这个模型（LL=89.79，p<0.000 1）。这个模型的分类属性也很好（C- 指数 =0.95）。然而，名词短语的长度就没有显著效应。从下面的系数表可知，定冠词更有可能出现在语境决定的情况下（几率比 =900，95% 置信区间［117，21 421］），而不是非语境决定的情况下。

	估值（对数几率）	标准误	Z 值（Wald）	p 值	估值（几率）	95% 置信区间 下	上
（截距）	–3.219	1.020	–3.156	0.002	0.04	0.002	0.189
语境 _B 型 _ 决定	6.802	1.247	5.457	0.000	900	116.878	21 421.229

4.5　应用：That 还是 Which？

Lexico-grammatical variables as discussed in this chapter are <u>variables which</u> can be expressed as choices between two or more variants, such as the definite and the indefinite article.

图 4.6　本书中被指出有"语法错误"的一个句子

在写本章的时候，我遇到了下面的情况：我的文字处理器会在包含关系代词 which 的短语下画一条波浪线，表明这个句子可能有语法错误（图 4.6）。提供的更正选择有：在 which 前加一个逗号，或用关系代词 that，对此的解释是"如果这些词对句子的意思不太重要，那么用'which'并用逗号隔开"（Microsoft 2010）。

我最初对计算机更正我的语法感到气愤，但冷静下来之后，我开始思考如何检验这个语法检测器使用的规则是否真正反映了语言的使用。我用 BE06 和 AmE06 做了一项研究。这两个语料库都是 100 万词的当代书面英语语料库。下面是研究报告。

本研究基于 BE06（当代英式英语平衡语料库）和 AmE06（当代美式英语平衡语料库）。每个语料库都包含了四种主要的书面语类（一般文章、小说、新闻和学术写作）。

在 BE06 和 AmE06 中，which 出现了 4 736 次，that 出现了 22 749 次。which 主要用作关系词出现在图4.6所示的这类语境中，而 that 还有其他用途（限定词、指示词、强调词等）。在本研究中，我们用 CLAWS7 对 which 和 that 的用法进行词性标注（DDQ=which，CST=that[20]）并标出它们在名词后的句法位置。我们只考虑 which 和 that 在原则上可以互换的情况。[21] 这就是本研究的词汇语法框架。

文字处理器的建议（"如果这些词对句子的意思不太重要，那么用'which'并用逗号隔开"）有两个层面：形式层面和功能方面。形式层面要求 which 被逗号隔开，而功能层面要求 which 用于这样的情况：由 which 引导的从句对整个句子的意思不太重要（可以省去），用语法术语来说，这种情况叫"非限制性"从句。由此推断，另一个关系词 that 就用于 which 的互补情况，即"限制性"从句，不被逗号隔开。要检验这个建议的形式层面和功能层面，我们提出了两个研究问题。

20　词性标注符号是词性标注器自动赋予词的语法标记。

21　本研究排除 that 跟在名词后面指称一个人或一群人的情况（For a guy that did well he dressed down（BE06_K16），这种情况下它可以和 who 互换，而不是 which。

表 4.11　交叉表：与 which 和 that 关系词一起使用的分隔符

关系词	分隔符		
	有分隔符（，或 –）	无分隔符	总和
which	1 396（63%）	804（37%）	2 200
that	191（3%）	7 281（97%）	7 472
总和	1 587	8 085	9 672

- 研究问题 1（形式层面）：which 前面有逗号或破折号，而 that 前面没有逗号或破折号吗（–）？
- 研究问题 2（功能层面）：影响 which 和 that 使用的因素有哪些？

表 4.11 显示了基于对 BE06 和 AmE06 的查找，我们找到的第一个问题的答案。注意：这张表显示的是自动语料库查找的结果，没有经过人工检查（见研究问题 2）。

总的来说，在修饰名词的从句中，that（7 472）的使用频率远远高于 which（2 200）。几乎 2/3 带 which 的从句都有逗号或破折号隔开，而只有 3% 的带 that 的从句前面有逗号或破折号。进一步观察我们发现，在这 3% 中，绝大部分实例在 that 从句前包括了插入语，如 The communications circuit proposed by Robert Darnton rightly identifies many factors, besides authorship, that govern any reading experience（BE06_J02）。插入语是打断句子主干的短语，通常两边都会加逗号。因此，我们这里观察到的分隔符属于插入语，而非定语从句。

卡方检验证实，关系词（which 或 that）和出现逗号或破折号之间存在显著关联 $[\chi^2(1)=4\,595.47, p<0.001]$。整体效应是很大的：Cramer's $V = 0.689$，95% 置信区间 [0.669, 0.709]。逗号或破折号出现在 which 前面的概率是它出现在 that 前面的概率的 24.8 倍（95% 置信区间 [21.5, 28.7]）。相反，that 前面没有分隔符的概率是 which 前面没有分隔符的概率的 2.7 倍（95% 置信区间 [2.5, 2.8]）。图 4.6 显示了这种复杂的关系。

总的来说，我们可以看到，that 前面倾向于不带分隔符，which 前面可能出现分隔符，也可能不出现，但出现的概率较高。但我们不能把它上升到规则的地位，即 which 前面总应该有逗号隔开，因为从表 4.11 可见，还有很多的反例（804）。

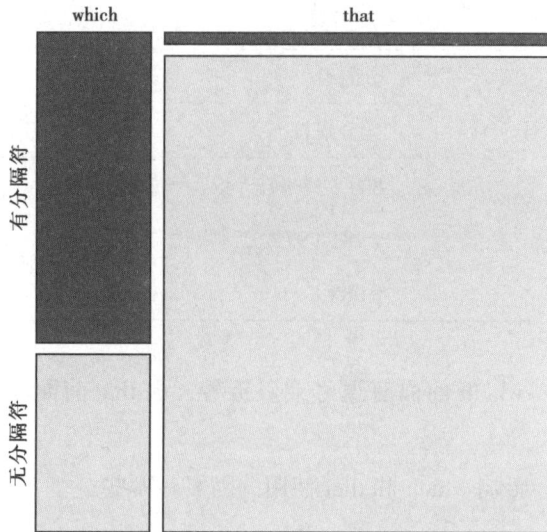

图 4.6　which 和 that 与分隔符之间的关系

要回答第二个问题，我们从表 4.11 列出的 9 672 个 which 和 that 的实例中随机挑选 360 个检索行，并对一些语境变量（如英语变体、分隔符、从句类型和句法类型）进行人工编码。另外，我们还计算了 which 或 that 引导的定语从句的长度，并把它作为"长度"变量。比如，下面的句子被编码为：英语变体：英式英语，分隔符：无，从句类型：限制性，句法类型：主语[22]，长度：5。

Apple will just veto and refuse to distribute any application which does not meet its terms. 　（BE06_E33）

表 4.12 列出了包含的所有类别结果变量以及 which 和 that 出现在这些结果变量定义的语境中的频率。"长度"变量是规模变量，因此不适用于交叉表。

从表 4.12 我们可以看出，这个情况是很复杂的，仅看表格我们还不能搞清楚所有的因素。因此，我们用 logistic 回归分析来确定哪些因素对 which 或 that 的选用会产生影响。

总的来说，这个包括了所有预测变量（"英语变体""分隔符""从句类型""句法类型"和"长度"）的模型是显著的（LL：222.31；$p < 0.000\,1$）而且分类属性也很好（C- 指数：0.91）。表 4.13 显示了模型中的单个系数。我们可以发现，除了"句法 B_ 主语"，所有估值都是显著的（$p < 0.05$）。因此，英式英语、有分隔符、非限制性定语从句和较长的短语长度倾向于使用 which。[23]

22　Which 这里做定语从句的主语。比较 Still, it was his only answer, which he repeatedly struck（AmE06_K15），这里 which 是宾语。

23　注意：关系词 that、美式英语、无分隔符、限制性从句和宾语被设为各自变量的基线值。

比如，which 出现在英式英语中的几率是它出现在美式英语中的几率的 5.3 倍
（95% 置信区间 [2.5，12.1]）。同样，which 前有分隔符的几率是它前面没
有分隔符的几率的 53.8 倍（95% 置信区间 [12.9，376.4]）。另外，句子越
长越有可能用 which。每增加一个词，几率就增加 1.1 倍（95% 置信区间 [1.02，
1.15]）。

表 4.12　which 和 that 在不同的语境中：交叉表

英语变体	分隔符（，或 –）	从句	句法	关系词		总和
				that	which	
美式英语	无	非限制性	宾语	3	1	4
			主语	11	2	13
		限制性	宾语	18	2	20
			主语	126	5	131
	有	非限制性	宾语	0	6	6
			主语	0	20	20
		限制性	宾语	0	0	0
			主语	1	0	1
英式英语	无	非限制性	宾语	3	2	5
			主语	3	8	11
		限制性	宾语	14	8	22
			主语	76	15	91
	有	非限制性	宾语	0	4	4
			主语	0	31	31
		限制性	宾语	1	0	1
			主语	0	0	0
总和				256	104	360

　　研究完了。但这个急需解决的问题还没回答：计算机到底是对的还是错
的？如果有人要把计算机给出的建议上升到规则，那么回答肯定是"不行"。
本研究表明，有很多因素共同决定到底是用 which 还是 that，而且这些因素只
能被当成概率（或更准确地说，几率）来解释，不是绝对的。

表 4.13　which 或 that：logistic 回归估值

	估值（对数几率）	标准误	Z 值（Wald）	p 值	估值（几率）	95% 置信区间 下	上
（截距）	−3.354	0.563	−5.958	0.000	0.035	0.011	0.099
B 变体 _ 英式英语	1.667	0.397	4.195	0.000	5.296	2.511	12.080
B 分隔符 _ 有	3.985	0.825	4.832	0.000	53.795	12.876	376.448
B 从句 _ 非限制性	2.046	0.446	4.588	0.000	7.733	3.235	18.812
B 句法 _ 主语	−0.614	0.421	−1.460	0.144	0.541	0.240	1.260
长度	0.079	0.029	2.739	0.006	1.083	1.023	1.147

4.6　练习

1. 看表 4.14 的专题和研究问题。判断这些研究问题是否适用语言特征研究设计（是 / 不是）。如果是，定义合适的词汇语法框架。第一行的答案作为范例已经给出。

表 4.14　合适的研究设计

专题：研究问题	语言特征（例子）	语言特征研究设计？	词汇语法框架
与格替换：哪些因素影响英语中的与格替换？	She handed the student the book. She handed the book to the student.	是	所有与格结构
A/AN 交替：哪些情况下英语口语中会出现不标准的不定冠词（a 出现在元音前）？	an apple, a apple		
脏话：说话者用更强还是更弱的脏话？	fuck, cunt, motherfucker etc. vs damn, crap, hell etc.		
属格交替：哪些因素影响 s- 属格和 of- 属格的选用？	president's speech, the speech of the president		
认知标记：语料库数据是否支持这个假设"当我们不确定的时候我们才说我们确定"（韩礼德）？	This is certainly the case. This is maybe the case.		

续表

专题：研究问题	语言特征（例子）	语言特征研究设计？	词汇语法框架
带名词 / 不带名词的 THIS：哪些因素影响 this 后带名词？	This is an example. This sentence is an example.		

2. 分析下面的交叉表：计算行总和、列总和以及行列总和。英式英语和美式英语在使用 must，have to 和 need to 上有没有区别？计算百分比并进行卡方检验（用原始频率）。

英语变体	模型			总和
	must	have to	need to	
美式英语	352	355	201	
英式英语	448	405	190	
总和				

3. 解释马赛克图 4.7。它显示了三种强烈义务情态表达式（must，have to 和 need to）在 BE06（100 万词的书面英语语料库）中的使用。Acad 是学术写作、Fiction 是小说、General 是一般文章、Press 是新闻。

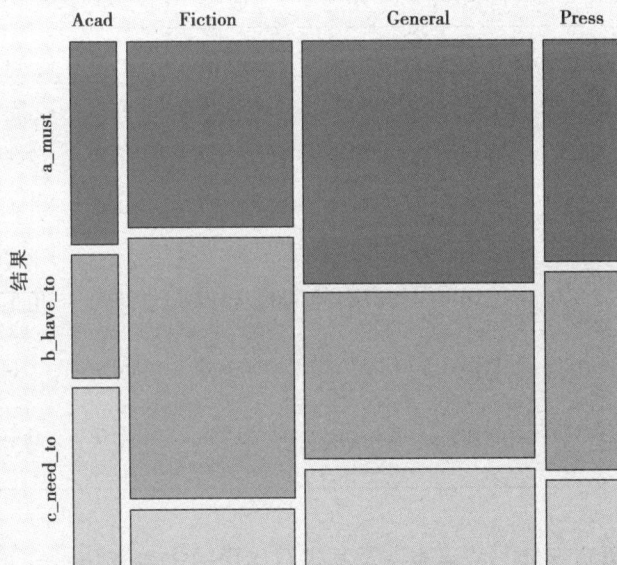

图 4.7　Must，have to 和 need to 在类型中的使用

4. 解释下面的模型（logistic 回归的结果），它们是来自对强烈义务情态表达式的研究。这个研究的研究问题是：在什么情况下说话者用

must 而不用半情态动词（have to 和 need to）？

数据集中编码了下列变量：

- 结果变量：must vs have to 和 need to（基线）
- 预测因素 1（语言变体）：英式英语 vs 美式英语（基线）
- 预测因素 2（语类）：小说 vs 一般文章 vs 新闻 vs 学术写作（基线）
- 预测因素 3（主语）：I vs you vs 其他主语（基线）

模型 1："语言变体"的主效应

模型概述： 似然比检验（LL）：3.52（$p=0.061$）→不显著；$C-$ 指数：0.52 →不可接受；Nagelkerke R^2：0；AIC：2 641.65

	估值（对数几率）	标准误	Z 值（Wald）	p 值	估值（几率）	95% 置信区间 下	上
（截距）	−0.457	0.068	−6.711	0.000	0.633	0.554	0.723
B 变体_英式英语	0.173	0.092	1.875	0.061	1.189	0.992	1.426

模型 2："语言变体"和"语类"的主效应

模型概述： 似然比检验（LL）：54.49（$p<0.001$）→显著；$C-$ 指数：0.6 →不可接受；Nagelkerke R^2：0.04；AIC：2 596.67

	估值（对数几率）	标准误	Z 值（Wald）	p 值	估值（几率）	95% 置信区间 下	上
（截距）	−0.027	0.147	−0.184	0.854	0.973	0.729	1.300
B 变体_英式英语	0.163	0.094	1.738	0.082	1.177	0.980	1.416
B 语类_小说	−0.870	0.165	−5.277	0.000	0.419	0.303	0.579
C 语类_一般	−0.172	0.157	−1.092	0.275	0.842	0.618	1.146
D 语类_新闻	−0.529	0.185	−2.860	0.004	0.589	0.410	0.846

模型 3："语言变体""语类"及其相互作用的主效应

模型概述： 似然比检验（LL）：75.54（$p<0.001$）→显著；$C-$ 指数：0.61 →不可接受；Nagelkerke R^2：0.05；AIC：2 581.63

	估值（对数几率）	标准误	Z 值（Wald）	p 值	估值（几率）	95% 置信区间	
						下	上
（截距）	−0.027	0.147	−0.184	0.854	0.973	0.729	1.300
B 变体 _ 英式英语	−0.857	0.288	−2.979	0.003	0.424	0.240	0.742
B 语类 _ 小说	−1.581	0.238	−6.646	0.000	0.206	0.128	0.326
C 语类 _ 一般	−0.578	0.225	−2.573	0.010	0.561	0.359	0.868
D 语类 _ 新闻	−1.166	0.266	−4.387	0.000	0.312	0.184	0.522
B 变体 _ 英式英语：B 语类 _ 小说	1.440	0.337	4.275	0.000	4.221	2.190	8.214
B 变体 _ 英式英语：C 语类 _ 一般	0.893	0.321	2.785	0.005	2.443	1.308	4.605
B 变体 _ 英式英语：D 语类 _ 新闻	1.319	0.376	3.506	0.000	3.738	1.796	7.852

模型 4："语言变体""语类""主语"和"语言变体"与"语类"的相互作用

模型概述： 似然比检验（LL）：145.56（$p<0.0001$）→显著；$C-$ 指数：0.66 →不可接受；Nagelkerke R^2：0.1；AIC：2 515.61

	估值（对数几率）	标准误	Z 值（Wald）	p 值	估值（几率）	95% 置信区间	
						下	上
（截距）	0.542	0.200	2.714	0.007	1.720	1.168	2.561
B 变体 _ 英式英语	−0.930	0.290	−3.210	0.001	0.395	0.222	0.693
B 语类 _ 小说	−1.318	0.242	−5.441	0.000	0.268	0.165	0.428
C 语类 _ 一般	−0.450	0.228	−1.974	0.048	0.638	0.406	0.993
D 语类 _ 新闻	−1.191	0.268	−4.445	0.000	0.304	0.179	0.511
B 主语 _I	−1.084	0.174	−6.232	0.000	0.338	0.239	0.472
C 主语 _you	−0.917	0.158	−5.794	0.000	0.400	0.291	0.542
B 变体 _ 英式英语：B 语类 _ 小说	1.482	0.340	4.353	0.000	4.400	2.267	8.620
B 变体 _ 英式英语：C 语类 _ 一般	0.952	0.324	2.941	0.003	2.592	1.379	4.915
B 变体 _ 英式英语：D 语类 _ 新闻	1.490	0.379	3.927	0.000	4.438	2.118	9.384

记住

- 分析词汇语法变化的时候，我们需要关注单个语言环境并定义词汇语法框架。
- 交叉表可以用于类别变量的简单分析。除了频率，交叉表还包括基于行总和（对研究词汇语法最有用）、列总和以及行列总和的百分比。
- 交叉表中的数据可以用马赛克图显示。
- 我们可以用卡方检验双向交叉表（带一个语言变量和一个解释变量的表）中变量之间关系的统计显著性。报告的效应量是 Cramer's V（整体效应）和概率或几率比（单个效应）。
- logistic 回归是一个复杂的多变量方法，它用以分析不同预测因素（类别和规模）对类别（通常是二元）结果变量的影响。
- 在 logistic 回归中，我们既看模型的整体情况，也看单个系数，它们显示了预测变量对我们感兴趣的结果的影响。

补充阅读

Balakrishnan, N., Voinov, V. & Nikulin, M. S. (2013). *Chi-squared goodness of fit tests with applications.* Waltham, MA: Academic Press.

Friendly, M. (2002). A brief history of the mosaic display. *Journal of Computational and Graphical Statistics, 11*(1), 89-107.

Geisler, C. (2008). Statistical reanalysis of corpus data. *ICAME Journal, 32*, 35-46.

Gries, S. Th. (2013). *Statistics for linguistics with R: a practical introduction.* Berlin: De Gruyter Mouton, pp. 247-336.

Hosmer, D. W., Lemeshow, S. & Sturdivant, R. X. (2013). *Applied logistic regression*, 3rd edn. Hoboken, NJ: John Wiley & Sons.

Osborne, J. W. (2015). *Best practices in logistic regression.* Thousand Oaks, CA: Sage.

配套网站：在线兰卡斯特统计工具

1. 本章的所有分析都可以用在线兰卡斯特统计工具进行。本章用到的工具有：
   - 交叉表
   - 类别比较
   - logistic 回归计算器
2. 该网站还为老师和学生们提供了额外材料。

5 语域变化：
相关、聚类和因子

5.1 本章概述

　　本章讨论的一组方法可以用来同时分析标志不同文本和语域的大量语言变量。首先，我们用相关来探讨两个语言变量之间的关系。我们将解释皮尔森相关和非参数的斯皮尔曼相关。接下来，我们将用凝聚层次聚类法来探索词、语域等的分类。我们将讨论聚类的方法以及对聚类分析（树形图）结果的解释。最后，本章将进行多维分析，这种方法用因子分析来提取多个变量之间的模式；因子被解释为变化的功能维度。多维分析从变量选择开始一直到解释因子负荷和绘制出多维图结束。

　　我们将探索下面五个问题：

- 如何检验两个语言变量之间的关系？（5.2 节）
- 如何分类词、文本、语域等？（5.3 节）
- 如何探索语言变化的不同维度？（5.4 节）
- 本章讨论的方法如何应用到研究中？（5.5 节）

5.2 变量之间的关系：相关

> **思考**
>
> 　　在阅读本节前，看图 5.1—图 5.3（散点图）。每个图都绘制了两个语言变量的相对频率，一个在 x 轴上，一个在 y 轴上。每个点代表 BE06 语料库中的一个文本。每个图中两个语言变量之间有明显的关系吗？

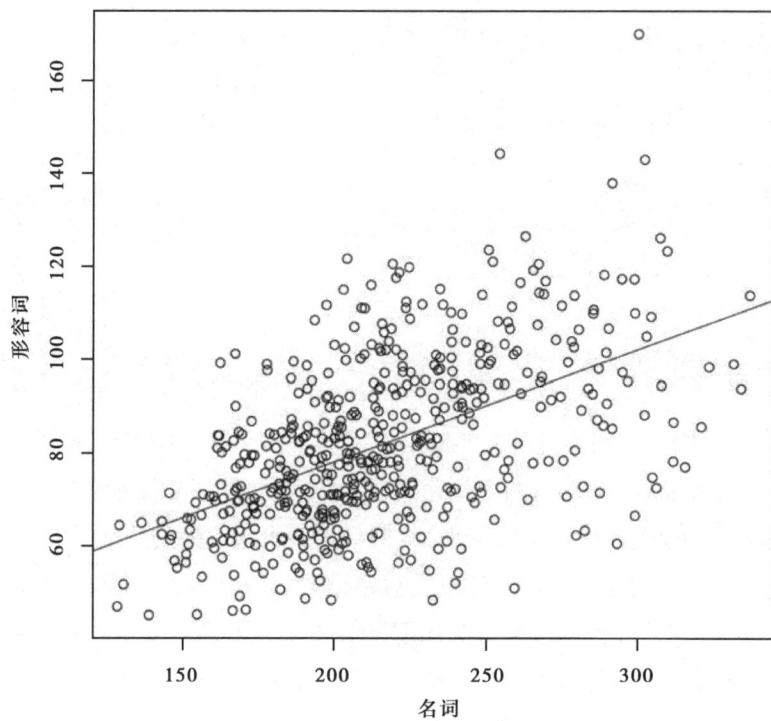

图 5.1   BE06 中的名词和形容词

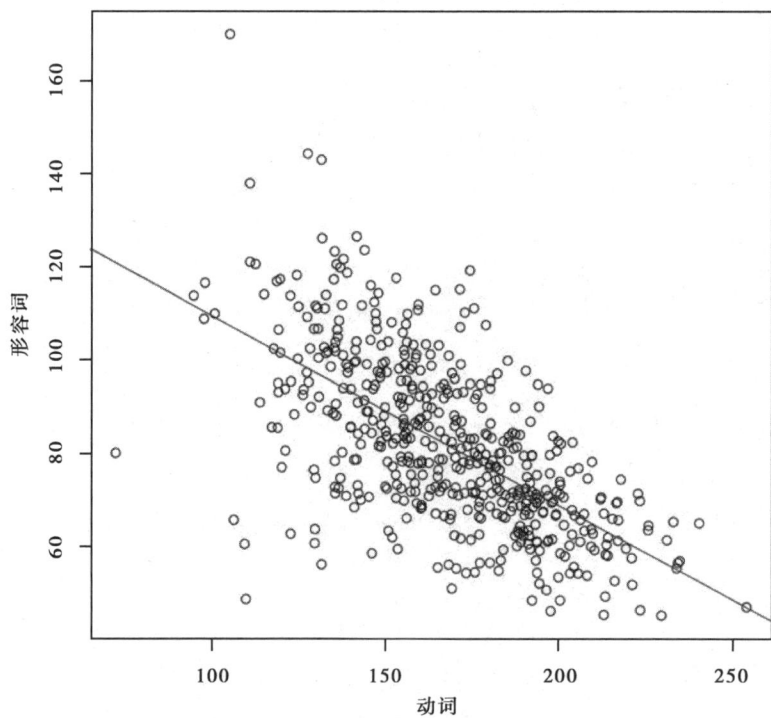

图 5.2   BE06 中的动词和形容词

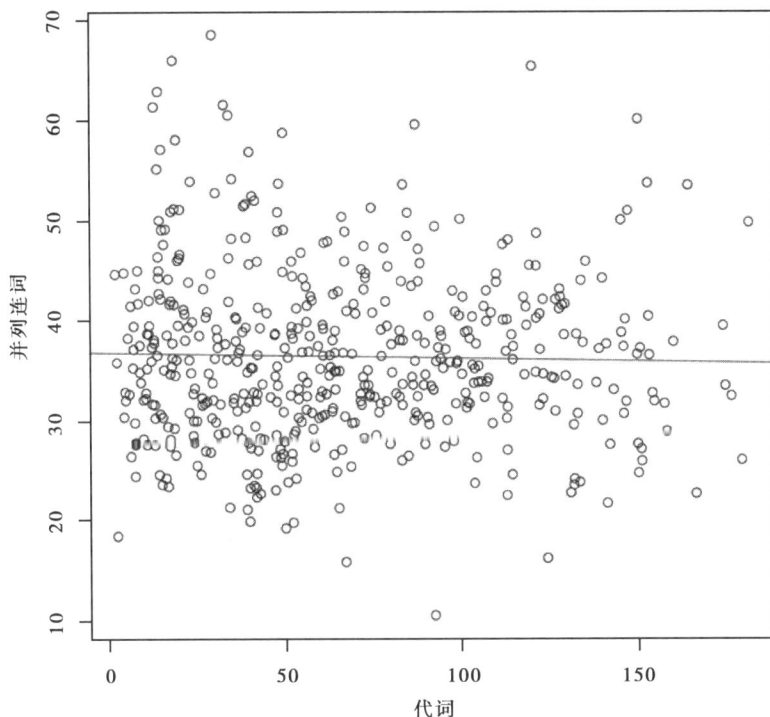

图 5.3　BE06 中的代词和并列连词

由于共同出现在一个文本中，因此许多语言变量都彼此相联。比如，在英语中，形容词在文本中的相对频率与名词的相对频率相联系，因为形容词修饰名词，它们经常一起出现；但这并不意味着名词总和形容词一起出现。从图 5.1 可以看出，有大量名词的文本往往也有大量形容词；这个趋势由贯穿数据点中间的陡然上升的回归线（见 1.2 节）凸显出来。我们可以用一种方法来测量两个语言变量之间的关系，这个方法叫相关。**相关**通过查看两个（通常是）序列或规模变量（见 1.3 节）共变的程度来测量它们之间是否存在关系。换言之，我们在观察，一个变量增加了，另一个变量是否也会随之增加、随之减少或保持不变。当我们看到图 5.1 这种模式时，即随着第一个变量（名词）的值的增加，第二个变量（形容词）的值也随之增加，我们就说它是**正相关**；反过来，如果一个变量（动词）增加，而另一个变量（形容词）减少，如图 5.2 所示，我们就说它是**负相关**。最后，当我们看到数据点（代词和并列连词）明显任意分布时，如图 5.3 所示，我们就说它们之间不存在关系，换言之，这两个变量不相关。

有两种相关——**皮尔森相关**和**斯皮尔曼相关**（Sheskin，2007：1219-1368）。皮尔森相关专门测量规模变量，而斯皮尔曼相关测量等级（序列变量）。注意：规模变量可以被转换为等级，当然会丢失一些信息，但反过来却不行，比如，只有等级信息，你无法推断原来观察到的频率信息。因此我们就要用斯皮尔曼相关，它也可以用于规模语言变量（如图5.1—图5.3中的变量），但首先要将它们转换为等级。有时，变量的值在很大程度上出现偏斜，即均值不能很好地代表数据，而且皮尔森相关的 p 值也不可靠，在这种情况下，我们就用斯皮尔曼相关。但也有研究（Edgell & Noon，1984）指出，这不是个大问题。因此如果变量是规模变量，我们首选皮尔森相关。相关是如何计算的？皮尔森相关（r）的计算方法是：

$$r = \frac{协方差}{标准差_1 \times 标准差_2} \tag{5.1}$$

它从两个变量标准差（标准差$_1$和标准差$_2$）的角度表示出了数据中协方差（两个变量共有的变化）的量；这里的两个标准差被用作"统计距离"的标准化的度量单位。协方差的计算方法是：计算变量1和变量2的均值（均值$_1$和均值$_2$），取变量1的每一个单一值，计算它与均值$_1$的距离，然后用它乘以变量2与均值$_2$的距离。这个用方程式表示如下：

$$协方差 = \frac{与均值_1和均值_2的距离相乘之和}{总实例数 - 1} \tag{5.2}$$

这个过程看上去有点复杂，但原理很简单。举个例子，我们在图5.1用到的文本中选取5个，来研究名词和形容词之间的关系。图5.4显示了5个文本中名词和形容词之间清晰的正相关。图5.5显示了用这5个数据点如何计算协方差：我们测量了每个数据点（由圆圈表示）与两个均值的距离；均值由垂直虚线和水平虚线代表。这些距离首先相乘，然后再相加。我们可以看到，除了一个数据点（H04），图5.5的所有数据点都在两个均值（虚线）划出的第一或第三象限内。这就表明，与均值的距离要么都是正的（第一个象限），要么都是负的（第三个象限），因此，两个距离之积再相加的结果是一个正数。反之，如果大部分数据点在第二和第四象限（图5.2），一个距离就是正的，一个距离就是负的，因此两个距离之积再相加的结果就是一个负数。最后，如果数据点任意分布在这四个象限内（图5.3），相乘之后我们既会得到正结果，也会得到负结果，相加后相互抵消，最后的协方差接近于0。

图5.5中5个文本中的名词和形容词的协方差计算方法如下：

$$协方差 = \frac{[(-27.8) \times (-101.5)] + [(-11) \times (-43)] + [12.3 \times (-7.2)] + (51.5 \times 29) + (80.7 \times 17)}{5 - 1}$$

$$= 1\,518 \tag{5.3}$$

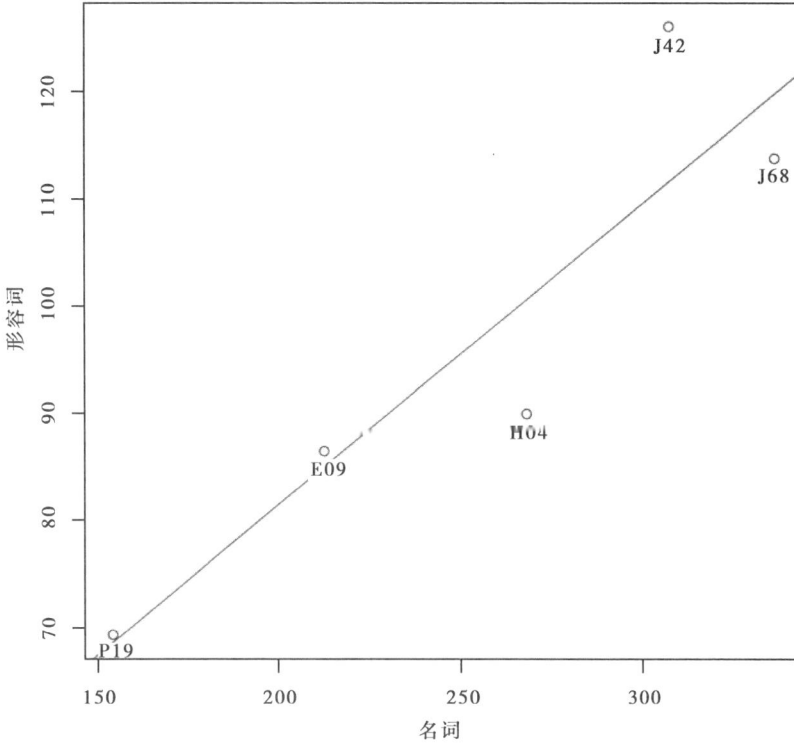

图 5.4   相关：5 个数据点

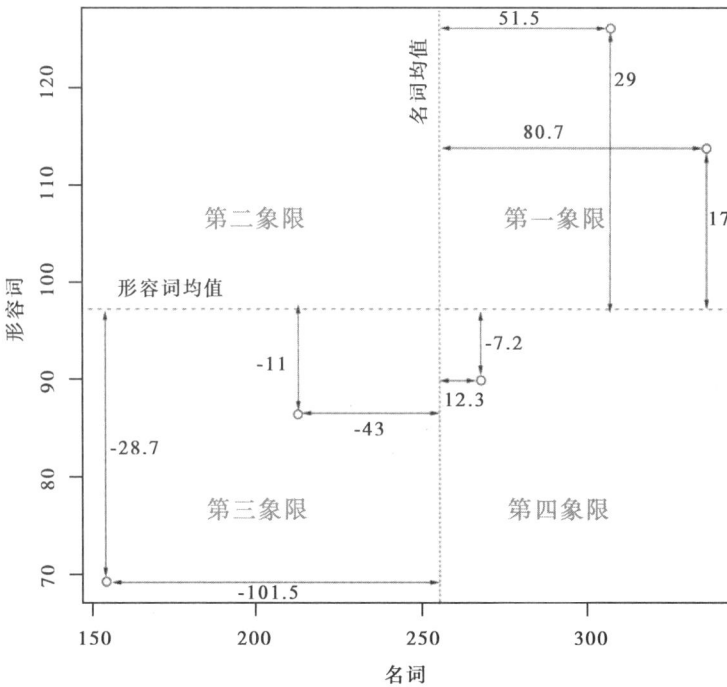

图 5.5   相关：协方差

然后，我们将协方差代入皮尔森相关方程，并用标准差进行标准化处理。标准差的计算方法请参考第 2 章方程式（2.11）。

$$r=\frac{1\,518}{73.3\times 23}=0.9 \tag{5.4}$$

在这里，5 个文本中名词和形容词之间是正相关（从图 5.4 也可以看出来）。而且相关系数也很大（0.9）——相关系数的范围是 –1 到 1，负数表示负相关，正数表示正相关。0 表示两个变量之间没有线性关系。下面的截止值可以大致反映相关的大小（Cohen，1988：79-80）；它是效应量的度量：[1]

- 0 没有效应
- ±0.1 小效应
- ±0.3 中效应
- ±0.5 大效应

除了相关系数，我们还应该提供 p 值或置信区间，它可以表明语料库中是否有足够的证据将这个相关推论至总体。p 值是检验零假设（声称总体中的相关为 0，即没有相关）的结果。相关的统计显著性与所观察的数量（实例）直接相关。由于语料库研究中的数量都比较大，小的相关也具有统计显著性（图 5.3）。从语言学的角度看，这些相关并不一定是重要的。比如，图 5.3 中代词和并列连词之间微乎其微的相关（r=-0.029）对 500 个文本来说不具有统计显著性；但对于 5 000 个文本来说，同样的相关值就会变得显著（$p<0.05$），尽管它的实际语言效应微乎其微。

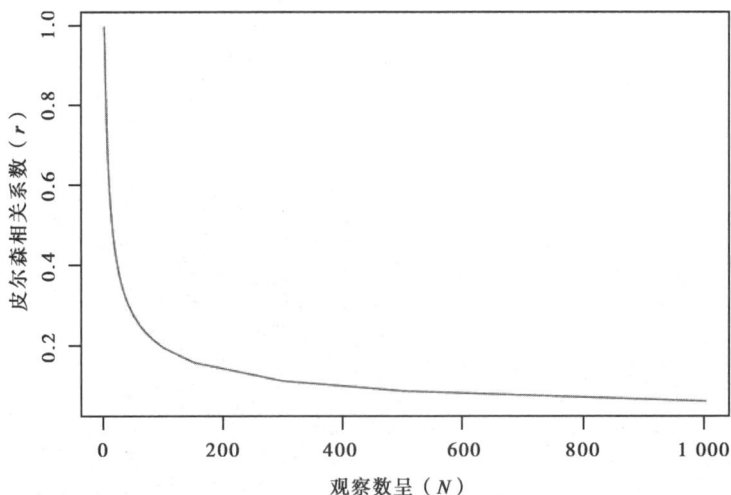

图 5.6　具有统计显著性（$p<0.05$）的皮尔森相关与观察的数量有关

---

[1]　我们不应该机械照搬对 r 效应量的解释；它只是一个大致指导，我们尤其应该注意不同效应量值的实际意义。详见 8.4 节。

图 5.6 显示了观察数量与皮尔森相关统计显著性（p<0.05）之间的关系。总体趋势是：随着观察数量的增加，我们只需要更小的相关系数就可达到统计显著性。比如，如果我们只有 10 个观察数量（文本或说话者），我们需要相关系数达到 0.63 才具有统计显著性；这就是说，所有的数据点都要清楚显示这个关系，只允许少量波动，这样，我们才能认为有足够的证据对总体做出可靠的推论。如果我们有 100 个观察数量，我们就允许更多的波动，皮尔森相关的关键值就会降为 0.2。如果我们有 1 000 个观察数量，很小的相关（0.06）就具有统计显著性了。从语言学的角度来说，0.06 的相关（或 0.2 的相关）对揭示变量之间关系的强度没有多少实际意义。然而，我们还是要报告这个相关，因为它还是可以揭示语言的运作机制。相关是效应量（相关系数 r）的另一个例子，它和统计显著性（p 值）测量的是两个全然不同的东西，不应该搞混淆（见 1.4 节和 8.4 节对这个问题的进一步讨论）。

让我们回到图 5.4 显示的从 BE06 中选取的 5 个文本的例子。由于这些文本清楚地显示了变量之间的关系，皮尔森相关的 p 值是 0.033。它表明，尽管只有 5 个实例，但相关（0.9）是具有统计显著性的。换言之，我们有足够的数据推翻零假设（声称总体中的相关为 0）。但如果我们想更具体，并评估总体出现这个相关的可能性是大还是小，我们就需要计算相关的**置信区间**。你不需要知道这个计算细节[2]，因为计算机可以很容易地计算出来（见在线兰卡斯特统计工具中的相关工具）。因此，让我们来关注如何解释这些数据。我们例子的 95% 置信区间是从 0.128 到 0.994。注意：它没有包括 0，这与显著的 p 值一致；95% 置信区间表明，不管总体中出现的是什么相关，它总是正相关，不会没有相关。95% 置信区间[3]是最有可能包含总体（所有文本）中相关真值的区间。也就是说，我们所有的证据（只有 5 个文本）不能确定地告诉我们这个相关是否真的高如 0.9，因为它还可以低如 0.128 或高于 0.9（0.994）。因此，我们需要谨慎对待结果。

让我们再来看一下斯皮尔曼相关。**斯皮尔曼相关（r_s）**有时也用希腊字母（ρ）表示，它用于序列数据（等级）或参数假设被违反的规模数据；在后面这种情况，规模数据要转换成等级。由于我们处理的是等级，因此我们没有均值、标准差或与均值的距离。协方差是根据等级差来计算的。斯皮尔曼相关的计算方法是：

$$r_2 = 1 - \frac{6 \times 等级差平方的总和}{实例的数量 \times （实例数量的平方 -1）} \quad （5.5）$$

2　方程式：下限 $z = z' - 1.96 \times \dfrac{1}{\sqrt{观察数量 -3}}$；上限 $z = z' + 1.96 \times \dfrac{1}{\sqrt{观察数量 -3}}$ 其中，$z' = 0.5\ln\left(\dfrac{1+r}{1-r}\right)$；

3　记住，95 这个数表示的是从同一个总体中抽取的样本的比例。对于这个总体，置信区间包含了度量的真值（即总体中的值）（见 1.3 节）。

让我们再看一下图 5.4 中的 5 个文本。这次，x 轴和 y 轴上的值（分别是名词和形容词的频率）需要被转换为等级，如表 5.1 所示。

表 5.1　BE06 中 5 个文本中的名词和形容词的等级

文件名	名词		形容词		名词－形容词	
	相对频率（每 1 000）	等级	相对频率（每 1 000）	等级	等级差	等级差的平方
BE_E09	212.7	4	86.5	4	4–4=0	0
BE_H04	267.9	3	90.0	3	3–3=0	0
BE_J42	307.2	2	126.1	1	2–1=1	1
BE_J68	336.3	1	113.8	2	1–2=–1	1
BE_P19	154.1	5	69.3	5	5–5=0	0

将表 5.1 中的等级差的平方和实例数（5）输入方程式，我们就得到：

$$r_s=1-\frac{6\times(0+0+1+1+0)}{5\times(5^2-1)}=0.9 \qquad (5.6)$$

在这里，非参数相关（r_s）也非常大——皮尔森相关的截止值（0.1，0.3 和 0.5）也可以用于斯皮尔曼相关来解释效应的强度。但 p 值大于 0.05（p=0.083），也就是说，我们没有足够的证据来推翻零假设（声称总体中的相关为 0）。因此，这 5 个文本没有提供足够的证据证明斯皮尔曼相关不是零——我们看到的可能只是偶然现象。为什么皮尔森相关的 p 值与斯皮尔曼相关的 p 值不一样？原因是：在将实际值转换为等级的过程中，我们丢失了一些信息，也失去了一些推翻零假设的力量。因此，规模变量最好用皮尔森相关，而序列变量（等级）用斯皮尔曼相关。

最后，我们还要强调两点。第一，皮尔森相关系数 r 可以用来解释两个变量共有的变化量。因此，系数需要平方；平方的结果 r^2 被称为**确定系数**，计算方法如下：

$$确定系数（r^2）= 皮尔森相关系数^2 \qquad (5.7)$$

让我们以 BE06（图 5.1）中的名词和形容词为例。相关系数 r 是 0.523（大效应）。平方这个值，我们得到 0.27 或 27%。

$$r^2=0.523^2=0.27 \qquad (5.8)$$

这可以被解释为文本中名词和形容词的相对频率有 27% 的共同变化。27% 这个值是大还是小？想一下：27% 的变化被解释，还有 73% 的变化未被解释，它们可能被其他变量解释，而这些变量是我们不考虑的，因为我们只关注这两个变量之间的相关。但语言是一个非常复杂的系统，很多变量都起作用，因此，如果一个变量可以预测另一个变量30%的变化，这也是值得注意的了。

第二，处理多个语言变量的时候，我们可以计算两两相关（用皮尔森相关和斯皮尔曼相关都可以）。这些相关通常用表格（相关矩阵）、一系列的散点图或可视化矩阵表示。我们以BE06中的名词、形容词、动词、代词和并列连词为例。这五个语言变量之间有什么关系？下面我们用三种不同的模式来呈现同一个分析的结果。

图5.7可以用来初探数据中的主要趋势。我们看到，除了并列连词（and，but和or这类的词），其他四个变量两两比较的时候都显示出了正关系或负关系。但并列连词，从最后一排或最后一列可知，不能很好地预测其他词类的出现。

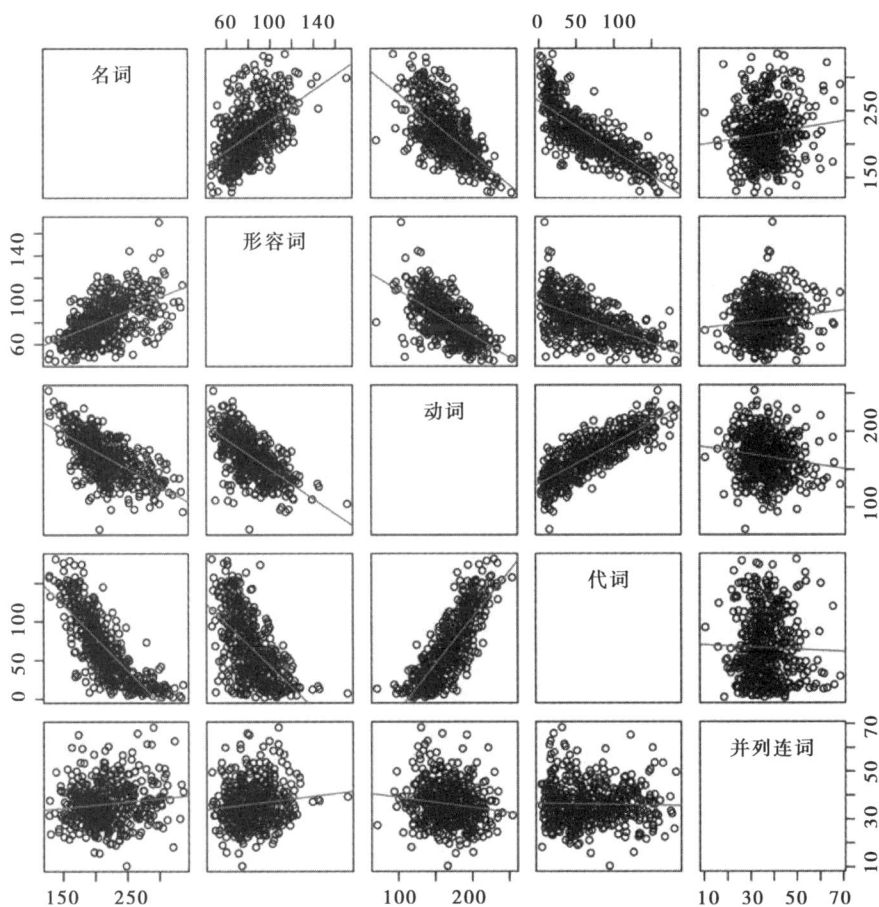

图5.7　多面板散点图：名词、形容词、动词、代词和并列连词

皮尔森相关证实了这一最初的观察，如表5.2所示，相关系数的范围是0.12~0.81。对角线上的自相关（1.00）可以忽略，因为很明显一个变量的值与

自己是完全相关的。这种表中最小的值非常接近于 0（−0.03），它表明变量之间没有关系。因为我们有 500 个实例（文本），即便是小的相关（0.12）也是显著的（$p < 0.01$）。唯一不显著的值是那个接近于 0 的相关（−0.03）。

表 5.2 中的数据可以用相关矩阵来表示（图 5.8），在图 5.8 中，颜色浓度反映了相关的强度——相关越强，颜色越深。在彩色版本中，正相关和负相关用不同颜色代表。

表 5.2　相关表（皮尔森相关）：名词、形容词、动词、代词和并列连词

	名词	形容词	动词	代词	并列连词
名词	1.00**	0.52**	−0.65**	−0.79**	0.12**
形容词	0.52**	1.00**	−0.63**	−0.59**	0.12**
动词	−0.65**	−0.63**	1.00**	0.81**	−0.14**
代词	−0.79**	−0.59**	0.81**	1.00**	−0.03
并列连词	0.12**	0.12**	−0.14**	−0.03	1.00**

** $p < 0.01$

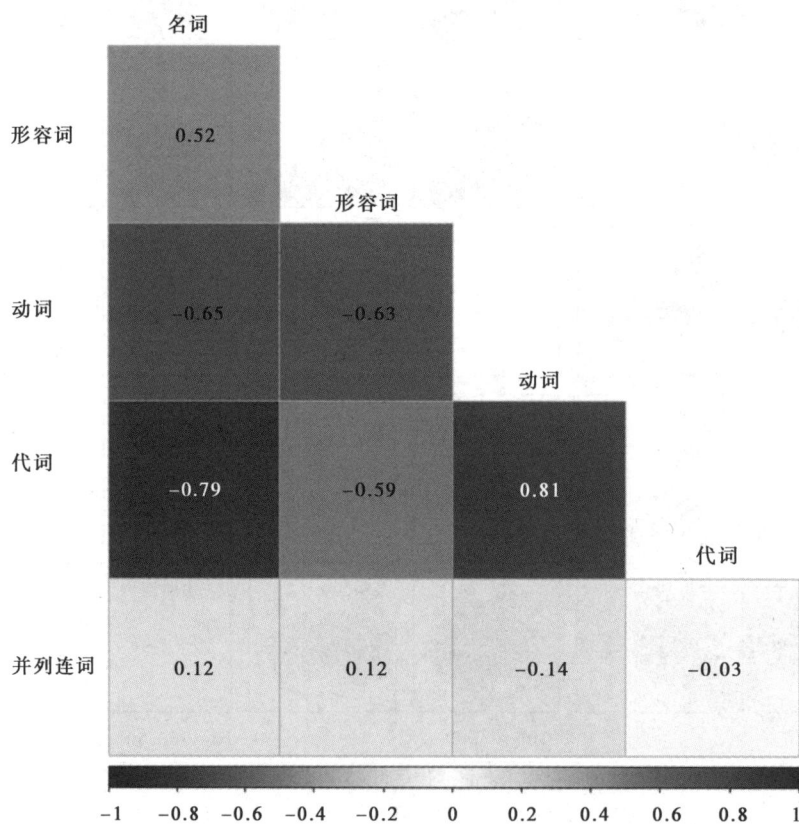

图 5.8　相关矩阵：名词、形容词、动词、代词和并列连词

总的来说，相关是一个探索语料库中变量之间的关系的很强大的方法。有了大型语料库（包含成百上千个文本），即便是小的相关（小于0.1）也具有统计显著性。我们需要认真考虑语言不同特征之间关系的相关含义。

报告统计数据：相关

1. 报告什么

一般来说，我们要报告相关系数（r，r_s）和相关的 p 值。但最好是报告置信区间而不是 p 值，因为置信区间为总体中相关的实际值做出了更准确的估计。我们还要解释相关的大小（效应量）——观察到的相关最好与数据中相似的相关或其他文献中报告的相关进行比较。

报告相关最简练的方式（尤其是要报告表格中多个相关时）是在相关系数旁加一个星号（*）或两个星号（**）。它们分别表示 $p<0.05$ 和 $p<0.01$。我们也可以写出确切的 p 值（但对于包含很多文本的大型语料库，这么做会非常慢）或具体说明置信区间。

2. 如何报告：示例
   - 英语文本中使用的名词数量和形容词数量之间存在很强的正相关（$r=0.52$，95% 置信区间［0.46，0.58］）。但这个值没有动词和代词之间的相关大（$r=0.81$，95% 置信区间［0.775，0.836］），它表明动词和代词有 2/3 的共同变化（$r_2=66\%$）。
   - 英语文本中使用的名词数量和代词数量之间存在很强的负相关（$r_s=-0.83$，$p<0.01$）。它们显示了互补的分布。
   - 英语书面文本中使用的动词和形容词是呈反比关系的（$r=-0.63**$）。动词和名词也是呈反比关系的（$r=-0.65**$）。动词和并列连词之间的负相关很小（$r=-0.14**$），对文风几乎不会产生什么影响。

5.3 分类：凝聚层次聚类分析

> **思考**
>
> 在阅读本节前，请思考以下问题：基于它们在 BNC 中的频率和词长，图 5.9 中的哪些颜色词可以归到一起？把它们圈起来。

在上一节，我们探讨了语言变量之间的关系。我们发现，许多语言变量之间都存在一定关系。在这一节，我们将把注意力转向"物体"（词、句子、文本或说话者等），它们的特征可以用多个语言变量进行描述。我们不再看语言特征之间的关系，而要看由这些特征所定义的物体之间的关系。我们的问题在"思考"任务中已经展示出来：我们如何基于语言变量归类物体？这里，我们以颜色词为例，这些颜色词有不同的使用频率和词长。我们发现，black 和 white 是最常用的颜色词，而一些更具体的颜色词，如 aquamarine，turquoise 和 burgundy 就不太常用。它们也是最长，也最难读的颜色词。我们如何基于它们的频率和词长来分类这些颜色词呢？一个明显的方法是绘图（图5.9），并看每个点之间的距离。那些距离最近的词可以归为一组。这么做之后，我们将在图中找到四个组：（1）black 和 white，（2）blue，red 和 green，（3）pink，grey 和 yellow，（4）aquamarine，turquoise 和 burgundy。到目前为止一切顺利，但我们是如何测量距离的呢？以 green 和 blue 之间的距离为例。在图中，green 的坐标是［14 205，5］，blue 的坐标是［10 035，4］。如果我们细看这张图，我们会发现 x 轴的尺度（从 0 到 30 000）与 y 轴的尺度（从 0 到 12）有很大的差异。这是因为 x 轴标的是词在 BNC 中的频率（都是很大的数），而 y 轴标的是颜色词的字母数，最大也只有 10。如果两个轴都用同样的尺度（0~30 000），我们就会给予词频太多的权重，而忽略了词长，最后这张图就会变成一条线。为了克服这个尺度不协调的问题，我们可以将值转换为 z-scores$_2$。这个下标表明，这里的"z-score"与第 3 章的 z-scores 是不同的；**z-scores$_2$** 是规模变量的标准化值，它表示一个值偏离均值多少个标准差。z-scores$_2$ 常用于这样的情况：我们的变量是用不同尺度来测量的，但我们想给每个变量同样的权重。z-scores$_2$ 的计算方法：用变量的每个值减去均值再除以标准差［均值的计算方法是用第 1 章的方程式（1.1）；标准差的计算方法是用第 2 章的方程式（2.11）］：

$$\text{z-score}_2 = \frac{\text{值} - \text{均值}}{\text{标准差（样本）}} \tag{5.9}$$

两个颜色词的 z-score$_2$ 坐标：green［0.58，–0.32］，blue［0.11，–0.76］。

如何计算图 5.9 中 green 和 blue 之间的距离？我们看到，A 点与 B 点之间最短的距离是两点之间的直线。这就是**欧几里得距离**。它的计算方法是：

$$\text{欧几里得距离}（A，B）= \sqrt{(x_B-x_A)^2 + (y_B-y_A)^2 + (z_B-z_A)^2 \dots} \tag{5.10}$$

其中，x_A 是 A 点的第一个坐标，x_B 是 B 点的第一个坐标，y_B 是 B 点的第二个坐标，以此类推。我们可以不断加入决定物体位置的变量，从二维空间拓展到多维空间。

在由两个语言变量创建的二维空间中，我们只用到两组坐标：x_A，x_B 和 y_A，y_B。

欧几里得距离（green，blue）$= \sqrt{(0.11-0.58)^2+[-0.32-(-0.76)]^2}=0.64$

$$(5.11)$$

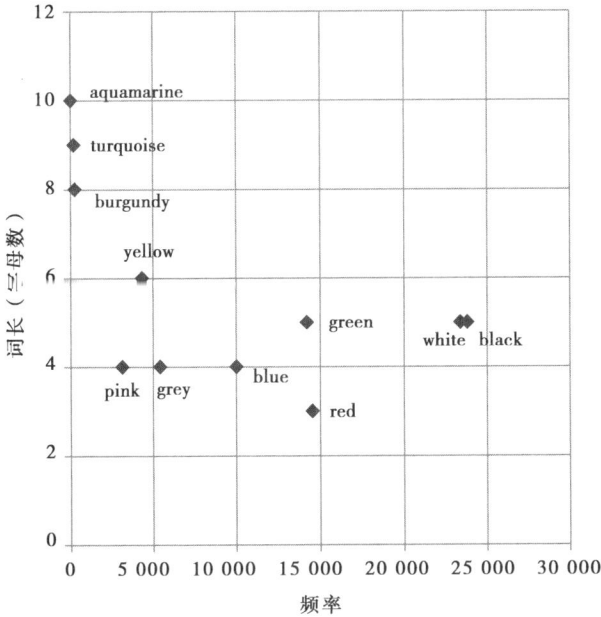

图 5.9　BNC 中的颜色词

　　还有其他的方法来计算 A，B 两点之间的距离。假设你在一个大城市（如纽约），你想从 A 走到 B。除非你坐直升飞机，否则你不可能走直线。你会走过一个街道，转 90 度，又走另一个街道。A，B 之间的距离可以像这样测量：沿着坐标方格走，在适当的时候转弯。这种测量方法叫**曼哈顿距离**。曼哈顿距离的计算方法是：

$$曼哈顿距离（A，B）= |x_B-x_A| + |y_B-y_A| + |z_B-z_A| \qquad (5.12)$$

$|x_B-x_A|$ 这类的值是绝对值，即 A，B 坐标差的正数。

　　计算 green 和 blue 的曼哈顿距离，我们得到：

曼哈顿距离（green，blue）$= |0.11-0.58| + |-0.32-(-0.76)| = 0.91$ 　　(5.13)

　　如我们所料，曼哈顿距离比欧几里得距离大，但用于聚类分析的时候，两个距离度量产生的结果相似；曼哈顿距离在处理异常值的时候更稳健（见 1.3 节对异常值的定义）。其他距离度量包括堪培拉距离（它是曼哈顿距离的标准化形式）、欧几里得距离的平方（它更凸显距离远的物体）和百分比不一致（用来处理类别变量）（Everitt et al.，2011）。

　　在这个阶段，我们有了聚类分析需要的所有东西。聚类分析也有很多种

（Everitt et al., 2011）——常用于语料库语言学分析非历时数据 [4] 的是**凝聚层次聚类分析**（Gries, 2013a：336ff）。这个术语听上去有点劝退，但它能很好地描述这个过程。我们从单个数据点入手，一步一步（分层次的）将那些最接近的数据点聚合起来（凝聚），直到我们创建一个包含所有数据点的大聚类为止。图 5.10 显示了这个过程，每个面板显示了这个过程的每一步。

从图 5.10 中我们可以看出，首先，black 和 white 被聚合在一起，随后是 pink 和 grey，aquamarine，turquoise 和 burgundy。之后，pink 和 grey 小聚类与 blue 结合在一起，构成了一个稍大的聚类（具体细节和测量距离的方式在下面会介绍）。如果我们快进这个过程，我们将得到图 5.11 显示的聚类图，它显示了聚类分析的每一步和最后的结果——一个包含所有数据点的大聚类(聚类 9)。

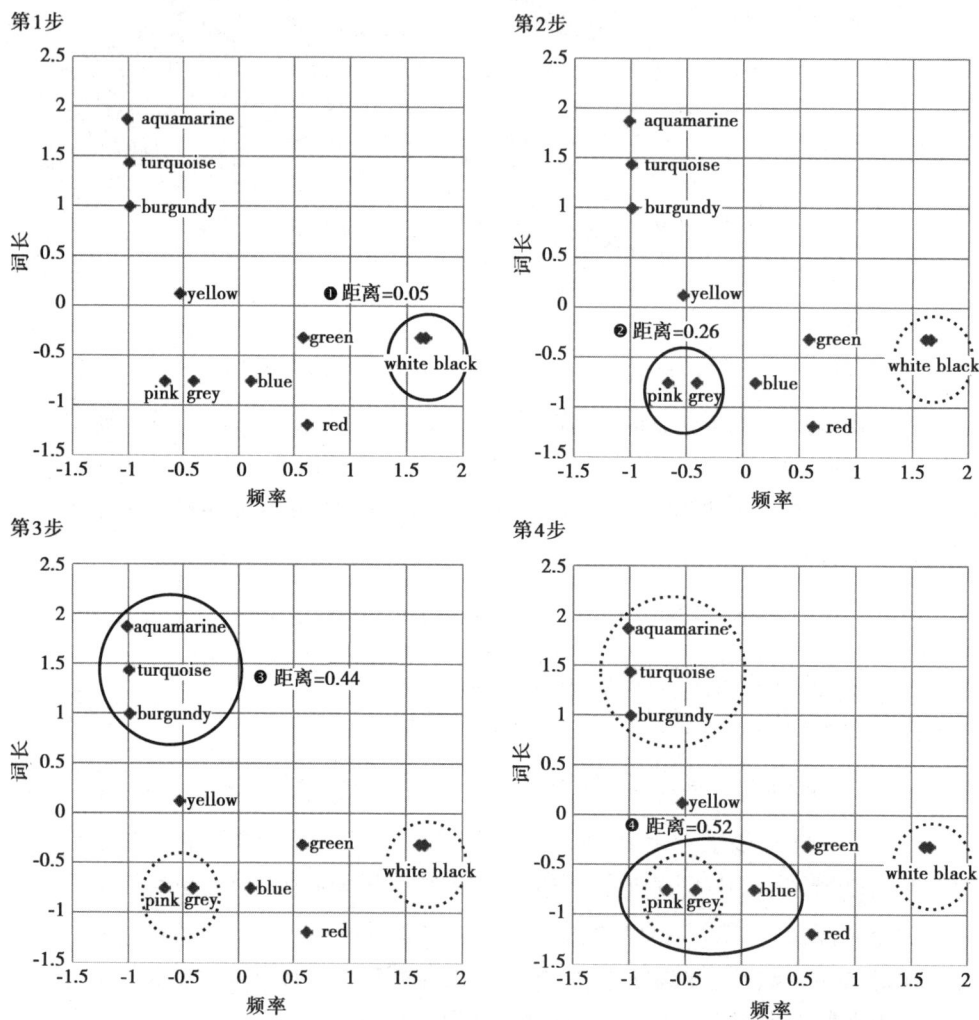

图 5.10　创建聚类：1—4 步

4　对历时数据来说，我们需要用另一种聚类分析：邻近聚类分析。这个方法详见 7.4 节。

由于聚类越来越多，这个聚类图很快就变得非常复杂，几乎无法解读。为此，聚类分析的结果常用**分层树形图（系统树图）**来显示。图 5.12 的树形图显示了聚类分析的每一步（数字通常不会显示出来），小树枝（聚类）渐渐形成了一个大聚类。解读树形图的最好方式是从下往上，先看距离最近（由欧几里得距离、曼哈顿距离、堪培拉距离等测量的）的聚类。数据点 / 聚类之间距离的值是用树形图的高度来反映——高度越高, 距离越远, 比如, 在图 5.12 中，black 和 white 在 z-score$_2$ 尺度上的欧几里得距离接近于 0，如 y 轴所示，但 black 和 white 聚类与其他数据点的距离接近于 1。

到目前为止，我们的假设是，将小聚类聚合成大聚类的方法是直接的。但在聚类分析中，我们需要明确说明每一步。我们需要问的问题是：小聚类中的哪些数据点可以被视为代表了整个聚类的位置？这个问题一般有四个答案。

（1）距离（我们想与之合并的）邻近聚类最近的点（单连接法）；（2）距离（我们想与之合并的）邻近聚类最远的点（完全连接法）；（3）无，所有数据点之间的距离都要考虑，方法是取它们的均值（平均连接法）；（4）无，所有数据点之间的距离都要考虑，方法是计算距离平方之和（Ward 法）。注意: 不同的方法会产生不同的结果，如图 5.13—图 5.16 所示。注意：图 5.12 的树形图是用单连接法创建的。

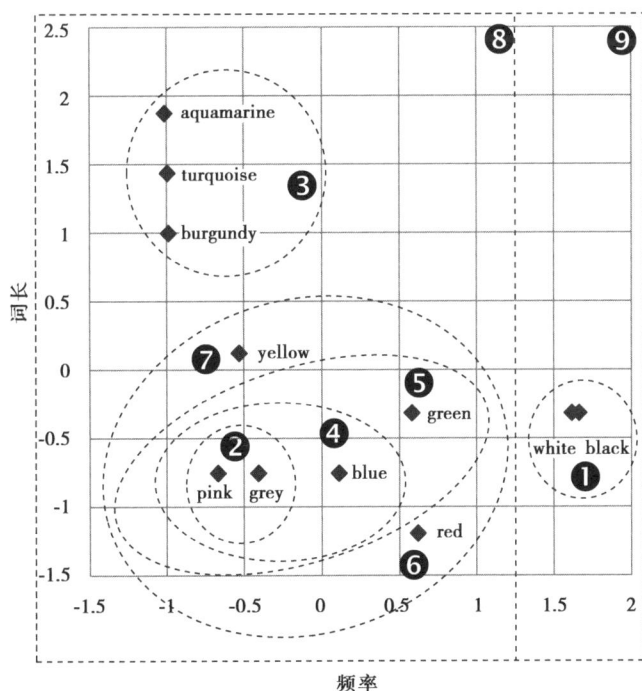

图 5.11　创建聚类: 最后结果

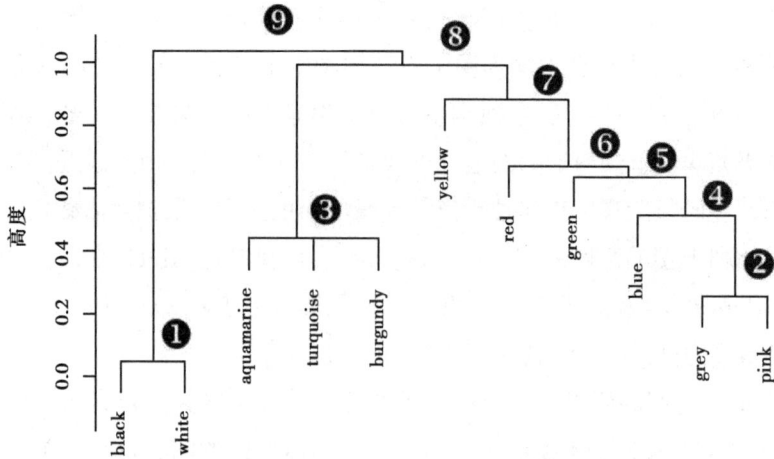

图 5.12　颜色词：树形图（系统树图）— z-score$_2$ 标准化，欧几里得距离，单连接法

　　每个方法都各有利弊。比如，单连接法很简单，但它会导致"链条"效应（从图 5.13 系统树图的右枝可以看出），它创建的聚类结构很松散，没有突显的聚类组。在语料库语言学中，Ward 法最常用，因为它创建的聚类结构很紧凑，因此较容易解释（参见 Divjak & Gries，2006；Gries et al.，2009）。

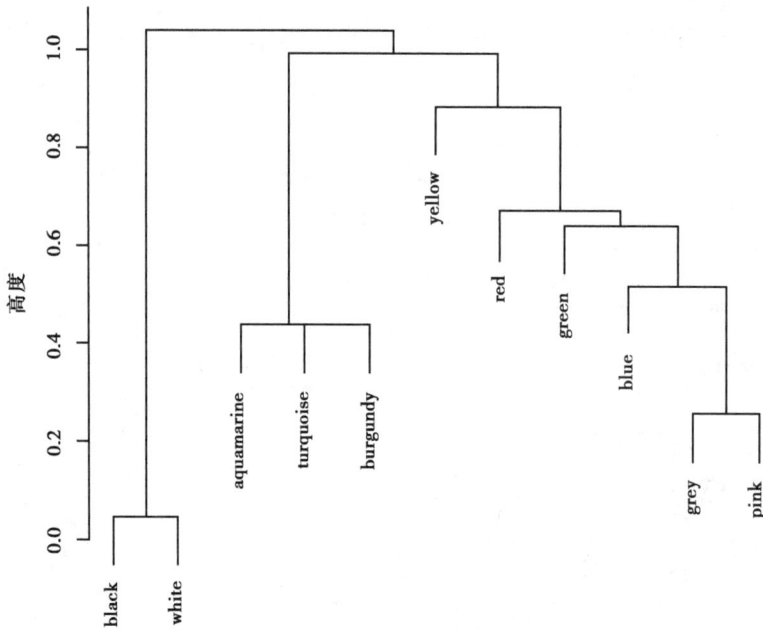

图 5.13　树形图：单连接法

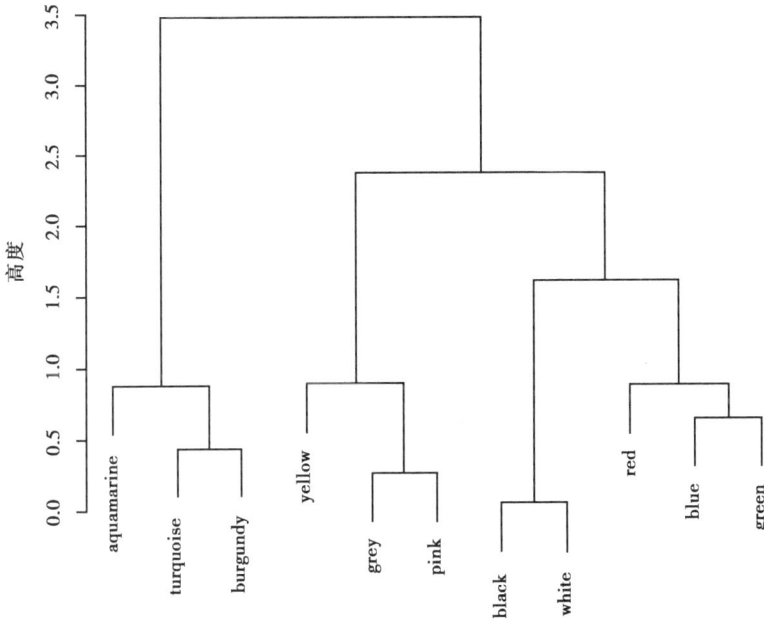

图 5.14　树形图：完全连接法

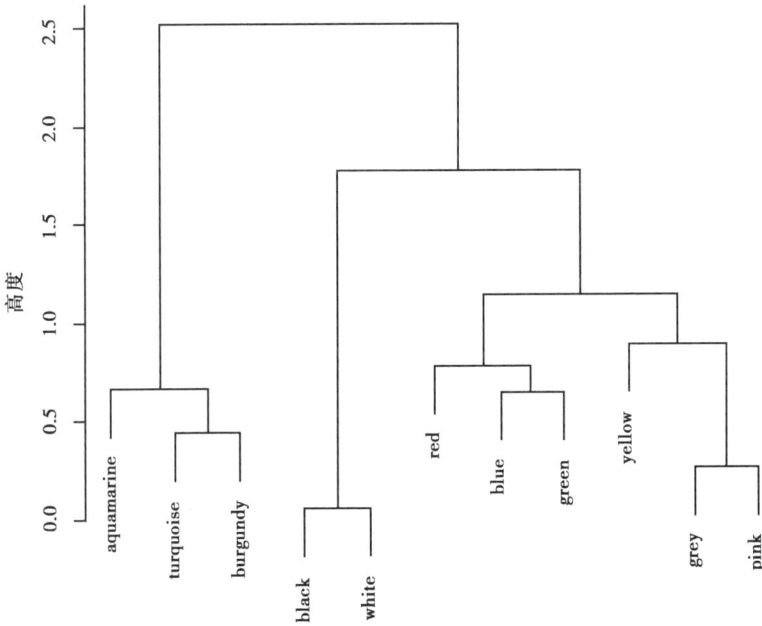

图 5.15　树形图：平均连接法

　　到目前为止，我们已经探讨了二维空间中的两个语言变量的情况。聚类法也可以用来分析多个语言变量。方法都差不多，区别只是：由于变量多，我们要在多维空间来看数据点之间的距离。5.5 节举了一个用聚类法分析 44个语言变量的例子。

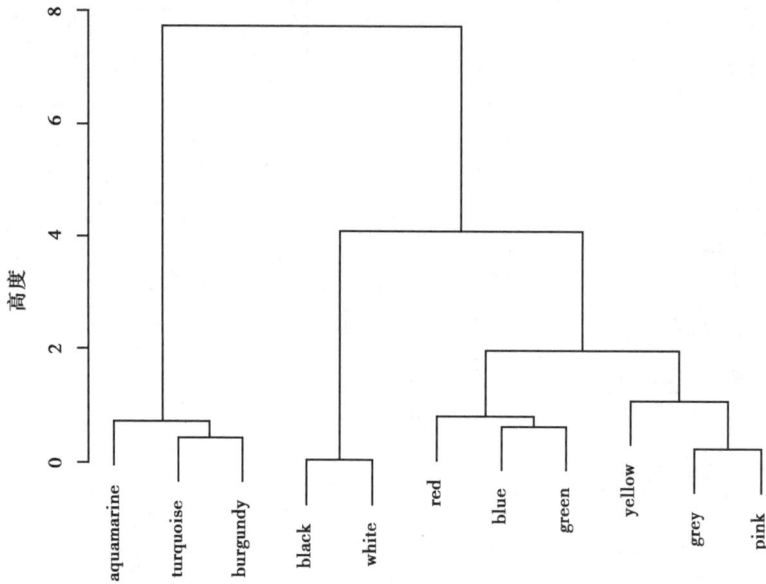

图 5.16　树形图：Ward 法

报告统计数据：凝聚层次聚类分析

　　1. 报告什么

　　　　在很大程度上来说，聚类分析是显示数据模式的一种探索性的视觉法。我们需要报告聚类分析的参数（数据转换、距离度量、聚类合并方法）和分析的结果（树形图）。研究报告的"方法"部分描述分析过程和使用的参数。在"结果和讨论"部分，每个树形图（系统树图）都需要仔细讨论。要回答的主要问题是：在这张图中，我们可以观察到多少有意义的因素？

　　2. 如何报告：示例

　　　　• 数据是用凝聚层次聚类法来分析的（z-score 数据转换、曼哈顿距离和 Ward 法）。

　　　　关于如何报告和讨论聚类分析的结果，参见 5.5 节。

5.4　多维分析

> **思考**
>
> 在阅读本节前，请思考以下问题：
>
> 下面两段节选自 BNC 的文本在语言使用上有什么不同？
>
> 节选 A
>
> | margaret: | We shall go back, erm after Easter. |
> | bob: | Yes. |
> | margaret: | Hoping, permitting, you know, if it's not too expensive, it got very dear you know. |
> | bob: | Yes, that is also a thing to... |
> | margaret: | Yeah. |
> | bob: | Erm, I'm, I'm feeling a bit hard up at the moment, I had a... |
> | margaret: | Yes. |
> | bob: | A bill for repairing the car for two hundred and thirty pounds and ＜pause＞ so. |
>
> 节选 B
>
> MacCulloch (1819), and later, Murchison and Geikie (1861), provided the first accounts of the geology of Lewis and Harris and the other islands which constitute the north east-south west chain of islands called the Outer Hebrides, which lies some 70 km west of the northern Scottish mainland. In 1923, Jehu and Craig produced the first detailed account of the geology of this region, and followed it up with further accounts between 1925 and 1934. Thereafter, several research papers were published on the Lewisian complex, including Dearnley (1962), Myers (1970, 1971), Coward (1972, 1973) and Graham (1973);

作为语言使用者，我们能用多种风格的语言。也就是说，我们可以依据情境，在说话和写作中使用不同风格的语言。比如，与朋友闲谈的语言就与写研究报告的语言不同。我们变换说话 / 写作风格的能力反映在我们产出的语类或语域上，如"思考"任务中的两个例子所示。比如，你可能已经注意到，口头对话（节选 A）用的句法结构（话语）更短，而学术写作（节选 B）用的句法结构更长、更复杂。同时，节选 B 的文体更正式——没有犹豫词（erm）、重复（I'm, I'm feeling）和错误开始（Yes, that is also a thing to... erm, I'm），这些是非正式口语的特征。另外，非正式口语还有许多其他语言特征，如频繁使用人称代词、缩略形式和话语标记词，而学术写作的特征是大量使用名词、介词和被动语态。

我们在分析语域时面临的问题是：如何理解数据中大量的功能变化以及如何通过观察这些系统变化的根本原则来定义每个语域的特征（Biber, 1988; Conrad & Biber, 2001）。语域是从功能的角度来定义语言的使用，不同的**语域**使用了许多不同的语言特征来实现交际意图，即遵循特定（社会、学术等）的规范，实现交际成功。**多维分析**是比伯（Biber, 1988）提出的一种复杂的方法，它可以处理大量语言变量并通过观察单个语言变量在文本中的共现方式找出功能变化的根本原则。它始于一个简单的观察，即语域在很多方面不同，因为它们有不同的功能。

完整的多维分析有四个主要步骤：（1）找出相关的变量；（2）从变量中提取因子；（3）从功能的角度将因子解释为维度；（4）将语域置于这些维度上。我们也可以与比伯（Biber, 1988）的原始维度做一个简单的比较，跳过 1—3 步，只比较我们语料库中的语域和比伯（Biber, 1988）原始研究确定的语域（Conrad & Biber, 2001）。先让我们看一下这四个步骤（也见 Friginal & Hardy, 2014）。

第一步：找出相关的变量。在进行统计分析（第二步）之前，我们需要找出语料库文本中大量的语言变量。这个语料库需要包括不同的语域（如非正式说话、新闻报道、学术写作、通俗小说等），我们需要找出相关的变量，即那些可以区分语域的变量。比如，5.2 节提到的所有变量都可以区分语域。通常，我们要找出几十（40—140）个变量；比伯（Biber, 1988）用了 67 个变量，表 5.3 列出了这些变量。

还有一个更详细的表（141 个变量）包含了词汇语法和语义特征（Xiao, 2009）。多维分析遵循单个文本 / 说话者研究设计（见 1.4 节）；图 5.17 列举了用于这类分析的部分数据集。每一行代表一个单独的文本；3—8 列显示了文本中比伯（Biber, 1988）变量的相对频率。在准备多维分析的数据时，我们需要确保语料库中有足够的文本（即抽样点）来分析变化。在理想情况下，文本数量应该至少是语言变量数量的 5 倍，但有时，较少的文本也是足够的[5]（Friginal & Hardy, 2014: 303）。

5　这种情况是：语言变量之间存在多个强相关（$r>0.5$），而且用较少的抽样点就可以清楚地看出模式。

表5.3　比伯（Biber，1988）语言特征全集，基于 Conrad & Biber（2001：18–19）

1. 过去时	24. 不定式	47. 模糊限定语（如 almost，maybe，sort of［除了作真名词］）
2. 完成体	25. 现在分词状语从句（如 Screaming with rage, he ran up the stairs.）	48. 强势词（如 completely，totally，utterly）
3. 现在时	26. 过去分词状语从句（如 Given these characteristics, it is not surprising that ... ）	49. 强调词（如 a lot，for sure，really）
4. 地点状语（如 behind，downstairs，locally）	27. 过去分词名词从句（简化定语从句）(e.g. the exhaust air volume required by the 6–ft. x 4–ft. grid）	50. 语篇小品词（如句子开头的 anyhow，now，well）
5. 时间状语（如 eventually，immediately，nowadays）	28. 现在分词名词后从句（简化定语从句）（如 the currents of dissent swirling beneath the surface）	51. 指示词
6. 第一人称代词	6.29. that 作主语的定语从句（如 the papers that are on the table）	52. 表可能的情态动词（can，could，may，might）
7. 第二人称代词	30. that 作宾语的定语从句（如 the papers that she thought would be interesting）	53. 表必要的情态动词（must，ought，should）
8. 第三人称代词（排除 it）	31. Wh- 关系词作主语（如 people who know him）	54. 表预测的情态动词（shall，will，would）
9. 代词 it	32. Wh- 关系词作宾语（如 people who he knows）	55. 外显动词（如 complain，explain，promise）
10. 指示代词（that，this，these，those 作为代词）	33. 伴随定语从句（如 the way in which food is digested）	56. 内隐动词（如 believe，think，know）
11. 不定代词（如 anyone，everybody，nothing）	34. 句子作关系词（如 We waited for six hours, which was ridiculous.）	57. 劝说动词（如 command，propose，recommend）

续表

12. 代动词 do	35. 原因状语主从连词（because）	58. seem 和 appear
13. 直接特殊疑问句	36. 让步状语主从连词（although，though）	59. 缩略形式（don't）
14. 名词化（以 -tion，-ment，-ness，-ity 结尾）	37. 条件状语主从连词（if，unless）	60. 补语化成分 that 省略（如 I think［Ø］he's gone already.）
15. 动名词（用作名词的分词形式）	38. 其他状语主从连词（如 insomuch as，such that，while）	61. 滞留介词（如 the person that l was talking to）
16. 其他所有名词	39. 所有介词短语	62. 分裂不定式（如 I want to completely convince you that）
17. 无施事被动句	40. 定语形容词（如 the small room）	63. 分裂助词（如 they have apparently sold it all …）
18. by- 被动句	41. 表语形容词（如 the room is small）	64. 短语并列（名词和名词；形容词和形容词；动词和动词；副词和副词）
19. be 作主动词	42. 所有副词	65. 独立从句并列（从句以 and 开头）
20. 存在句 there	43. 类符 / 形符比	66. 合成型否定（如 No evidence was found.）
21. that 动词补语（如 We felt that we needed a financial base.）	44. 平均词长	67. 分析型否定（如 That's not true.）
22. that 形容词补语（如 It's quite obvious that certain things can be sexlinked.）	45. 连接词（如 alternatively，nevertheless，therefore）	
23. Wh- 从句（如 I wondered what to do.）	46. 减弱语（如 mildly，partially，somewhat）	

Filename	Register	PAST	PERF	PRES	PLACE	TIME	1PRON
BE_A01	News_reportage	4.35	0.89	3.86	0.45	0.59	1.58
BE_A02	News_reportage	3.15	0.94	3.64	0.33	0.77	0.72
BE_A03	News_reportage	4.12	1.52	5.11	0.34	0.34	0.39
BE_A04	News_reportage	6.68	0.95	2.79	0.4	0.75	0.35
BE_A05	News_reportage	4.36	0.62	4.15	0.67	0.88	1.66
BE_A06	News_reportage	3.45	1.18	4.28	0.05	0.41	0.31
BE_A07	News_reportage	2.99	1.42	4.35	0.3	0.51	0.56
BE_A08	News_reportage	4.67	0.68	3.46	0.47	0.84	1.89
BE_A09	News_reportage	5.44	0.64	5.79	0.25	0.74	1.68
BE_A10	News_reportage	6.85	0.77	3.76	0.39	0.82	1.74
BE_A11	News_reportage	3.96	0.84	3.96	0.5	0.74	0.45
BE_A12	News_reportage	5.32	1.27	5.27	0.61	0.2	2.68
BE_A13	News_reportage	4.16	1.57	4.31	0.51	0.25	0.66
BE_A14	News_reportage	2.78	0.30	4.04	0.30	0.11	1.08

图 5.17　多维分析的数据集（一小部分）

第二步：从多个变量中提取因子。提取因子是用一种统计方法来完成的，这种方法叫因子分析。**因子分析**是一种复杂的数学方法，它把大量的语言变量减缩成少量的因子，每个因子结合了多个语言变量。这是通过变量之间的相关来完成的（见 5.2 节对相关的解释）；那些相关的变量（不管正相关还是负相关）被视为同一个因子的构成部分，因为它们有联系。正相关表明变量在数据中有同样的出现模式，而负相关表明变量在数据中有互补的分布，即一个变量的出现频率很高，另一个变量的出现频率就很低，反之亦然。因子就是一组相关的语言变量，总结了数据中的一个更普遍的趋势（底层维度——见第三步）。因子捕捉到的这种语言变量之间的相互联系直接反映了语域的核心功能特征；它有助于我们理解说话者 / 作者如何用不同的语言特征来形成特定情况下恰当的风格。比如，我们知道人称代词、缩略形式、现在时和诸如 believe，think 和 know 这类动词会"组队"表达非正式性和说话者互动的意思，它往往是小说和非正式说话这类语域的特征。

图 5.18 图解了因子分析的主要原则，它用的是真实的语言数据，只是比正常情况少用了几个变量和因子（见第一步）。[6] 它显示，10 个语言变量被结合成了 2 个因子。因子 1 由内隐动词（如 believe，think）、that 省略、现在时、缩略形式和第二人称代词组成，而因子 2 由过去时、第三人称代词、完成体、外显动词（如 complain，promise）和合成型否定构成。因子 1 由水平线（x 轴）表示，因子 2 由垂直线（y 轴）表示。数据点（菱形）代表每个语言变量。

在进行第三步之前，还有三个重要的细节值得一提：第一，在进行因子分析之前，我们需要检查单个语言变量与数据集中其他变量的相关性（是否大于 0.3），否则我们不能将变量合并为因子。这个检查可以通过查看两对变

6　该图解受到菲尔德等人的启发（Field et al.，2012：753ff）.

量的皮尔森相关来实现；相关通常以相关矩阵的形式显示，在相关矩阵中，每个变量与数据集中的其他变量存在相关。[7]与其他变量不相关的变量可以排除。

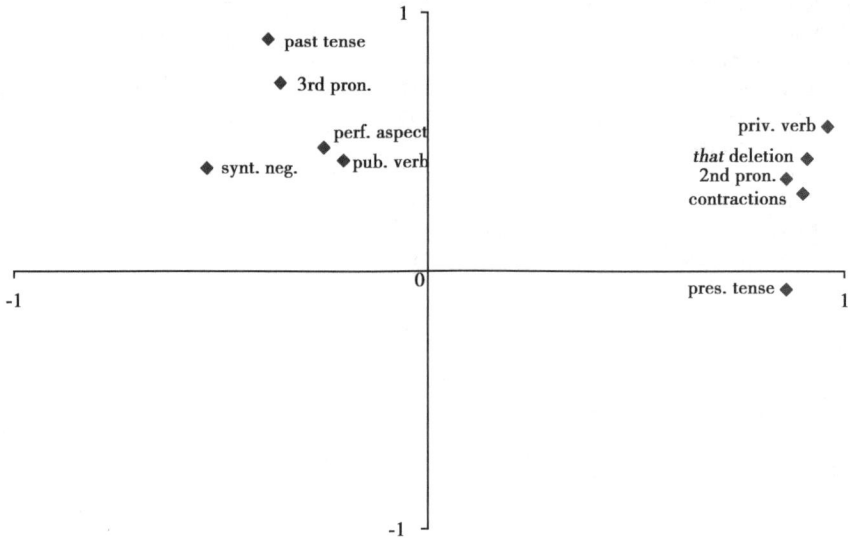

图 5.18　数据减缩：10 个变量减缩成 2 个因子

　　第二，为了优化因子分析的结果，我们通常旋转因子（由图 5.18 中的两个轴表示），让它们从相关变量的中间通过；这样，因子就能够更好地代表核心变量。我们可以做不同的旋转（最大方差正交旋转、迫近最大方差斜交旋转）。由于我们处理的是语言数据，因此我们假设因子都是相互联系的（就像语言中的一切都在一定程度上是相互联系的一样），因此，正确的旋转方式是迫近最大方差斜交旋转，即表示因子的线之间存在斜角。当然，我们也可以用最大方差正交旋转，这种旋转主要用于非语言数据的分析。图 5.19 显示了旋转的原理。

　　第三，我们得决定想要提取多少因子。原则是：提取尽可能少的因子来解释数据中尽可能多的变化，因为因子分析就是要将大量的语言变量缩减为几个因子。为了帮助我们做出决定，我们可以用**碎石图**。图 5.20 展示了什么是碎石图，它显示了我们应该提取多少因子。x 轴是因子（每个由一个小三角形表示）数量，y 轴是特征值。**特征值**测量因子能解释数据中的多少变化——值越大越好。它的计算方法是：所有变量因子负荷的平方和。如果一个变量的因子负荷高，它就是因子的重要部分。那么我们怎么知道要提取多少因子呢？

7　有时，除了查看相关矩阵，我们还可以用 Bartlett 检验，它是一种正式统计检验，检查变量之间是否存在最小要求的关系（与 0 显著不同的关系）。

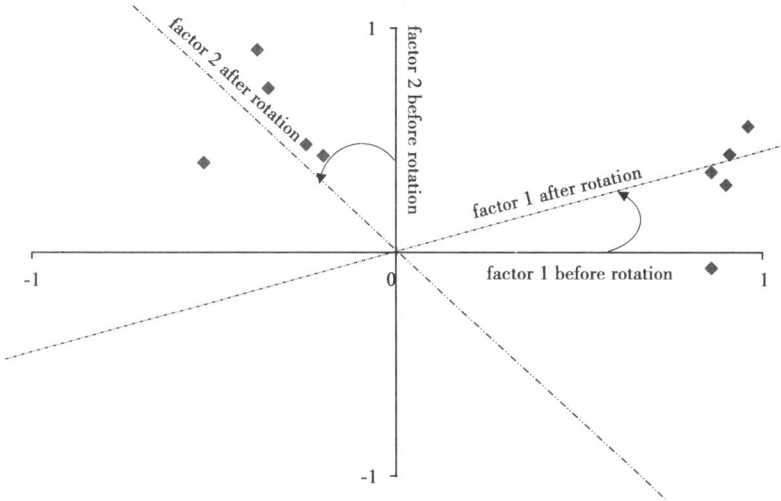

图 5.19 迫近最大方差斜交旋转

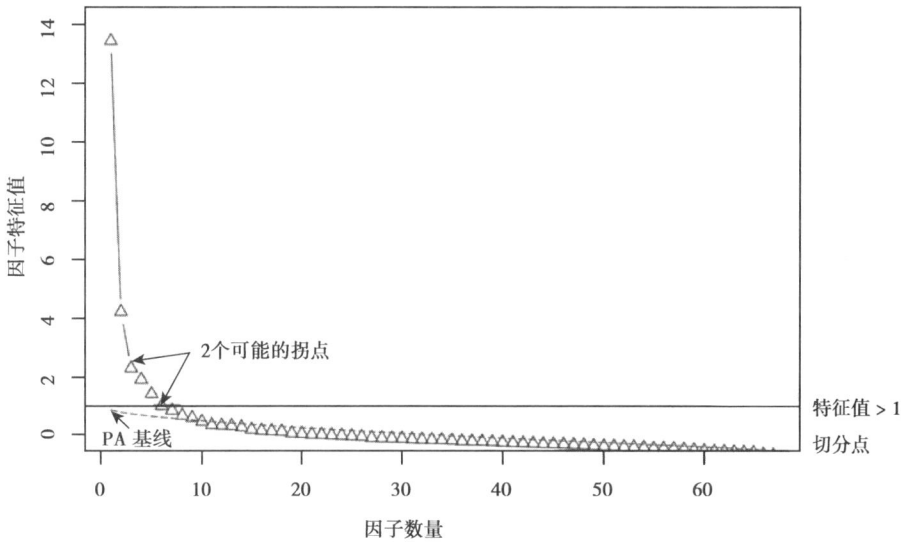

图 5.20 因子提取：碎石图

对这个问题有不同的回答：特征值 1 以上（Kaiser，1960）的因子可以提取出来。如果把这个标准应用到图 5.20 的碎石图中，我们将提取到 5 个因子。另一个标准是查看碎石图中的拐点——这是特征值停止急剧下降和曲线开始平稳的点。图 5.20 有两个清晰的拐点，表明我们可以提取三个因子或六个因子。最后，平行分析有时用来确立与不相关（随机）变量相比的特征值基线，这是计算机模拟出来的（蒙特卡洛法）。因子的特征值需要高于这个基线，我们才会提取它（Ledesma & Valero-Mora，2007；Hayton et al.，2004）。在图 5.20 中，我们可以看到，有 9 个因子满足这个标准。一般来说，我们需要权衡利弊。如果要提取更多的因子，我们就要解释数据中更多的变化。另一方面，特征值小的因子很难解释（见下面第三步）。

　　第三步：从功能的角度将因子解释为维度。 这一步是对所提取的因子进行功能解释。这里，我们需要用每个所提取的因子，并看每个变量的因子负载。因子负载可以测量与这个因子相关的每个变量的重要性，它的范围是从 –1 到 +1。[8] 我们以表 5.4 的因子 1 为例来说明对因子的解释。我们可以看到，与这个因子相关的有三组变量。A 组：正因子负载高［大于 0.35（1—5）］的变量；B 组：负因子负载高［绝对值大于 0.35（8—12）］的变量；C 组：正 / 负因子负载低［绝对值小于 0.35（6，7）］的变量。

　　因子 1 解释如下：首先，我们看正因子负载高（A 组）的变量。这些变量在文本中共现，我们可以假设，它们具有相同的交际功能。这些变量是非正式、高度交互的语言特征，这种语言常用第一人称代词、第二人称代词、缩略形式、副词和 that 省略形式。接下来，我们看负因子负载高（B 组）的变量，它们与 A 组变量呈互补分布。也就是说，在 A 组变量出现频率高的文本中，B 组变量的出现频率就低，反之亦然。B 组变量也有相同的交际功能，它们专门用于学术型文本，这类文本的特征是多用被动句、许多被修饰的名词、以 –tion，–ment，–ness 和 –ity 结尾的名词形式。比伯（Biber，1988）将因子 1 解释为交互性（A 组变量）和信息性（B 组变量）维度。因子负载低的变量（C 组）可以被忽略，因为它们对因子没有显著贡献；但这类变量在其他因子上通常有高负载。作为一般原则，每个变量只被视为一个因子的一部分，在这个因子上它有最高的负载（绝对值大于 0.35）。

表 5.4　因子 1：单个变量的负载[a]

特征	因子负载	变量
1. 缩略形式	0.906	
2. 第一人称代词	0.67	
3. 第二人称代词	0.605	A 组
4. 副词	0.576	
5. that 省略形式	0.546	
6. 物主代词	0.219	C 组
7. 动名词	–0.227	
8. 名词化	–0.408	
9. 定语形容词	–0.465	
10. 被动句	–0.518	B 组
11. 介词短语	–0.607	
12. 其他名词	–0.778	

[a] 为了更好地说明问题，这张变量表被缩短了。

8　注意，在迫近最大方差斜交旋转中，因子可以相互关联，因子负载的绝对值可以大于 1。

第四步：将语域置于维度上。 最后一步是将语域置于这些维度上。这一步也有助于解释维度的交际功能，方法是查看在每个因子上负载高的变量出现的文本类型。首先，我们需要对数据集（图 5.17）进行标准化处理，方法是计算它的 z-scores₂。我们知道，z-scores₂ 是用标准差作为测量单位的标准值；它们的作用是给予每个变量同样的权重（影响力），不管这个语言变量是常见还是罕见，是在同一尺度上测量的还是在不同尺度上测量的。z-scores₂ 的计算方法是用 5.3 节的方程式（5.9）。

之后，每个文本的维度分计算如下：

$$维度分_{文本} = 变量1_{A组} + 变量2_{A组}\cdots \\ - 变量1_{B组} - 变量2_{B组} \qquad (5.14)$$

维度分是高正因子负载的变量（A 组）的 z-scores₂ 总和减去高负因子负载的变量（B 组）的 z-scores₂。最后，我们计算每个语域的均值维度分，方法是：计算属于同一语域的所有文本维度分的平均值。然后，我们就根据均值维度分，把每个语域置于一个维度上（图 5.21）。

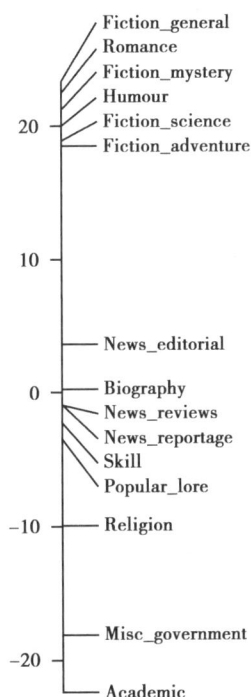

One-way ANOVA: $F(14\ 485)=64.42$; $p<.001$, $r^2 = 65.03\%$

图 5.21　置于维度 1（交互性 vs 信息性）上的语域均分

我们可以看到，维度 1 分高的语域是不同类型的小说，里面有很多对话。因此，它们被置于维度的交互性一端。另一方面，政府文件和学术写作的维度分低，它们在维度的信息性一端。其他语域位于中间，有些接近于交互性一端，有些接近于信息性一端。

另外，为了检验置于维度 1 上的语域之间是否具有统计显著差异，我们要进行**单因素方差分析**（见 6.3 节）；我们也要报告 R^2，它显示由这个因子解释的语域中的变化量。这个语域归置的过程要一直重复下去，直到每个被提取的因子都被分析完为止。

报告统计数据：多维分析

1. 报告什么

多维分析涉及了很多复杂的步骤和统计方法，我们要把它们都报告出来，以实现结果的可重复性。多维分析的成功还直接取决于自动识别语言变量（标注）的信度。下面是应该报告的信息。

（1）使用的语言变量：所有语言变量都要列出来，还要指明它们与比伯（Biber，1988）的原始 67 个变量的重复程度。要明确指出这个变量在比伯（Biber，1988）原始变量中的顺序，我们可以在表 5.3 列出的变量后加个数字，如现在时（3）。注意：多维分析是一个普遍的方法，不仅用于英语，我们在其他语言中也可以找出相似的变量。

（2）标注过程（即用的什么标注器，用的什么版本的标注集）以及它的信度是否经过检查。

（3）多维分析类型：全面多维分析或与比伯（Biber，1988）的维度作比较。

（4）因子分析旋转（如迫近最大方差斜交旋转或最大方差正交旋转）以及提取的因子数。

（5）结果：（a）因子负荷；（b）维度图；（c）方差分析和 r^2。

研究报告的"方法"部分描述了分析过程和所用的参数。在"结果和讨论"部分，我们要仔细讨论每个维度图。要回答的主要问题是：这个方法揭示的是语域中的什么功能变化？

2. 如何报告：示例

见 5.5 节。

5.5　应用：新西兰英语中的语域

本研究是受理查德·肖对世界各地英语的多维探索（Xiao，2009）的启发。肖主要研究的是英国本土和中国香港地区，以及印度地区、菲律宾和新加坡地区的英语特征，本研究主要关注新西兰英语。本研究基于国际英语语料库的新西兰英语分库（ICE-NZ）（Vine，1999），它是一个 100 万词的语料库，包含书面新西兰英语（40%）和口头新西兰英语（60%）。表 5.5 显示了这个语料库中的语域分布。

表 5.5　ICE-NZ 中的语域

语域	文本数
1. 口语 – 对话 – 私人（谈话）	100
2. 口语 – 对话 – 公共	80
3. 口语 – 独白 – 无稿	70
4. 口语 – 独白 – 有稿	50
5. 书面 – 非印刷 – 学生作文	20
6. 书面 – 非印刷 – 信件	30
7. 书面 – 印刷 – 学术文章	40
8. 书面 – 印刷 – 通俗小说	40
9. 书面 – 印刷 – 新闻报道	20
10. 书面 – 印刷 – 教育性文本	20
11. 书面 – 印刷 – 劝说性文本	10
12. 书面 – 印刷 – 创造性文本	20

　　首先，我们选取了比伯（Biber，1988）原始 67 个变量中的 44 个变量，这 44 个变量与句子结构无关，这样就可以避免在 ICE-NZ 口语分库中查找变量时可能遇到的问题。[9] 下面列出了本研究用到的变量［括号中的数字是比伯（Biber，1988）的原始顺序］：

> 过去时（1），完成体（2），现在时（3），地点状语（4），时间状语（5），第一人称代词（6），第二人称代词（7），第三人称代词（8），代词 it（9），指示代词（10），不定代词（11），助动词 do（12），名词化（14），其他所有名词（16），无施事被动句（17），by- 被动句（18），be 作主动词（19），存在句 there（20），原因状语主从连词（35），让步状语主从连词（36），条件状语主从连词（37），其他状语主从连词（38），

9　这类变量，如句子作关系词、放在句首的语篇小品词和放在句尾的介词等都取决于明确的句子边界，但 ICE-NZ 口语分库中没有这种情况，因为话语的基本单位不是句子，是话轮。

所有介词短语（39），定语形容词（40），表语形容词（41），所有副词（42），类符/形符比（43），平均词长（44），连接词（45），减弱语（46），模糊限定语（47），强势词（48），强调词（49），指示词（51），表可能的情态动词（52），表必要的情态动词（53），表预测的情态动词（54），外显动词（55），内隐动词（56），劝说动词（57），seem 和 appear（58），缩略形式（59），合成型否定（66），分析型否定（67）

我们还找出了一些新西兰英语中的独特语言变量，但最后放弃了它们。比如，我们研究了口语部分出现的毛利语词汇，但这个变量与其他 44 个变量无关；它与它们的相关系数非常小，小于 0.1。[10] 在词性标注前，所有语料库文本都经过预处理，删除了所有的元标注和评论。在口语分库中，副语言声音词（um，er，mhm，mm……）和不完整的词也被删除，以避免词性标注错误和变量统计错误。[11] 最后，在口语部分，所有第一人称代词，根据转写规则，都转成了小写字母 i，但在这里，我们全部将其变成了大写形式。这么做也是为了减少词性标注错误，由于小写字母 i 会被本研究使用的斯坦福标注器标注为外来词。

MAT 分析器（Nini，2015）是斯坦福标注器的一个模块，我们用它来提取语料库中的 44 个变量。我们还要检查标注结果，看看有没有句法标注错误和变量识别中的错误（见 Leech et al.，1994；Manning，2011；Vine，2011 对标注错误的讨论）。然后，我们用在线兰卡斯特统计工具中的相关、聚类和多维分析工具来处理数据。

在处理多个语言变量时，第一步是看这些变量之间的相关。为此，我们创建了一个 44×44 相关矩阵（图 5.22），它可以显示出 44 个变量之间的皮尔森相关。阴影颜色的深浅显示了相关的强度。可以看出，大量的相关是中等或很强的，这是成功进行因子分析的前提条件之一。在相关矩阵中，最强的负相关是平均词长与缩略形式之间的相关（$r=-0.885$，95% 置信区间 $[-0.903, -0.865]$）.

这个负相关表明，语料库中的文本平均，词长（由字符数测量）越长，缩略形式越少，反之亦然。我们是可以理解这一点的——较长的词出现在正式书面文本中，而正式书面文本很少用缩略形式。另一方面，非正式口语有很多缩略形式和较短的词。缩略词和平均词长之间的关系可以用散点图显示

10　然而，毛利语词汇的出现与说话者的民族相关，即说话者是否来自毛利族（$r=0.436$，95% 置信区间 $[0.34, 0.524]$）。

11　比如，犹豫词 er 和 um 常常被误标注为名词、形容词或动词，这取决于它们在句子中的位置。

出来（图 5.23）。

　　这里，我们可以看到，这两个变量就足以区分不同的语域了。这二维空间的左上角聚集了非正式谈话。沿着对角线向下看，我们可以看到公共对话、无稿独白、信件、创造性文本（左）和有稿独白（右）的重叠聚类。标志是逐渐减少的缩略形式和逐渐增加的平均词长。

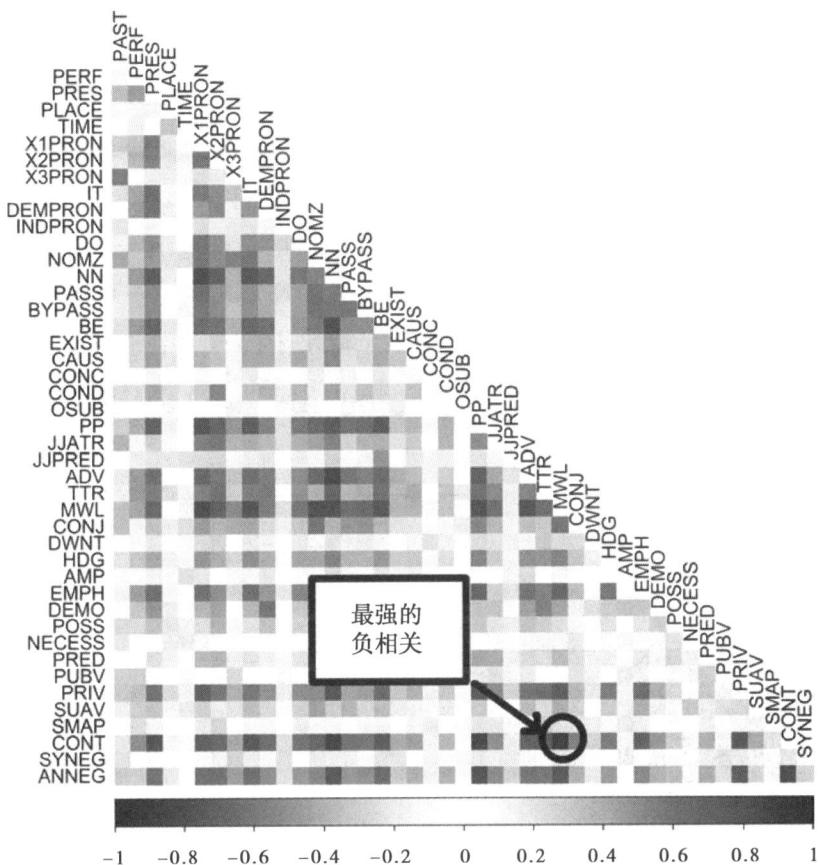

图 5.22　相关矩阵：44 个变量

　　现在，我们超越图 5.23 显示的二维空间，来看所有的 44 个变量。这样我们就能更准确地区分语域。为此，我们首先用到凝聚层次聚类法[12]来分析全部数据集（44 个变量、无转换、曼哈顿距离、Ward 法）。图 5.24 显示了这个聚类图。

　　在图 5.24 中，我们可以看到，口语和书面语（除有稿独白外，它与信件聚在一起）之间有一条清晰的线隔开。有稿独白与书面语隔得很近，这也是预料之中的事，因为有稿演讲是一种特殊的文本类型，即书面语转口语文本

12　聚类是基于每个语域的平均值，这在聚类分析之前就计算出来了。

类型。总的来说，有三个主要的聚类：（1）口语聚类（私人和公共谈话、无稿独白）；（2）更正式的书面语聚类（学生作文、教育性文本、学术文章和新闻报道）；（3）不太正式的书面语和有稿独白聚类（创造性文本、信件、通俗小说、劝说性文本和有稿独白）。我们还可以通过查看聚类图 y 轴的高度（它表明在这个 44 维空间里语域之间的距离），看到这些聚类的内部结构。尽管聚类分析非常强大，但它不会梳理标志不同的语域的不同语言变量组（因子）。事实上，聚类分析将 44 维空间缩减为 1 维，这个维度结合了所有 44 个变量的贡献并将其显示为树形图的高度。

要探索数据中更多的维度，我们要进行多维分析。由于空间所限，我们只报告这个分析的部分结果（前两个因子／维度）。我们不与比伯（Biber，1988）的原始维度作比较（无法获得比伯 67 个变量的全部范围），而是用全面多维分析。我们用因子分析（迫近最大方差斜交旋转）来提取 4 个因子，而后又将其解释为维度。提取因子的数量取决于碎石图中的拐点数。表 5.6 显示了因子 1 和因子 2，包括了每个变量的因子负载（绝对值在 0.35 以上）。

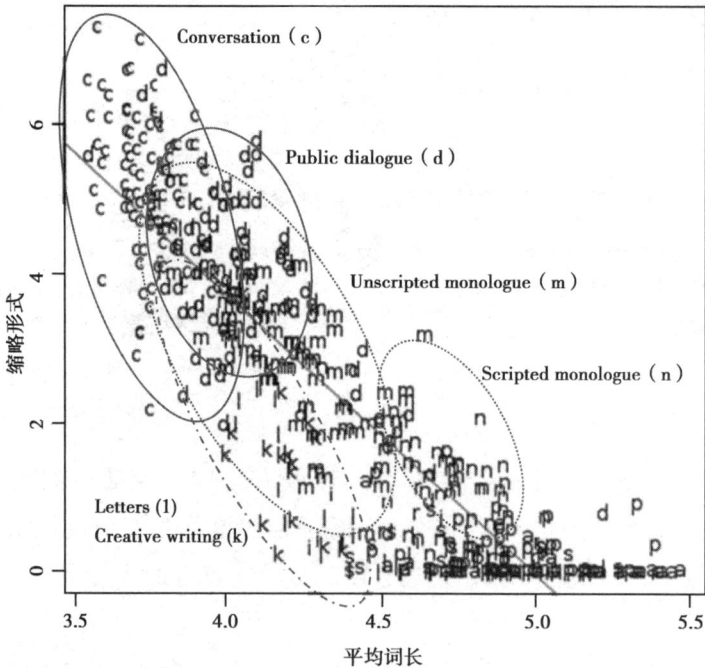

图 5.23　平均词长和缩略形式之间的相关：语域聚类

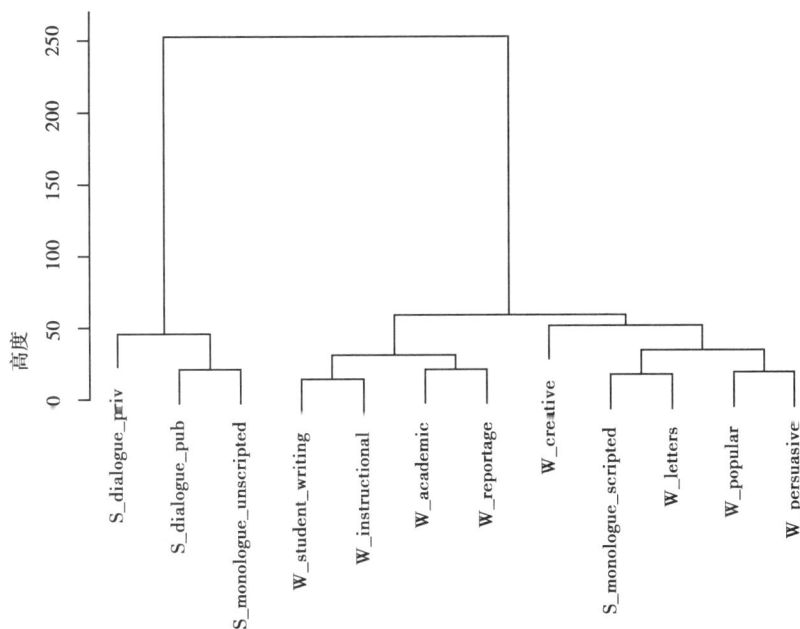

图 5.24　聚类图：新西兰英语中的语域

　　我们可以看到，第一个因子包括的相关变量（绝对值大于 0.35）多于第二个因子。因子 1 的正负载包括现在时动词、be 作主动词、缩略形式、副词、内隐动词、代词等。负负载包括大量的名词和介词、较长的词、更丰富的词汇（类符 / 形符比）、被动句等。从功能上说，正特征表明高度的说话者互动和非正式风格。另一方面，负特征出现在更正式的学术语域中，它的信息量更大。由于这些特征的分布与比伯（Biber，1988）的维度 1 对应很好。因此，我们就保留比伯的叫法"交互性 vs 信息性"。图 5.25 显示了每个语域在维度 1 上的分布，口语语域（除有稿独白外[13]）比书面语域更靠近交互端。如我们所料，交互性最高的语域是口语私人对话（谈话），信息性最高的语域是新闻报道和学术文章。值得注意的是：缩略形式和平均词长这两个变量的负相关最强（图 5.22），它们在维度 1 上有很高的因子负载。这就是说，这两个变量能有效区分不同的语域。用简单的话说，图 5.25 是图 5.23 简单散点图的延伸。

表 5.6　因子分析的结果：因子负载

特征	因子 1 负载	特征	因子 2 负载
现在时（3）[a]	0.879	表预测的情态动词（54）	0.75
be 作主动词（19）	0.848	条件状语主从连词（37）	0.7
缩略形式（59）	0.846	劝说动词（57）	0.57

13　注意：有稿独白也与书面语域聚在一起，如图 5.24 的树形图所示。

续表

特征	因子 1 负载	特征	因子 2 负载
所有副词（42）	0.802	表可能的情态动词（52）	0.56
强调词（49）	0.798	表必要的情态动词（53）	0.53
代词 it（9）	0.746	［第二人称代词（7）	0.358］
指示代词（10）	0.739	定语形容词（40）	−0.453
内隐动词（56）	0.713		
第一人称代词（6）	0.67		
分析型否定（67）	0.631		
指示词（51）	0.629		
模糊限定语（47）	0.596		
助动词 do（12）	0.572		
第二人称代词（7）	0.537		
原因状语主从连词（35）	0.511		
存在句 there（20）	0.472		
by 被动句（18）	−0.492		
名词化（14）	−0.512		
劝说动词（57）	−0.519		
无施事被动句（17）	−0.558		
完成体（2）	−0.632		
类符 / 形符比（43）	−0.692		
所有介词短语（39）	−0.693		
平均词长（44）	−0.74		
其他所有名词（16）	−0.875		

[a] 括号中的数字表示比伯（Biber，1988）原始变量的顺序（表 5.3）。

　　再看因子 2，最大正因子负载包括不同类型的情态动词、条件状语 if 和 unless 以及如 command，propose 和 recommend 这样的动词。第二人称代词被抛弃，因为它们在因子 1 上的负载高于在因子 2 上的负载。唯一的负因子负载是定语形容词。这些正特征的功能是情态化，它是书面教育性文本的特征，而这个维度的另一端是描述性，它是学术文章和大众信息文本的特征。我们可以把这个维度称为"情态化 vs 描述性"。注意：这个维度与比伯（Biber，

1988）的维度 2 "叙述性和非叙述性话语" 完全不同。但比伯的叙述性和非叙述性特征也在新西兰英语中突显出来。它们出现在因子 3 中（这里不讨论）。最后，值得一提的是，经过单因素方差分析，两个维度都显示出统计显著性差异。在维度 1 中，单个文本的维度分中几乎 83% 的变化都可以由它们所属的语域来解释，而在维度 2 中，这一数字只有不到 40%。因此，维度 1 能更有效地预测语域变化。

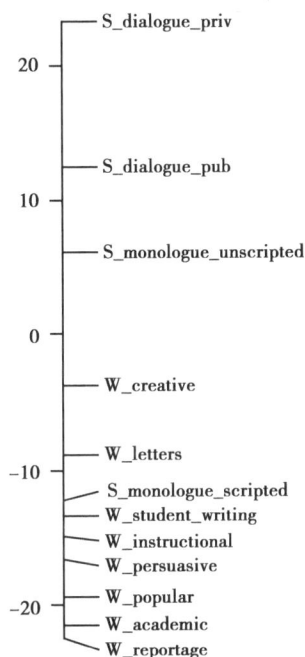

$F_{(11\ 488)} = 211.67$；$p<0.001$，$r^2=82.67\%$

图 5.25 维度 1：新西兰英语——全面多维分析

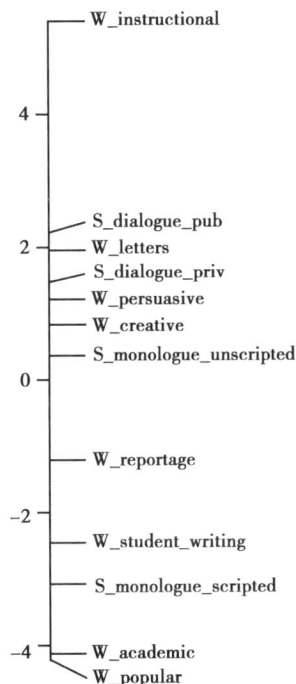

$F_{(11\ 488)} =27.27$；$p<0.001$，$r^2=38.07\%$

图 5.26 维度 2：新西兰英语——全面多维分析

5.6 练习

1. 下表是从 BE06 中随机选择的 10 个文本中的动词和形容词数，手动计算动词和形容词的皮尔森相关和斯皮尔曼相关。

动词	169.9	135.0	161.7	183.0	163.1	190.8	140.7	213.9	218.0	165.2
形容词	96.0	102.6	91.9	76.5	98.8	77.6	68.4	60.3	74.4	76.5

2. 图 5.27—图 5.30 这四张图中变量之间有什么关系？

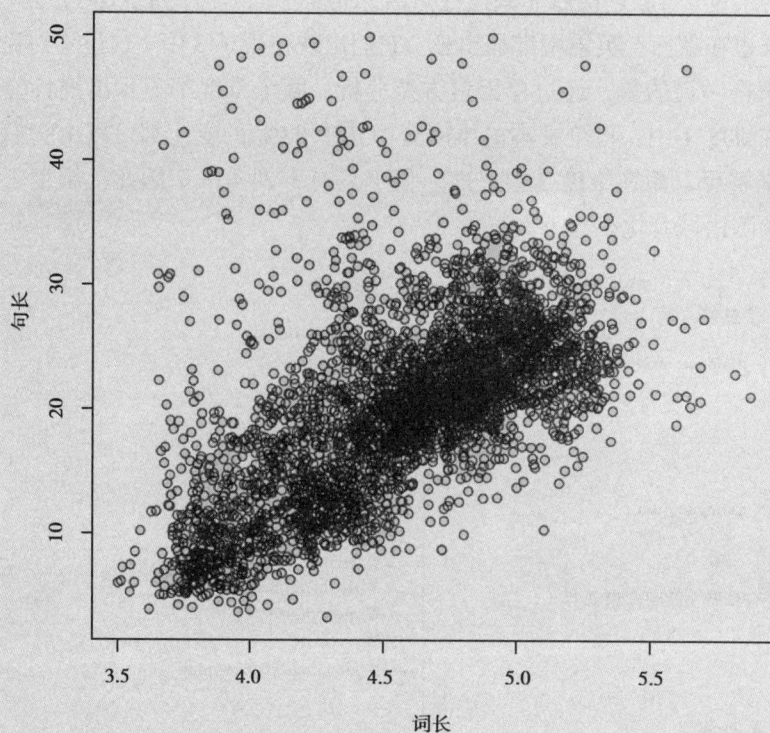

图 5.27　BNC 中平均词长（字符数）和平均句长（词数）之间的关系

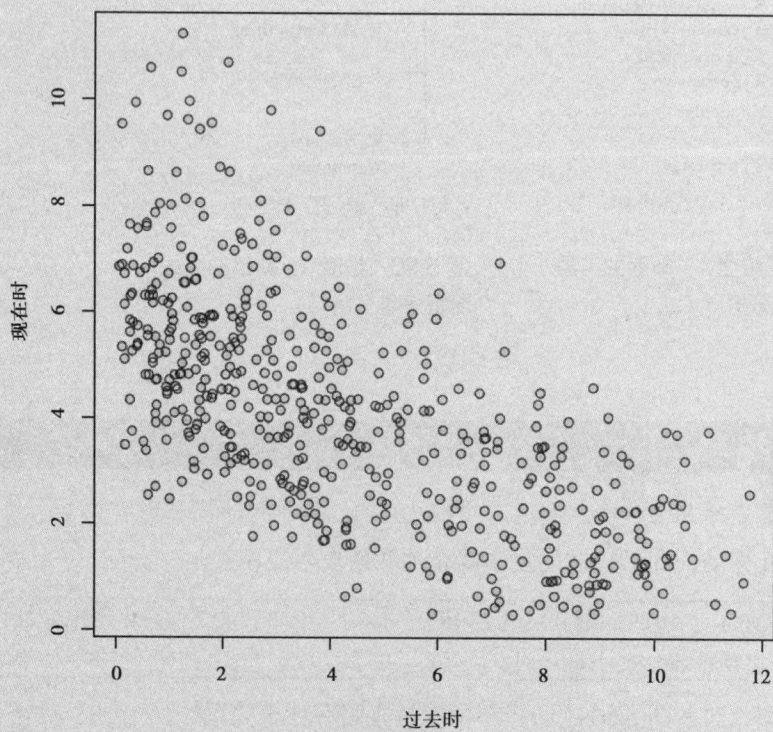

图 5.28　BE06 中现在时和过去时之间的关系

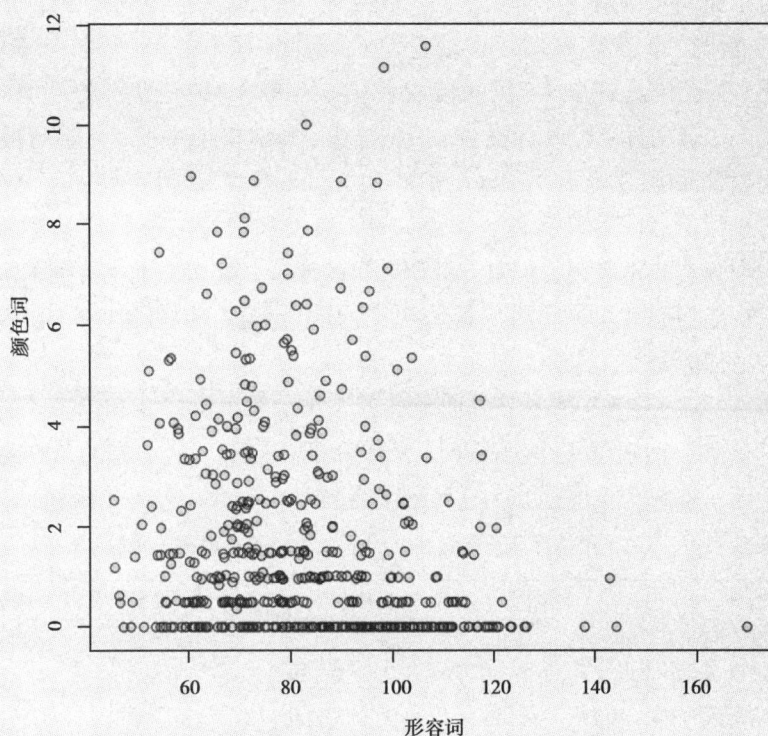

图 5.29　BE06 中形容词和颜色词之间的关系

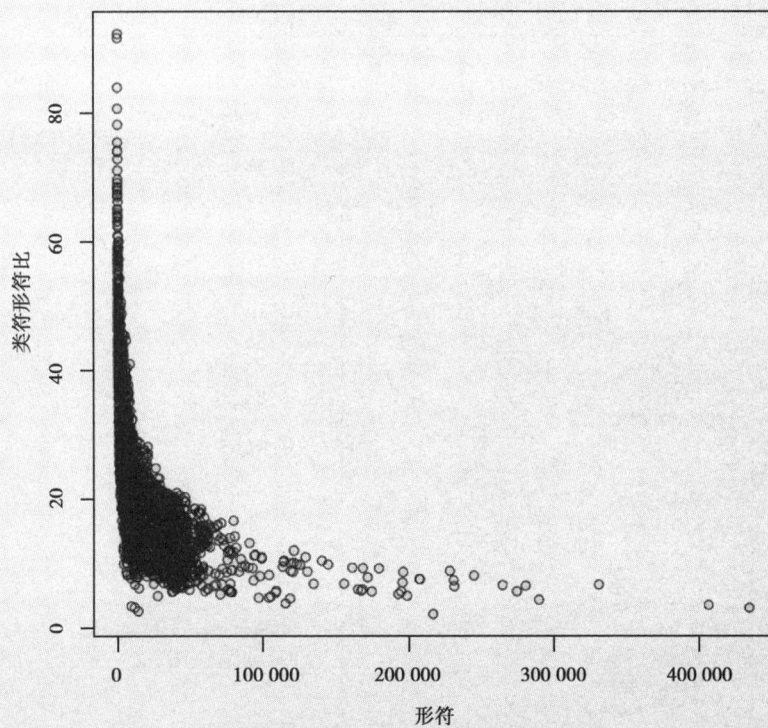

图 5.30　BNC 中文本长度（形符）和类符形符比之间的关系

3. 每个布朗家族语料库都由下面 15 个不同类型的文本构成（见 1.4 节）
   A（新闻：报道）、B（新闻：社论）、C（新闻：评论）、D（宗教）、E（技
   能、手艺和爱好）、F（民间传说）、G（纯文学、传记、散文）、H（杂
   类、政府文件、基金会报告、工业报告、大学概况手册、企业商报）、
   J（学术和科学著作）、K（一般小说）、L（悬疑和侦探小说）、M（科
   幻小说）、N（冒险和西方小说）、P（浪漫和爱情故事）、R（幽默）。
   这个分类非常有用，但对有些研究目的来说，这个分类太详细了。根
   据功能相似性，将这些文本类型归为几个大类。然后设计一个研究来
   验证你的分类。

4. 表 5.7 列出了 5.5 节基于新西兰英语多维分析的因子 3 和因子 4 的因
   子负载。还提供了多维图（图 5.31 和图 5.32）。从功能的角度将每
   个因子解释为维度，并为这些维度命名。

表 5.7　新西兰英语的因子分析结果：因子 3 和因子 4 的因子负载

特征	因子 3 负载	特征	因子 4 负载
过去时（1）	1.099	名词化（14）	0.618
第三人称代词（8）	0.461	连接词（45）	0.499
定语形容词（40）	−0.304	无施事被动句（17）	0.36
现在时（3）	−0.583	by- 被动句（18）	0.347
		时间状语（5）	−0.444
		地点状语（4）	−0.504

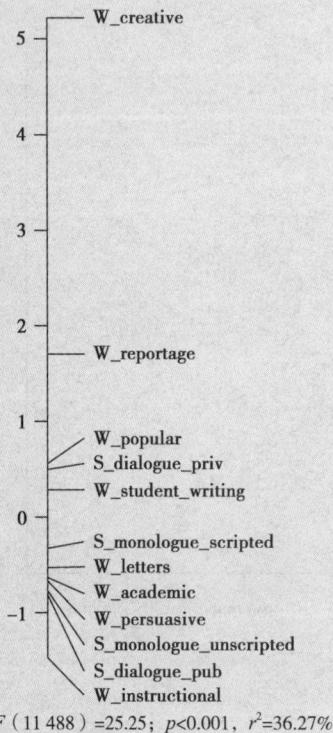

$F_{(11\,488)} = 25.25$; $p < 0.001$, $r^2 = 36.27\%$

图 5.31　维度 3

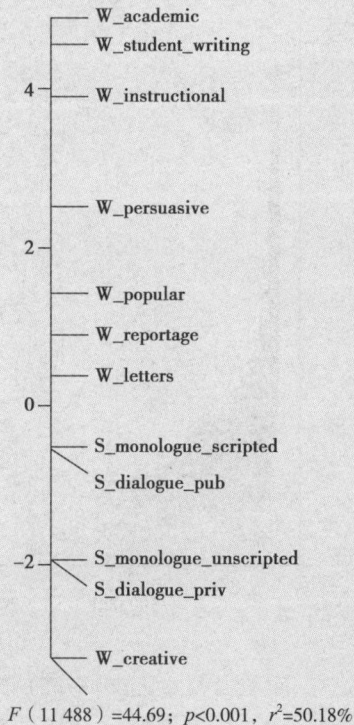

$F_{(11\,488)} = 44.69$; $p < 0.001$, $r^2 = 50.18\%$

图 5.32　维度 4

> 5. 用配套网站提供的数据和多维分析工具来比较当代英式英语和美式英语的语域。

记住

- 相关被用来研究两个变量之间的关系。
- 皮尔森相关适合规模变量，而斯皮尔曼相关适合序列变量（等级）。斯皮尔曼相关也可以用于规模变量，前提条件是均值不能很好地代表数据（极度偏态分布）。
- 凝聚层次聚类分析可以用来对词、文本和语域进行分类。这个分析的结果是树形图（系统树图）。
- 本章讨论的三种分析中最复杂的是多维分析，它分析大量的语言变量，并将它们缩减为少量的因子，这些因子又被解释为维度。我们可以将不同的语域置于这些维度上。

补充阅读

Biber, D. (1988) . *Variation across speech and writing*. Cambridge University Press. Register as a predictor of linguistic variation. *Corpus Linguistics and Linguistic Theory, 8* (1) , 9-37.

Biber, D., Conrad, S. , Reppen, R., Byrd, P. & Helt, M. (2002) . Speaking and writing in the university: a multidimensional comparison. *TESOL Quarterly, 36* (1), 9-48.

Chen, P. Y. & Popovich, P. M. (2002) . *Correlation: parametric and nonparametric measures*. Thousand Oaks, CA: Sage.

Conrad, S. & Biber, D. (2001) Multidimensional methodology and the dimensions of register variation in English. In S. Conrad & D. Biber (eds.) , *Variation in English: multidimensional studies*, pp. 18-19. Harlow: Pearson Education.

Divjak, D. & Gries, S. Th. (2006) . Ways of trying in Russian: clustering behavioral profiles. *Corpus Linguistics and Linguistic Theory, 2* (1) , 23-60.

Romesburg, C. (2004〔1984〕) . *Cluster analysis for researchers*. Raleigh, NC: Lulu Press.

Sardinha, T. B. & Pinto, M. V. (eds.) (2014) . *Multi-dimensional analysis, 25 years on: a tribute to Douglas Biber*. Amsterdam: John Benjamins.

Sheskin, D. J. (2007) . *Handbook of parametric and nonparametric statistical procedures*. Boca Raton, FL: Chapman & Hall/CRC.

Xiao, R. (2009) . Multidimensional analysis and the study of world Englishes. *World Englishes, 28* (4) , 421-50.

配套网站：在线兰卡斯特统计工具

1. 本章的所有分析都可以用在线兰卡斯特统计工具进行。本章用到的工具有：
   - 相关计算器
   - 聚类
   - 多维分析
2. 该网站还为老师和学生们提供了额外材料。

6 社会语言学和文体学：
个体和社会变化

6.1 本章概述

本章将讨论分析语料库中文体和社会语言学变化的各种统计方法。本章首先回顾研究变化的不同方法，这些方法对"文体"这个概念有共同的理解，即把它解释为使用语言的一种特定方式。本章将讨论的统计方法包括 t 检验、方差分析、Mann-Whitney U 检验、Kruskal-Wallis 检验、对应分析和混合效应模型。每个方法对应一种社会语言学分析类型，而且它要求特定的研究设计：对组群比较来说，我们会用 t 检验、方差分析、Mann-Whitney U 检验和 Kruskal-Wallis 检验。个体语言风格可以用对应分析来探索。传统（拉波夫模式）社会语言学分析关注在明确定义的语言环境中的变化，这种研究可以用混合效应模型，这个方法在基于语料库的社会语言学研究中还很新。

我们将探索下面五个问题：

- 如何分析（社会语言学）变化（6.2 节）？
- 如何基于不同的社会变量（如性别或社会阶层）来比较不同的说话者（6.3 节）？
- 如何总结多个语言变量并构建对说话者的描述（6.4 节）？
- 如何探索拉波夫社会语言变量（6.5 节）？
- 本章讨论的方法如何应用于研究（6.6 节）？

6.2 个体风格和社会变化：社会语言变量始于哪里？

> **思考**
>
> 在阅读本节前，请看下面四个说话者的四个话语片段，其中两个说话者是真人，两个是小说人物。基于你读到的内容，判断他们的性别、大致年龄和其他社会特征。

说话者 1	说话者 2
He's a <u>fucker</u>, I can't stick him he's the most snobbish little <u>cunt</u> I've ever known I'd like to see what stuff he had if he had to pay for it himself hard <u>luck</u>, no I'd like to see what he'd do with his stuff if he had to pay with it, pay for it himself. Cos he's well out of order, when <u>you</u>, were <u>you</u> there when he was were <u>you</u> there when he was like slamming his nine iron into one of those brick posts, that's sad he's a <u>twat</u>	What boy? What in my school? Nick? I went out with him. I dumped him. Yeah. I dumped him on Wednesday. <u>I said</u> hey, Mac! Not this Wednesday, last Wednesday I was saying, I just said I don't think we should go out <u>no more</u>. <u>He said</u> alright. <u>I said</u> bye. <u>I said</u> I hope we can still be friends. <u>He said</u> yeah. <u>I said</u> alright I'll meet you for school, bye. <laugh><u>I went</u> erm I hope we can still be friends.

说话者 3	说话者 4
Come hither Nurse. What is yond gentleman? ... Go ask his name. If he be married, <u>My grave is like to be my wedding bed.</u> My only love sprung from my only hate.	And fire-ey'd fury be my conduct now! Now, Tybalt, take the villain back again That late <u>thou</u> gav'st me, for Mercutio's soul Is but a little way above our heads, Staying for thine to keep him company. Either <u>thou</u>, or I, or both, must go with him. This shall determine that. O, I am fortune's fool.

　　文体这个概念是本章分析的中心。我们用库普兰（Coupland，2007：2）对文体的定义"一种与社会群体、时间和地点联系在一起的说话方式"，我们将探索说话者背景和言语社区对说话者产出语言的影响。文体是一个大的概念，将社会语言学（社会风格）、文体学（文学风格）和司法语言学（个体风格）统一在一起。不管我们用的是真实的数据还是小说，本章讨论的统计方法都将帮助我们量化和理解说话/写作风格中的变化。这个变化中涉及的语言变量显示了单个说话者的系统差异（区分**个体风格**）和群体的系统差异（区分**社会方言**）。但我们如何找到这些变量呢？

　　在拉波夫（Labov，1966，1972）开创的变异社会语言学中，一个社会语言变量就是"说同样事情的不同方式"（Labov，2010：368）。比如，观察"思考"任务中的说话者 1，假设我们获得了他的音位标音或能听见他的原始录音，我们就可以通过看/听"u"在这些词如 luck，fucker 和 cunt 中的发音（一般发作 /ʌ/，在英国北方的一些地方发作 /ʊ/）来大胆猜测这个说话者来自英国的哪个地区。注意：我们考虑的是有相同意义的同样的词，只是（语音）形式不同。另一个例子是说话者 2 的双重否定的使用，如 I don't think we should go out no more，这个句子本可以用一个否定来说 I don't think we should go out anymore 而意思没变。由于这两个变体的命题意义是一样的，我们就可以关注它的社会意义，即使用一种形式而不是另一种形式的社会含义。同样，当我们看历史数据时（见第 7 章对语言变化的分析），you（说话者 1 使用）和 thou（说话者 4 使用）都指第二人称单数，它们满足拉波夫对社会语言变量的定义。要定义**拉波夫式社会语言变量**，我们需要仔细**限定语境**，换言之，我们需要定义**变化的界线**（见 4.2 节）。也就是说，我们需要在文本中找到 2 个或更多变体（语言形式）形式发生变化而意义保持不变的所有地方（Tagliamonte，2006）。这种类型的社会语言变量是一个封闭的类别，有几个（一般是 2 个）变体（详见 6.5 节）。

　　这个从形式的角度对社会语言变量的定义可以让我们完全掌控变化背后的语言和社会过程，但当我们探究超越语音和简单语法的系统变化时，它就显示出了局限性（Lavandera，1978）。比如，说话者 1 使用了一些很强的脏话，这些话具有社会污名的语言特征。因此，它们有明显的社会意义。但脏话不满足拉波夫对社会语言变量的定义——比如，不清楚 fucker 和 cunt 在文明话语中会用什么词替代。另外，很多脏话是用来加强语气的，它们可以出现在话语的任何地方。

　　拉波夫分析的是形式，与之相对，比伯（如 Biber & Conrad，2009）考察的是功能变化，分析的焦点是说话者/写作者的选择，他们可以从"语言的全部词汇语法特征中进行挑选，选择那些能最适合社会和交际目的的语言特征"
（Biber & Conrad，2009：265）。比如，我们可以在说话者 2 的话语中观察到
很多报告结构（I said，he said，I went）。它们标志了这个说话者的风格，这
些语言变体之间没有明显的意义竞争也就无法用拉波夫的形式分析法进行分
析了。同理，说话者 3 用的隐喻（My grave is like to be my wedding bed）毫无
疑问也是说话者风格的体现，但也只能从功能的角度加以研究。我们要明白，
尽管功能分析法能使我们研究比拉波夫的形式分析法更丰富的语言特征，但
它不总是那么简单，需要我们批判性地思考数据中证据的类型和来源。这个
方法依赖于（子）语料库的直接可比性；也就是说，我们比较的语料库在所
有重要方面都相似，只是我们研究的变量（如性别、年龄和语域）不同。拉
波夫方法必须考虑变量定义 / 选择这些问题，而功能分析法就不会有这些问题，
这个方法最重要的问题是如何确保语料库抽样的平衡。如果我们比较的语料
库不平衡（过度代表某一主题），那么这种比较的效度就不能保证。

最后，我们完整回答"思考"问题（语言的许多个体层面都已经讨论过
了）：说话者 1 和 2 是真人，他们的文本来自 BNC。说话者 1 是一个 17 岁的
男性学生，来自英国中部地区的工人家庭。说话者 2 是一个 14 岁的女性学生，
来自伦敦的一个低社会阶层。说话者 3（朱丽叶）和说话者 4（罗密欧）是莎
士比亚戏剧中的人物。他们分别与说话者 1 和说话者 2 的年龄相近，性别相同，
只是他们说的是古英语，而且来自高社会阶层（罗密欧和朱丽叶来自维罗那
的富裕家庭），而且最重要的是，罗密欧和朱丽叶是莎士比亚想象出来的人
物，不是真人。有趣的是，这些说话者说的都是类似的话题：愤怒和攻击（说
话者 1 和 4），约会和求爱（说话者 2 和 3）。

6.3　组间比较: t检验、方差分析、Mann-Whitney U检验、Kruskal-Wallis 检验

思考

在阅读本节前，请思考以下问题：你能从下面的短对话中分辨出
说话者 1 的性别吗？

speaker 1：So, she says, oh it don't matter. She says er <pause> will you
help me fill them in now?

> I says, can I ask you a question? She says what? I says, these
> forms things, I says <pause> d'ya know how to fill them in?
> She says
>
> speaker 2：Ah.
>
> speaker 1：No. She said, somebody's always done it for me.
>
> speaker 2：Annette's done them.

上面的对话来自 BNC64（Brezina，2013），它是一个 150 万词语料库，收集了从 BNC 中提取的非正式话语样本。在这个对话中，说话者 1 频繁使用代词。人称代词的频率作为一个（社会）语言学变量值得我们注意。它能帮助我们分辨说话者的性别吗？假设人称代词是一个社会语言学标记，然后我们用统计学的方法来检验这个假设。

BNC64 由 32 个女性说话者和 32 个男性说话者的话语样本组成，它可以使我们很容易地追踪每个说话者的语言特征[1]并提供大量的证据可供分析。我们使用的方法是功能分析法（见 6.2 节）。人称代词不是拉波夫式社会语言变量，因为这不是表达同一命题意义的两个或多个形式之间的竞争。我们感兴趣的是，使用很多人称代词（如"思考"中的说话者 1）这种风格和不怎么使用人称代词的风格有什么不同。我们不假设语言变量的意义不变（我们也不能做这样的假设），而是假设这是一个平衡语料库，它的样本来自不同说话者的同类交流（非正式话语），而且，从原则上说，每个说话者都有均等的机会在说话中使用人称代词。

在这种情况下我们该用哪种统计方法？最简单的是用 *t* 检验。在这里，我们用的 *t* 检验叫**韦尔奇独立样本 *t* 检验**。这个检验比较两组说话者（如男性说话者和女性说话者）。*t* 检验比较语言变量（这里就是每个说话者使用的人称代词的相对频率）的均值并考虑每个组的内部变化（用方差表示）。**方差（S^2 或 SD^2）**是单个值与均值距离的平方和再除以自由度。实际上，它就是样本标准差的平方（见 2.4 节），因此用 SD^2 表示。

方差的计算方法是：

$$方差 = \frac{与均值距离的平方和}{自由度} \tag{6.1}$$

---

1 本节讨论的统计方法用到了"单个文本／说话者"研究设计；它们追踪单个说话者／写作者的话语／写作中语言变量的出现。在书面语言中，这么做更容易，因为文本就是观察对象，它们一般（但不总是，比如多人合写的学术论文）由一个作者写的。但在对话中，我们需要仔细区分不同说话者的话轮。

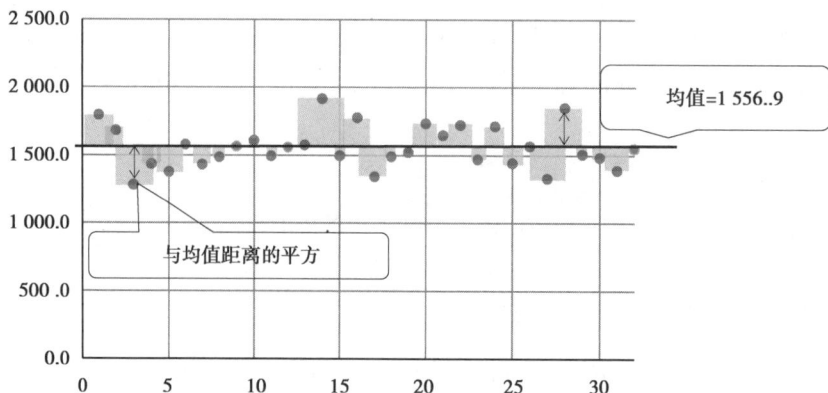

图 6.1　BNC64 女性说话者中人称代词的分布

　　图 6.1 说明了方差是如何计算的。它显示了所有 32 个说话者（来自 BNC64 女性子语料库）及其人称代词的使用（相对频率每万词）。每个圆圈是一个说话者，粗横线是均值（见 1.2 节对均值的解释），阴影部分是单个值与均值距离的平方。

　　计算方差的逻辑很简单：为了看整体变化是多少，我们增加了与均值距离的平方（我们用距离的平方而非距离，这是因为均值下面的距离是负数，如果不平方，它就会与正数抵消）然后再除以自由度。自由度是一个复杂的概念，在处理基于样本（语料库）而非总体的计算时会用到；在语料库语言学中，大多数情况都是处理样本。**自由度**指的是计算中的独立（"自由"）成分，即根据前面的成分不能预测的成分。在实际操作中，它就是实例（文本/说话者）数或组（看组内方差的时候）数减 1。我们减 1 是因为最后一个实例总是可以根据前面的实例来预测。[2] 比如，我们有 32 个说话者，自由度就是 31（32−1）。

　　将这个例子代入方程式，我们就会得到：

$$方差（女性）= \frac{(1\ 794.6 - 1\ 556.9)^2 + (1\ 681.3 - 1\ 556.9)^2 + \cdots (1\ 550.0 - 1\ 556.9)^2}{32 - 1}$$

$$= 23\ 820.5 \qquad\qquad (6.2)$$

　　让我们回到 t 检验，它用方差作为其成分之一。就像每个统计检验一样，t 检验也有假设，我们先来复习一下。最重要的假设是**观察的独立性假设**。在社会语言学中，观察的独立性意味着每个观察（文本或话语样本）都来自不

2　要成功使用这里讨论的统计方法，理解"自由度"这个概念的计算细节并不重要；重要的是知道这些统计度量方程式中的自由度数字并将它报告出来（见本章最后的"报告统计数据"这部分）。打个比方，想象一间教室里面有 15 个座位，学生们要找个位置坐下。只有 14（15−1）个学生有一些"自由"来选择座位；最后一个学生只能坐最后剩下的位置。

同的（随机抽样的）说话者，[3] 而且样本中一个说话者的语言使用不受另一个说话者语言使用的影响。因此，我们需要确保，即便有多个文本／转写本，每个说话者也只被观察了一次，否则我们就会将同一个人计算 2 次或多次，这就违反了观察的独立性假设的"独立性"原则。这个假设在书面文本或独白中很容易遵守，但在对话中，如果说话者在相互交谈（用心理语言学术语来说就是"启动效应"，在社会语言学中称为"适应"），这一假设就会在一定程度上被违反。我们必须警惕这种效应，并评估它在单个实例中的影响。教科书列出的另外两个假设（常被误解）是正态分布假设和同方差性假设。语言变量在总体中的**正态分布**是假设的对称分布，呈钟形曲线（见 1.3 节）。**同方差性** [4] 是一个专业术语，指的是方差齐性，即我们想比较的两组中的变化量相等。文献表明（Boneau，1960；Lumley et al.，2002），t 检验是稳健的，偏态分布也可以用。而且，一种 t 检验是韦尔奇独立样本 t 检验，可以调整方差不齐（两组的变化量不同），方法是调整自由度（可忽略此技术细节）。因此，违反这两个假设几乎不会带来问题。

韦尔奇独立样本 t 检验的计算方法是：

$$韦尔奇独立样本 t 检验 = \frac{组 1 的均值 - 组 2 的均值}{\sqrt{\dfrac{组 1 的方差}{组 1 的实例数} + \dfrac{组 2 的方差}{组 2 的实例数}}} \qquad (6.3)$$

从这个方程式我们可以看出，有三个因素会影响检验结果是否显著：（1）均值差的大小；（2）每个组的方差；（3）样本大小（实例数，即两个组有多少说话者或文本）。如果均值之间的差异大，每个组的方差小，实例多，那么 t 检验值就大（检验就显著）；这些因素合起来显示，数据中有足够的证据证明两个组在使用这个语言变量上是不同的。

在我们的例子中，男性和女性子语料库中人称代词相对频率（每万词）的均值分别是 1 451.8 和 1 556.9，方差分别是 22 256.5 和 23 820.5，每个组有 32 个说话者（见上面对 BNC64 的描述）。我们将这些数据代入方程式，得到：

$$韦尔奇独立样本 t 检验 = \frac{1\ 451.8 - 1\ 556.9}{\sqrt{\dfrac{22\ 256.5}{32} + \dfrac{23\ 820.5}{32}}} = 2.8 \qquad (6.4)$$

---

3 如果每个说话者都有两个或多个样本，而且我对样本 1 和样本 2 等之间的语言差异感兴趣（如语言变化／发展），那么我们就要用重复度量设计，它要求用另一种统计检验（详见下）。

4 同方差性也可以用"方差齐性"来表示。

在这里，t 检验统计值是 2.8，自由度是 61.93（其计算方程式不在这里介绍[5]），t 检验统计值是显著的：p 值（由统计软件自动计算）是 0.007，它小于 0.05（通常使用的 5% α 水平[6]），因此我们可以说，语料库中有足够的证据推翻零假设（声称两个性别组之间没有差异）；我们可以得出结论：男性说话者和女性说话者之间存在统计显著差异。

除了统计检验之外，我们还需要计算效应量来评估（用标准化的单位，即在不同语言变量和语料库之间具有可比性的单位）两组之间差异的大小。t 检验有几个可供选择的效应量度量，包括 Cohen's d 和 r，这是两个常用的效应量度量。Cohen's d 是被当作用标准差单位表示的两个均值之间的差异来计算的。科恩（Cohen，1988：40）建议对 d 度量作如下标准解释（也见 8.4 节）：

　　　对 d 的解释：$d > 0.3$ 小效应，$d > 0.5$ 中效应，$d > 0.8$ 大效应

它不管这个值前面是正号还是负号。正号或负号表明，第一组的均值大于第二组（+）还是小于第二组（−），这个符号只是表明效应的方向。对 Cohen's d 值的解释因学科的不同而异：在物理学中被认为是很大的效应可能在语言学中不是一个大效应，反之亦然。Cohen's d 的计算方法如下：

$$\text{Cohen's } d = \frac{\text{组 1 的均值} - \text{组 2 的均值}}{\text{合并标准差}} \qquad (6.5)$$

其中

$$\text{合并标准差} = \sqrt{\frac{\text{标准差 1}^2 \times (\text{组 1 实例数} -1) + \text{标准差 2}^2 \times (\text{组 2 实例数} -1)}{\text{所有实例数} -2}}$$

在我们的例子中，Cohen's d 计算如下：

$$\text{Cohen's } d = \frac{1\,451.8 - 1\,556.9}{\sqrt{\dfrac{22\,256.5 \times (32-1) + 23\,820.5 \times (32-1)}{64-2}}} = \frac{1\,451.8 - 1\,556.9}{151.8} = 0.69$$

$$(6.6)$$

这可以被解释为中效应。

和任何其他效应量度量一样，我们也需要查看 Cohen's d 的 95% 置信区间，在我们的例子中，是 0.18 到 1.21，这也是统计软件（如在线兰卡斯特统计

5　有一个方程式（稍微有点复杂）可以用来计算自由度，从而确立 t 检验统计显著性的切分点。在过去，这个切分点要列在自由度下的统计表格中。用现代的统计软件包，这个步骤可以跳过，因为自由度和 p 值（统计显著性）都是自动计算的。

6　"α 水平"是一个统计学术语，指的是我们选择的统计显著性的水平。在社会科学中，这通常是 0.05 或 5%。

工具）自动计算的。它显示了效应量出现在总体（所有说英式英语的男性说话者和女性说话者）中可能的范围。由于这个 95% 置信区间的范围非常宽，从很小到很大，我们不能确定效应在总体中的实际值；这是因为我们的样本比较小（只有 64 个说话者）。题外话：对于分布极度偏态的数据（即数据严重违反了正态分布假设），有学者提出可以用 Cohen's d 的稳健版（Erceg-Hurn & Mirosevich，2008）。这个版本用的是同样的方程式（方程式 6.5），但对其中的均值和标准差做了改动：均值做了截尾处理，标准差做了缩尾处理。[7]

另一个检验 t 检验效应量的度量是 r，它经常用于相关分析（见 5.2 节）。Cohen's d 可以很容易地转换为 r，反之亦然（见 8.4 节）。r 的好处是：它的值有一个标准的范围（0 到 1）；Cohen's d 没有最小值和最大值。科恩（Cohen，1988：79-80）建议对 r 度量作如下解释：

对 r 的解释：$r > 0.1$ 小效应，$r > 0.3$ 中效应，$r > 0.5$ 大效应

在这里，r 是 0.33，95% 置信区间 $[0.08, 0.53]$，这还是中效应，表明真正的总体效应可能是在 0.08~0.53 这个范围内。

到目前为止，我们已经比较了两组说话者。但如果我们要比较更多的说话者怎么办？在这种情况下，我们可以用**单因素方差分析**。[8] 假设我们想了解非标准形式 ain't 在英国话语中的使用以及说话者的社会经济地位（社会阶层）是否会对它造成影响。我们再次使用 BNC64 的数据。下面是 ain't 在 BNC64 中的例子：

（1）cos there ain't [=isn't] no sign of them, is there ?（BNC64，M2）

（2）I've won twice ain't [= haven't] I ?（BNC64，F5）

BNC64 根据说话者的社会经济地位将说话者归为四类：AB—管理人员、行政人员和专业人士；C1—低层管理人员、监督人员、专业人士；C2—熟练工人；DE—半熟练或不熟练工人.

方差分析有下列假设，它们和 t 检验的假设相似：（1）观察的独立性；（2）正态分布；（3）同方差性。最重要的假设是观察的独立性，因为有学者指出，方差分析在违反正态分布假设的情况下也是很稳健的（Schmider et al.，2010）。另外，如果同方差性假设被违反，我们可以用韦尔奇方差分析，它在违反同方差性假设的情况下是很稳健的（Minitab n.d.）。单因素方差分析[9] 的方程式是：

7　这个过程是用来删除异常值（见 1.3 节）的。截尾处理是去掉一些极端值（如分布两边各 20%），然后再用标准方程式（见方程式 1.1）计算均值，缩尾处理是用最后一个非极端值取代极端值，然后再用标准方程式（见方程式 2.11）计算标准差（详见 Erceg-Hurn & Mirosevich，2008）。

8　"单因素"在统计学术语中指的是解释变量的数量，即 1 个。用单因素方差分析，我们基于同一个标准（如社会经济地位）将说话者分成很多组。

9　这个方程式是传统的菲希尔单向方差分析方程式，它更容易解释；韦尔奇方差分析遵循的是同样的原则，但方程式包含了很多调整（配套网站上有韦尔奇方差分析的方程式）。

$$单向方差分析（F）= \frac{组间方差}{组内方差} \qquad (6.7)$$

为了说明方差分析背后的逻辑，图 6.2 描绘了来自 BNC64 的 60 个说话者的 ain't（相对频率每万词）使用和他们的社会阶层（数据点的形状）；有四个说话者的社会阶层不能确定，因此被排除。上面这幅图显示的是组间方差（阴影部分被乘以每个组的实例数，即每个组的均值与总均值的距离），而下面这幅图显示了组内方差（阴影部分）。上一幅图的水平虚线是**总均值**，即全部语料库的均值。四条短水平线代表了四个社会阶层。下一幅图的正方形显示的是每个数据点与组均值（短水平线）的距离（阴影部分）的平方。

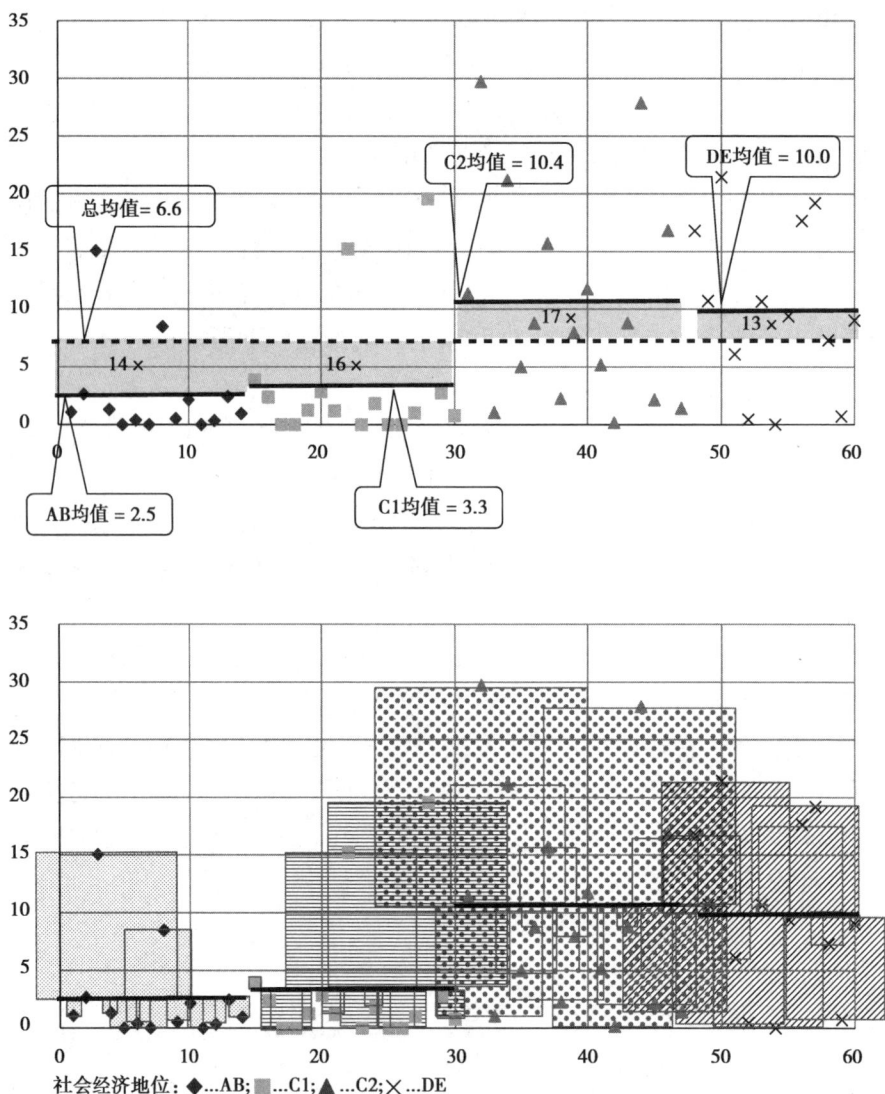

图 6.2　方差分析计算：组间方差（上）和组内方差（下）

要计算组间方差（能够被作为解释变量的社会阶层解释的变化），我们需要计算组均值及其与总均值距离的平方，然后再乘以每个组单个实例的数量，最后再除以自由度：组数 −1。

$$组间方差 = \frac{组1实例数 \times (均值1-总均值)^2 + 组2实例数 \times (均值2-总均值)2 + \cdots}{组数 -1}$$

$$(6.8)$$

组内方差是每个组的单个方差和，每个都用方程式（6.1）计算。自由度是实例数减去组数。

$$组内方差 = \frac{组1距离平方和 + 组2距离平方和 + \cdots}{实例数 - 组数} \quad (6.9)$$

在我们的例子中，组间方差、组内方差和方差分析（F）的计算方法如下：

$$组间方差 = \frac{14 \times (2.5-6.6)^2 + 16 \times (3.3-6.6)^2 + 17 \times (10.4-6.6)^2 + 13 \times (10.0-6.6)^2}{4-1}$$

$$= 267.35 \quad (6.10)$$

$$组内方差 = \frac{231.2+485.1+1\,341.4+621.7}{60-4} = 47.8 \quad (6.11)$$

$$单因素方差分析（F） = \frac{267.35}{45.7} = 5.6 \quad (6.12)$$

$p=0.002$，因此我们可以说，结果具有统计显著性。

方差分析能告诉我们在数据的某一地方（组间比较的某一地方）有统计显著差异，但它不能确切地告诉我们这个差异在哪里。因此，我们需要进行事后检验。事后检验配对比较单个组均值（与 t 检验相似）并进行多次检验后的校正；多次检验后，虚假的显著结果（所谓的一类误差）的概率就增加了。这是因为，每个检验都用 p 值，我们愿意接受，在少量实例中（5%），结果也将是显著的，即便零假设是真的（解释变量没有效应）。多次检验后，这个概率就大大增加了。如果我们有四个组，我们可以进行 6 次配对比较，一类误差就会增加到 26.5%。[10] 这不是一个可以接受的误差率——因此，我们对多次检验进行校正，如邦费罗尼校正（Toothaker，1993；Shaffer，1995；Cabin & Mitchell，2000）。

和事后检验一样，我们要报告 t 检验和邦费罗尼校正的结果；邦费罗尼

---

10 这被称为家族误差，这是因为它与基于同一个家族（相联系的）的统计推断的多个检验联系在一起。家族误差的计算方法是：$1-0.95^{检验的数量}$，在我们的例子中，是 $1-0.95^6 = 0.265$。

校正是很严格的，因此检验也很保守，即它不能够发现小的差异。其他方法还有 Tuckey's HSD 或基于自助法的不同检验，自助法是一种多次重复抽样的方法（见 7.3 节）。

ID	FEMALE		MALE	
	Relative freq.	Rank	Relative freq.	Rank
1	1794.6	4	1296.1	57
2	1681.3	10	1402.0	48
3	1282.5	59	1427.1	44
4	1435.1	42	1394.4	50
5	1377.9	53	1513.7	29
6	1577.8	16	1529.6	25
7	1432.1	43	1395.8	49
8	1485.7	34	1283.9	58
9	1564.5	20	1413.7	45
10	1609.6	14	1547.7	24
11	1493.4	32	1439.0	41
12	1558.1	22	1277.0	61
13	1575.8	17	1465.2	38

图 6.3　BNC64 的数据集—相对频率和等级：人称代词的使用

最后，报告方差分析的时候，除了统计显著性，我们还需要报告效应量。整体效应量用 η^2 表示。对这个效应量的标准解释是（Richardson，2011；Kirk，1996）：

对 η^2 的解释：$\eta^2 > 0.01$ 小效应，$\eta^2 > 0.06$ 中效应，$\eta^2 > 0.14$ 大效应

更好（更具体）的方法是报告单个组之间差异的效应量和事后检验。Cohen's d 或 r 是最常用的效应量。

t 检验和方差分析都有各自**非参数的对应检验**，分别是 Mann-Whitney U 检验（也称 Wilcoxson 等级和检验）和 Kruskal-Wallis 检验。非参数的意思是我们不需要知道（假设）任何关于总体中某个变量的参数（如均值或标准差）信息（Dodge，2008）。这些检验没有（社会）语言变量的正态分布假设、同方差性假设等，因此，它们可以用于"不守规矩的"（极度偏态分布的）规模数据或序列数据。不需要相对频率，它们用的是等级；相对频率（规模变量）可以被容易地转换为等级，尽管会丢失掉一些关于说话者（实例）之间确切差异的信息。图 6.3 显示了数据集从相对频率转换为等级；这个数据集（只显示了部分）显示了 BNC64 中两个性别组的人称代词分布。

计算 Mann-Whitney U 检验和 Kruskal-Wallis 检验的步骤如下。

1. 如果这个语言变量是规模变量，所有数据（不管属于哪个组）从最大值到最小值排序，排序后赋予其等级，赋予最大值等级 1，如果数值相同，那么它们都被赋予平均等级［如果所有的三个最大值都是 10.5，等级就是 2，2，2，2=（1+2+3）/3］。

2. 数据根据解释变量（如性别或社会经济地位）被分成几组，然后计算每个组的等级和。

对于 Mann-Whitney U（Wilcoxson 等级和）检验，我们要计算 2 个 U 值，[11] 每个组一个，然后从中取最小值（Mann & Whitney，1947；Kerby，2014）：

$$U_1 = 组\ 1\ 等级和 - \frac{组\ 1\ 实例数 \times（组\ 1\ 实例数\ +1）}{2}$$

$$U_2 = 组\ 2\ 等级和 - \frac{组\ 2\ 实例数 \times（组\ 1\ 实例数\ +1）}{2} \qquad (6.13)$$

这个检验的理念是：我们计算每组等级的实际总和，从中减去每组最小可能的等级和［组 1 实例数 ×（组 1 实例数 +1）/2］。假定我们有 2 个组，每组有 5 个说话者，一个组（组 2）有所有最小等级（1—5）。这个组的等级和就是 1+2+3+4+5=15，这个组最小可能的等级和也是 15［（5×6）/2］。最后的 U 值取方程式（6.13）两个计算结果中最小的，即 0（15–15）。这个检验表明，小 U 值显示两组间的强差异。

Kruskal-Wallis 检验（产生 H 值）也是基于相似的原理，但计算的是多个（3+）组的等级（Kruskal & Wallis，1952）。统计软件会自动提供 U 和 H 值是否具有统计显著性的信息，统计分析表中也有这个信息。

针对非参数检验，有学者提出了不同的效应量度量（Kerby，2014）。如前所述，专门量化两组（而非综合性效应量度量）之间差异的效应量是最应该报告出来的。因此，Mann-Whitney U 检验要配以等级二列相关（Glass，1965）。**等级二列相关（r_{rb}）** 的计算方法如下：

$$等级二列相关（r_{rb}）= \frac{组\ 1\ 平均等级 - 组\ 2\ 平均等级}{所有实例数}$$

与皮尔森或斯皮尔曼相关系数一样（见 5.2 节），r_{rb} 值的范围也是从 –1 到 1。值的绝对值越大，相关越强；负值表示组 2 的平均等级值更大。也可以用另一个效应量度量——优势概率（见 8.4 节）。

如果每个说话者有多个样本，而且我们想知道他们的语言是如何发展的或它如何受到两个或多个采样点之间的另一个解释变量的影响，我们需要重复使用本章讨论的检验。重复度量检验匹配不同情况下的单个说话者，不假设说话者在不同组中是随机分布的（见 Verma，2016）。也可以用多因素方差分析（因子方差分析），它同时计算两个或多个解释变量（如性别和社会阶层）以及它们之间的相互作用（见 Field et al.，2012：第 12 章的实例）。

11　注意：方程式（6.13）是原方程式的简化版（Mann & Whitney，1947：51）。

报告统计数据：*t* 检验、方差分析、Mann-Whitney *U* 检验和 Kruskal-Wallis 检验

1. 报告什么

当我们用 *t* 检验、方差分析、Mann-Whitney *U* 检验和 Kruskal-Wallis 检验来比较几组说话者时，我们需要报告（1）检验统计值（分别是 *t*，*F*，*U* 和 *H*）；（2）自由度（*t* 检验和方差分析需要）；（3）*p* 值；（4）效应量（包括 95% 置信区间）。

我们要报告 *p* 值的确切值，除非它们小于 0.001；如果小于 0.001，我们只需要报告 *p* < 0.001。对方差分析和 Kruskal-Wallis 检验来说，由于这两种检验涉及多个组，我们需要报告事后检验及其相应的效应量（必要的时候）。有的时候，我们还需要将检验结果用图形（如箱形图和 / 或显示 95% 置信区间的误差条）显示出来。

2. 如何报告：示例

t 检验

- 性别对人称代词的使用有显著影响，$t_{(61.93)}$ =2.77，*p*=0.007，女性（*M*=1 556.9，*SD*=154.3）使用的人称代词多于男性（*M*=1 451.8，*SD*=149.2）。效应量是中，*d*=0.69，95% 置信区间 [0.18，1.21]。
- 在 BNC64 中，性别对人称代词的使用有显著影响：$t_{(61.93)}$ =2.77，*p*=0.007，*d*=0.69，95% 置信区间 [0.18，1.21]。
- 社会阶层对形式 ain't 的使用有显著影响，$F_{(3, 56)}$ =5.59，*p*=0.002，η^2=0.432。

方差分析

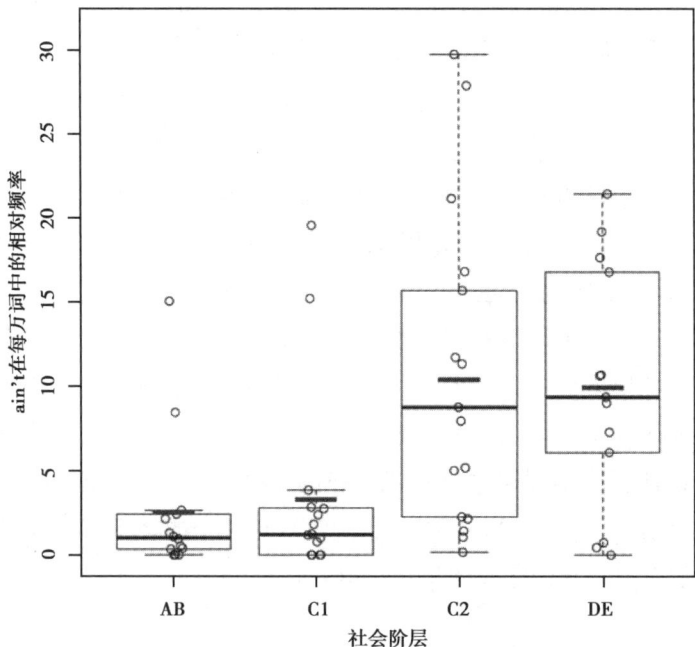

图 6.4　ain't 在 BNC64 说话者中的分布：社会阶层影响

续表

95% confidence limits

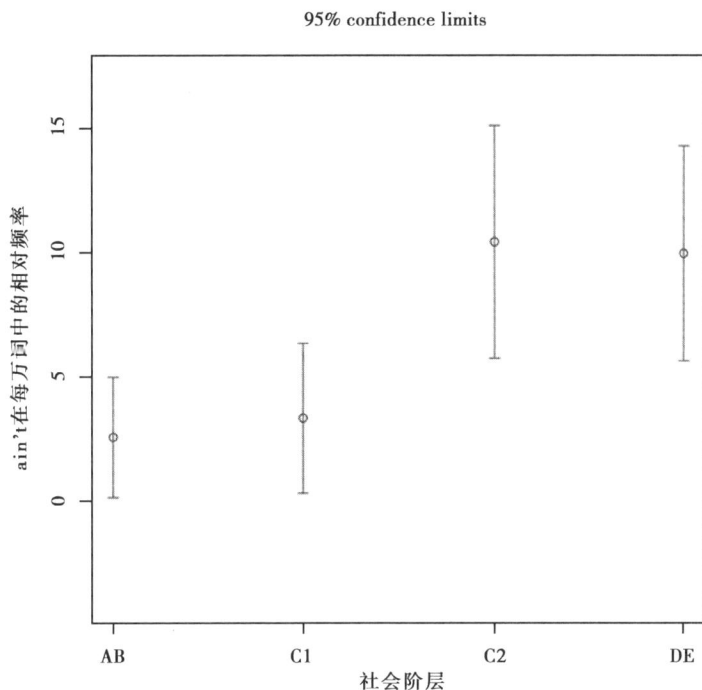

图 6.5 ain't 在 BNC64 中：95% 置信区间

- 从图 6.4 可知，AB 和 C1（中产阶级）说话者与 C2 和 DE（工人阶级）说话者之间有明显界线。从图 6.5 所示的 95% 置信区间可知，这个观察对总体也是有效的。
- 社会阶层对形式 ain't 的使用有显著影响，$F(3, 56)=5.59$，$p=0.002$，$\eta^2=0.432$。事后检验（邦费罗尼）表明，AB 与 C2/DE 之间以及 C1 与 C2/DE 之间都存在显著差异（所有 $p<0.05$）。

Mann-Whitney U
- 女性说话者使用的代词（Mdn[12]=1 536.6）显著不同于男性说话者使用的代词（Mdn=1 433.0），$U=705$，$p=0.009$，$r_{rb}=-0.19$。

Kruskal-Wallis
- 社会阶层对形式 ain't 的使用有显著影响，$H(3)=15.57$，$p=0.001$。

6.4 个体风格：对应分析

思考

在阅读本节前，看下面四个话语样本。它们来自两个不同的说话者；三个样本属于同一个说话者，剩下的一个属于另一个说话者。你能分辨哪个样本属于哪个说话者吗？有没有什么语言线索可以帮助你分辨？

---

12 Mdn 代表中值（见 1.3 节）。对于非参数检验，我们报告中值而非均值。

样本 1	样本 2
You lot **ain**'t **supposed** to **know** *I*'m **taping**.Oh *you* **wanna listen** to something, but *you* **don't know** what *you* **wanna listen**.No! *It*'s nothing to **do** with this school.No one in this school **listens** to it.**Can** *I* **have** a look at the bottle please?	Yes, exactly. Yeah. Yeah. But no *it*, *it* **does**n't **bother** *me*. *I* **don**'t **mind** *you* **know** on camera, *I* **don**'t **mind being** on video, anything. Warts and all. Oh no no. *I* **know** *I* **ca**n't **see** Mike and Robin **making** a cake, **can** *you*? Not, no no no.

样本 3	样本 4
And *you* **were saying** all this stuff. *You* **were**. *I*'ve got it on tape. That**'s** what *you* **were saying**. And *you* **were saying**, oh yeah , *we* **found** these porno magazines and *we*'**re selling** *them* off to perverts. And *I* **said** yeah but *you*'**re looking** at *them* and , and *you* **started laughing**.	*You*'re fifteen years old and *you* still **wanna watch** the Jungle Book. Honestly! Some people! Oh **don**'t **start** on *me* *you* **know**, **saying** *I* **ca**n't. there on Tuesday! **Don**'t **start** because *I*'**ll**, *I*'**ll smash** *your* face in! What **am** *I* **doing** down here ?

Word-class code: nouns, **verbs**, *pronouns*

　　一直以来，个体风格都是从词汇和语法角度来研究个人的语言特征。在这一节，我们用类似于因子分析（见 5.4 节）的方法来研究个体风格，但这个方法主要用来分析交叉表的类别数据（见 4.3 节）。[13] 这个方法叫对应分析，有时也称最优尺度和同质分析（Clausen，1998：1）。对应分析会生成对应图。对应图是把交叉表投射到一个（通常是）二维空间里，它把卡方距离作为交叉表列出的类别近 / 远的度量。一个二维对应图（图 6.6）是对复杂现实最有用的描述，因为它把变化的维度数降到可操作的二维，分别由 x 轴和 y 轴表示。[14]

　　对应图的独特特征是: 它在同一空间里描述了交叉表的列和行类别。比如，对应图 6.6 显示了四个说话者（F1，F6，M7 和 M28）根据他们使用的不同词类而聚类的情况。说话者样本和词类都在这张图里显示了出来。对每个说话者来说，我们都取其三个样本，每个样本 1 000 词，在这 1 000 词的样本里，我们计算他们使用的名词、动词、形容词等词类的频率。我们可以发现，每次，来自同一说话者的三个样本都紧紧聚在一起，从而将这个说话者的风格与其

13　尽管这个方法是为类别数据（如不同语言特征的频数或词汇语法类别）设计的，但有学者指出，这个方法可以用于各种数据，甚至规模数据（如相对频率）（Greenacre，2007：182-4）。如果规模数据用的是不同的尺度，那么我们就把它转换为等级或 z-scores。

14　三维对应图也可以使用，但对它的解释就更复杂了，因为同时分析三个维度是很难的；另外，两个维度常常就足以描述数据中的大多数变化了。

他说话者的风格区分开来。对应图 6.6 基于的完整数据集可见交叉表 6.1。

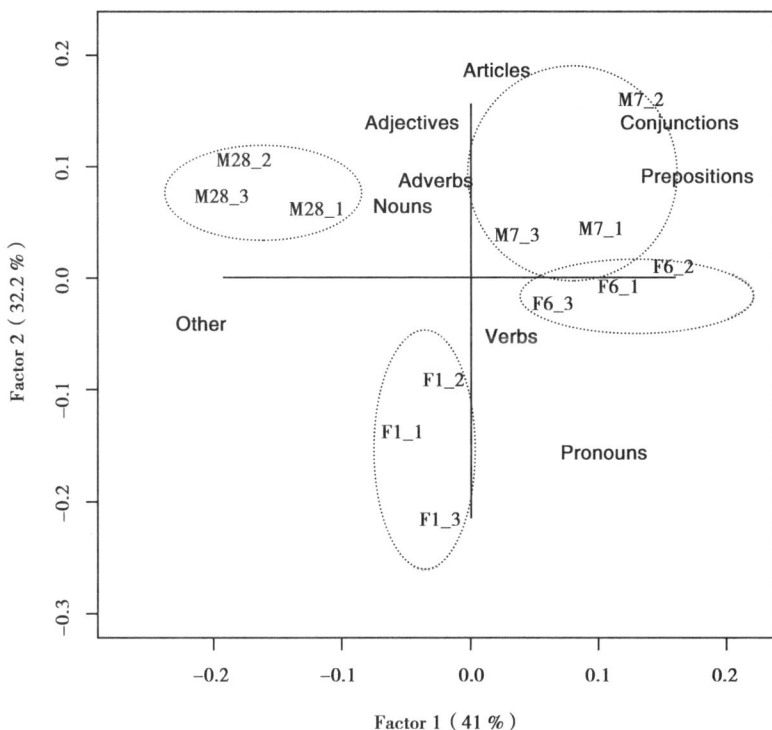

图 6.6 对应图：单个说话者话语中的词类

表 6.1 交叉表：每个说话者话语中的词类

样本	动词	名词	代词	形容词	副词	介词	连接词	冠词	其他词类
F1_1	257	154	197	42	81	39	26	39	165
F1_2	240	139	182	19	82	65	42	49	182
F1_3	267	101	208	30	83	53	39	26	193
F6_1	256	109	179	29	103	61	69	61	133
F6_2	257	115	181	48	79	78	68	54	120
F6_3	257	152	171	23	97	64	49	49	138
M7_1	250	121	163	31	134	68	57	55	121
M7_2	218	161	148	47	92	87	70	67	110
M7_3	248	130	151	47	107	76	41	53	147
M28_1	235	154	124	41	108	48	52	49	189
M28_2	219	154	106	42	114	57	42	58	208
M28_3	219	141	120	48	100	40	47	66	219

让我们回到"思考"任务中。样本 1，3，4 代表了说话者 F1。样本 2 代表了说话者 M28。F1 是一个来自伦敦的年轻女性说话者（14 岁）；M28 是一个来自兰开夏郡的老年男性说话者（65 岁）。在分析中，这些说话者使用的标准词类的频率将他们清楚地区分开。尽管这个趋势在"思考"任务的小样本（大约 50 词）中不能马上看出来，但在大样本中（1 000 词），我们就可以发现这个趋势。这个例子显示了定量分析的好处，它能帮助我们发现语言使用的隐藏规律，如果不用定量分析，我们可能就无法发现这个规律。

从概念上讲，对应分析与 4.3 节讨论的卡方检验相关，它可以在一个双向交叉表（表 6.1）上进行操作，而且还可以检验同质性零假设，即确定这些值是否在一个偶然变化范围内比例均等地分布在表中或表中显示的类别之间是否存在系统差异（Greenacre，2007：26-9；Benzécri，1992：54-5）。在我们的例子中，使用卡方检验的目的是看单个词类在说话者话语中的分布是否存在差异。对应分析不会产生 p 值（它是卡方检验的产物），而是用一张对应图将类别之间的关系（这里是说话者和词类之间的关系）显示出来。卡方检验只能判断这个差异显著还是不显著，而不能指明这个差异确切在哪里（在大型交叉表中这个问题就尤为突出），对应分析就可以更清楚地显示复杂关系（相似点和不同点）。

那么，表中的信息如何转换成对应图？让我们先取表 6.1 中的两行和两列（用阴影表示）；然后我们将它们单独做成一张表（表 6.2）。注意：F1 和 M28 是来自"思考"任务中的说话者。表 6.2 也报告了行总和、列总和以及行列总和。

表 6.2 交叉表：两个说话者话语中的动词和冠词

样本	动词	冠词	总和
F1_1	257	39	296（行总和）
M28_3	219	66	285（行总和）
总和	476（列总和）	105（列总和）	581（行列总和）

对应分析的第一步是将表中的信息转换为剖面。剖面是基于行、列总和的比例（百分比）（行剖面和列剖面）；剖面用小数表示，如 0.87，而不是用百分比表示（见 4.3 节）。剖面是"比例的系统"（Benzécri，1992：4），它的计算方法是：用单元格的数字除以行总和得到行剖面，用单元格的数字除以列总和得到列剖面。比如，表 6.3 显示了行剖面（代表两个说话者 F1 和 M28）的计算方法。

表6.3 行（说话者）剖面

样本	动词	冠词	总和
F1_1	257/296=0.87	39/296=0.13	296/296=1
M28_3	219/285=0.77	66/285=0.23	285/285=1
平均剖面	476/581=0.82	105/581=0.18	581/581=1

同理，对应分析也计算和分析了列剖面（见下）。表6.3的行剖面可以用一个简单的散点图（见1.5节）表示，它在二维空间中显示说话者剖面；这些剖面描述了两个说话者使用的动词和冠词的比例。在我们的例子中，动词比例形成了x轴坐标（F1是0.87，M28是0.77），冠词比例形成了y轴坐标（F1是0.13，M28是0.23）。平均剖面根据其坐标（0.82，0.18）将被置于中间。图6.7显示了这个结果。

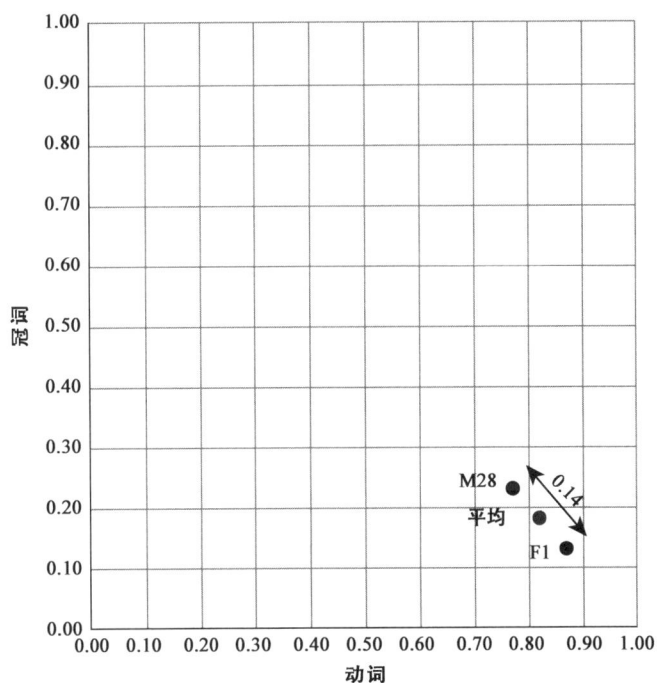

图6.7 说话者（行）剖面：欧几里得距离

散点图6.7用了欧几里得距离，它是两点之间的直线距离，也就是我们日常生活中常说的"距离"。正如5.3节指出，还有其他类型的距离（曼哈顿距离、堪培拉距离等），它们也可以用于统计分析。在对应分析中，我们用的是所谓的卡方距离，它源自卡方检验方程式（Greenacre，2007：26-9；Dodge，2008：68）。卡方距离是欧几里得距离的加权形式，它赋予那些实例较少的类别更多的权重。卡方距离的计算方法如下：

$$卡方距离（A，B）=\sqrt{\frac{(x_B-x_A)^2}{平均剖面\ x}+\frac{(y_B-y_A)^2}{平均剖面\ y}+\cdots}\qquad（6.14）$$

x_A 是点 A 的第一个坐标，x_B 是点 B 的第一个坐标，y_B 是点 B 的第二个坐标，以此类推。我们可以不断加入类别（在我们的例子中是不同的词类），决定物体的位置，并从二维空间上升到三维空间。

在我们的例子中，卡方距离是：

$$卡方距离（F1，M28）=\sqrt{\frac{(0.77-0.87)^2}{0.82}+\frac{(0.23-0.13)^2}{0.18}}=0.26\qquad（6.15）$$

实际上，两点之间的卡方距离总是大于欧几里得距离（图 6.8），图 6.8 用卡方距离重画了表 6.3 的数据。[15] 为什么要使用卡方距离而非欧几里得距离？对这个问题有很多数学原因，这里不讲（见 Benzécri，1992：44-58；Greenacre，2007）。理解对应分析中卡方距离用法的最好方式是明白对应分析与卡方检验之间的关系：卡方检验是对应分析的简单版，它们都可以用于同一交叉表。[16]

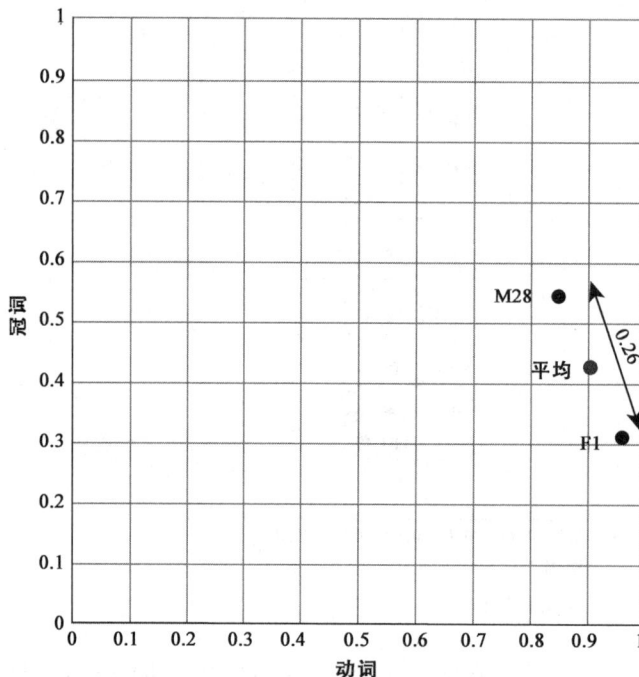

图 6.8　说话者（行）剖面：卡方距离

15　从图 6.7 可知，对应的欧几里得距离是 0.14。

16　注意：卡方检验只能被用于双向交叉表（如我们的例子），而对应分析可以用于多个变量（多向交叉表）（详见 Greenacre，2007：137ff 对多元对应分析的解释）。

对应分析的最后一步（也是最复杂的一步）涉及降维。表6.2包含了两个词类（动词和冠词），它可以用一张二维散点图显示，但表6.1包含了九个类别，一张简单的散点图无法显示它们。为此，对应分析就要进行降维，这个过程有点像5.4节讨论的因子分析中的降维。散点图6.8中的单个类别（冠词、动词等）由**因子**代替，一个因子可以包含多个类别，而且这个因子还可以解释数据中尽可能多的变化。最后的对应图（图6.6）与散点图有点相似（也有两个轴，x轴和y轴），但这两个轴代表的是因子而非单个类别。为表明单个类别和因子之间的关系，这个对应图也显示了单个类别。这个对应图还显示了每个因子解释的数据中原始变化的量。在图6.6中，因子1解释了41%的变化，因子2解释了32.2%的变化，这表明，总体上，对应图解释了73.2%的变化，这是一个比较合理的量；降维的弊端是：26.8%的变化"在转换中"丢失了——我们需要更多的维度（因子）来描述更多的变化，但最后的结果就会变得更复杂。对于我们的目的，二维结果是令人满意的，因为它清楚显示了数据中的主要趋势，同时解释了大量的变化（超过70%）。你可以把对应图想成一张地图，它将复杂的地形特征简化为帮我们寻路的几个最重要的特征。

观察对应图6.6时，我们注意到既有语言类别（词类）的聚类，也有说话者样本的聚类。语言类别帮助我们解释因子及其语言意义。比如，因子1包含了从其他语法词类到动词、介词和连接词这些词类，介词和连接词在因子2上的得分也很高；因子2包含了从代词到冠词这些词类。我们还观察到，介词和连接词之间的（卡方）距离很近，而且名词、形容词、副词和冠词之间的（卡方）距离也很近。最重要的是，我们可以看到，同一说话者（F1，F6，M7，M28）的话语样本更紧密地聚集在一起——我们也可以测量样本之间的卡方距离。在这张图中，说话者样本与他们偏爱的词类显示在一起。因此，这张图暗示，数据中有足够的证据证明四个说话者有明显不同的说话风格。

报告统计数据：对应分析

1. 报告什么？

   对应分析的最佳总结形式就是对应图，它是基于交叉表而生成的图形；我们既要报告对应图，也要报告交叉表。我们应该注意到由两个因子解释的变化的总体百分比以及对这些因子的语言学解释。我们应该试图找出图中有意义的说话者聚类并评述它们之间的关系。注意：卡方距离可以只在行/列类别中进行解释，而行/列类别之间的距离不能被直接解释。比如，在图 6.6 中，我们可以测量单个说话者数据点之间的准确（卡方）距离；但我们不能通过测量图中的距离，将每个说话者数据点直接对应到每个词类上，因为行/列类别是在不同尺度上度量的。

2. 如何报告：示例

- 我们用对应分析来分析表 6.1 中的数据。对应图显示在图 6.6 中。总体上看，对应图解释了数据中 73.2% 的变化。我们可以看到 4 个主要的说话者样本聚类……

6.5   语境：混合效应模型

> **思考**
>
> 在阅读本节前，看下面的例子。两种话语有意义上的区别吗？你能想象一下在哪种语境下你会用这些话语？
>
> （ⅰ）This is really good.
>
> （ⅱ）This is very good.

传统的变异社会语言学的核心原则之一就是拉波夫称之为的**归责性原则**[17]（e.g.Labov，1972：27；Tagliamonte，2006：12-13）。这个原则规定：要使分析有意义，我们必须要找到一个社会语言变量的所有变体出现的所有语境，并将它们包含在我们的分析中。在 6.2 节，我们讨论了拉波夫式社会语言变量的概念及其潜在的局限性。这里，我们以拉波夫式社会语言变量为出发点，并讨论我们可以分析这种变量的种种方式。我们以"思考"任务中话语（ⅰ）和话语（ⅱ）之间的变化为例；这个例子受到伊托和塔利亚蒙特 2003 年研究（Ito & Tagliamonte，2003）的启发。乍一看去，这两种话语没有区别。从主要的内容（有时也成"命题意义"）来说，这两种话语说的是同一件事，这是定义拉波夫式社会语言变量的一个重要标准（见 6.2 节）。遵照归责性原则，下一步是在语料库中找到这种变化出现或可能出现的所有例子（零变体如 This is good 也是一个变体）；这一步称为**限定变量出现的语境**。在我们的例子中，我们必须在语料库中搜索可以被强势词（如 really 和 very）修饰的所有形容词，即可以被用作分级形容词的形容词（这一步详见 Ito & Tagliamonte，

---

17   比较：里奇的"总归责性"原则（Leech，1992：112）。

2003：263-4）。由于这里我们只关注强势词 really 和 very（话语中两个最常见的强势词）之间的变化，因此我们只选择了语料库中所有形容词的一个子集：那些被 really 或 very 修饰的形容词 ［在 BNC64 中（150 万词的英国话语语料库）（Brezina & Meyerhoff，2014）的 58 127 个形容词实例中有 1 952 个 ］。这就更具体地限定了变量出现的语境，缩小了研究范围，我们的研究问题是：什么因素对 very 而不是 really 的使用会产生影响？

ID	Speaker	Gender	Age	Class	Syntax	Outcome	L	Node	R
1	M31	A_male	77	A_DE	B_predicative	B_very	on the weekend # You s	very partial	to your mum 's apple p
2	F17	B_female	40	C_C1	B_predicative	B_very	not found very difficult	very difficult	. # Computer studies P
3	M30	A_male	70	D_AB	B_predicative	B_very	the Police Station ! # Ha	very funny	! # Yellowish you mear
4	F32	B_female	75	D_AB	D_predicative	B_very	every body knew that very bright	very bright	# or he didn't try , wel
5	F17	B_female	40	C_C1	B_predicative	B_very	my point of view I have	very punctual	and helpful . # If anyor
6	M30	A_male	70	D_AB	B_predicative	B_very	n't know whether we o	very difficult	, you know ? # They ma
7	F19	B_female	41	A_DE	A_attributive	B_very	with not moving that th	very bad	cough down your ches
8	F15	B_female	37	A_DE	B_predicative	B_very	that film # is n't it ? # is	very safe	, is it safe ? , no its not
9	F1	B_female	14	B_C2	B_predicative	A_really	do , choo , do do do do	really good	. # I like shooting , sho
11	F4	B_female	20	C1	B_predicative	A_really	just tell everyone I 'm n	really new	in the area . # So my ta
12	M22	A_male	51	D_AB	A_attributive	B_very	me with bells on my an	very good	point there Lynda , # E
13	F21	B_female	46	C_C1	A_attributive	B_very	, I said we did n't even v	very professional	people # at the time , #
14	F9	B_female	30	B_C2	B_predicative	B_very	was very good cutting b	very difficult	to cut , I thought I did e
15	F11	B_female	34	B_C2	B_predicative	A_really	we 're gonna practice #	really interesting	, let me switch this thi
16	F24	B_female	54	B_C2	A_attributive	B_very	Right I 'll leave that the	very peculiar	character , I just find it
17	M12	A_male	33	A_DE	B_predicative	B_very	# That 's true , that 's tru	very true	# Do n't know , I do n't
18	F11	B_female	34	B_C2	B_predicative	B_very	, either way she # amaz	very practical	that 's what I find of he

图 6.9　社会语言数据集：内因和外因（节选）

最后一步是从语料库中提取数据并将数据集中的实例归类（图 6.9）；我们既需要查看 very 和 really 出现的语境（如句法位置）——这些是**内因**，也需要查看说话者和与情境相关的变量（如年龄、性别、语类等）——这些是**外因**。内因和外因也被称为**预测变量**。

图 6.9 显示了基于 BNC64 数据集的前 18 行。整个数据集有 1 646 个有效条目（1 952 行减去错误条目）。一般来说，内部变量（这里是句法位置）需要手动编码，因此在编码整个数据集之前，我们需要决定编码哪些预测变量，以避免重新编码。如果涉及一个或多个判断变量，我们就需要双重编码随机选取的一部分数据，并报告评判者间一致性统计数据（见 3.5 节）。

图 6.9 中的数据集包含了一个内部变量（句法）和三个外部变量（性别、年龄和阶层）。结果变量（结果）是一个二元变量，它有两个变体"very"和"really"。数据集的右边部分（左、节点词、右）显示了完整的检索行，它是编码的基础，但不用于统计分析。注意：数据集中的类别变量前编码了字母前缀 A_，B_，C_。这是为了对结果相对于基线值（编码为 A_）做出直接解释（见 4.4 节）。

这一节介绍的统计方法被称为混合效应模型（图 6.9 的数据集就应用了这一方法）。混合效应模型是一组强大的多变量统计方法。我们这里只关注混合效应模型的一个具体用法，它与 logistic 回归（见 4.4 节）有点相似。

混合效应模型从最能预测结果（语言）变量的数据中创建模型，它考虑了所谓的固定效应和随机效应，因此叫混合效应模型（Gries，2013a；Johnson，2009）。**固定效应**是解释变量，它们是社会语言学研究的直接对象（如性别、社会阶层、年龄或语类）。**随机效应**代表了变化的其他来源（如每个说话者的喜好），它也需要在模型中加以考虑，但不是研究问题的组成部分。混合效应模型可以分析复杂的语言情况并解释由不同的外因和内因（固定效应）造成的系统变化和由个人喜好等原因（随机效应）造成的个体变化。

```
Random effects:
 Groups   Name           Variance Std.Dev.
 Speaker (Intercept) 0.9902   0.9951
Number of obs: 1646, groups:  Speaker, 60

Fixed effects:
                    Estimate Std. Error z value Pr(>|z|)
(Intercept)         -0.89807    0.55256  -1.625   0.1041
GenderB_female      -0.18425    0.32193  -0.572   0.5671
ClassAB              0.13502    1.19296   0.113   0.9099
ClassB_C2            0.19664    0.46684   0.421   0.6736
ClassC_C1            0.07452    0.45810   0.163   0.8708
ClassC1             -0.63974    1.13243  -0.565   0.5721
ClassD_AB            0.72511    0.46981   1.543   0.1227
Age                  0.03913    0.00940   4.163 3.14e-05 ***
SyntaxB_predicative  0.33611    0.15168   2.216   0.0267 *
---
Signif. codes:  0 '***' 0.001 '**' 0.01 '*' 0.05 '.' 0.1 ' ' 1
```

图 6.10　混合效应模型：输出

由于它与 4.4 节描述的 logistic 回归有点相似，读者可以参考第 4 章来看对其基本术语和原理的详细解释。接下来，我们将重点讲 logistic 回归与混合效应模型（混合效应 logistic 回归）的主要区别，并举例说明这个模型的用法。我们用混合效应模型的时候，会得到如图 6.10 这样的结果。

对混合效应模型的解释有两个主要部分：（1）评估模型特征；（2）解释混合效应的显著性。在我们的例子中，这个模型具有统计显著性，它显示了年龄和句法位置对使用 very 而非 really 的影响（我们的基线变体由 A_ 标识）。年龄大的说话者喜欢用 very，而且带表语形容词的句子也喜欢用 very（如 you're very lucky）。其他的预测因素不具有显著性。这个结果与伊托和塔利亚蒙特 2003 的研究结果（Ito & Tagliamonte，2003）一致。他们的研究是基于一个更小的语料库，并对结果做出了更详细的讨论。

简单 logistic 回归与混合效应模型的主要区别是：混合效应模型能够考虑说话者之间的个体变化，这使得混合效应模型优于简单 logistic 回归（被称为社会语言学中的 VARBRUL 方法）（Johnson，2009）。为了连接社会语言学和语料库语言学的术语鸿沟，下面我们列出了在这两个学科中常用来讨论社会语言数据的术语：

社会语言学小词典

在语料库语言学和变异社会语言学中，不同的术语常用来指同一个事物，或同一个术语常用来指不同的事物（Johnson，2009）；这会导致混淆。下面的小词典会帮助我们厘清这些术语差异。

变异社会语言学术语	意义	对应的语料库语言学术语
因子	一种类型的说话者（如男性或女性，年轻或年老）或一种类型的语境（如句法位置），它青睐一个社会语言变量的某一特定变体。	预测变量的水平
因子群	用来解释(社会)语言变化的一个变量。	预测变量或因素
因子权重	这个数值表达了因子作为概率的效应的重要性；另一个术语"系数"常表达对数几率单位。	系数
归责性原则	一个普遍的科学原则，它规定我们需要解释数据中的所有相关实例；它的反义词是"摘樱桃"（即为了证明自己的观点正确而有意识地选择一些证据或事实，对其他一些证据或事实视而不见）。	总归责性
社会语言变量	我们感兴趣的语言变量；社会语言变量有多个（通常是2个）表达同样意义的变体。	结果变量
形符	我们感兴趣的语言特征的一次出现。	实例、观察
VARBRUL 分析	VARiaBle RULe 分析的缩写；变异社会语言学的一种常用的统计方法。	（一种形式的）logistic 回归
社会语言变量的变体	2个或多个语言形式的一种，它们在特定语境下相互竞争，并有同样的意义。	结果变量的水平

报告统计数据：混合效应模型

1. 报告什么

使用混合效应模型的时候，我们要报告所使用的混合效应模型的类型以及这个模型的详细情况。报告的中心是单个预测因素的效应。

2. 如何报告：示例

- 我们使用了混合 logistic 回归，单个说话者是随机效应，性别、阶层、年龄和句法位置是固定效应。这个模型整体具有统计显著性（p < 0.001），它显示了年龄和句法位置的显著效应：年龄大的说话者和表语语境青睐强势词 very。

6.6　应用：这个来自白宫的人是谁?

我有个朋友，每到我过生日的时候，他不会送蛋糕，而是送来一个语言学谜题。今年，这个谜题是社会语言谜题，还有一个附件，里面是转写的话语。这是我邮箱的内容：

From: ▮▮▮▮▮▮▮▮
Sent: 19 December 2015 17:13
To Brezina, Vaclav
Subject: Happy birthday

✉ Message　📎 Speech_transcript.zip

Sociolinguistic Riddle

I am a man or a woman.
I am young or old.
I work in Washington DC and
speak for the President.
Who am I?
(Find out without Google.)

Attachment: Speech_sample.zip
The good news is that the filibuster has been broken on national service. The Senate has decided that there is no need for a second cloture vote. Mitchell and Dole just announced that national service will be the first order of business on Tuesday and we are fully confident that the Senate bill will now pass. So good news breaking out all over. [...]

下面是对我解题过程的描述。在司法语言学中（我的研究很像司法语言学家侦查工作），根据证据量的多少，有两个基本方法：如果证据量很少（只有几句话或几段话），我们就需要仔细阅读，找出特殊语言使用（特殊用语）的迹象。如果我们有大量的数据（如同本例一样，样本大约有 200 000 词），我们就需要用统计方法。谜题的第二部分"I work in Washington DC and speak for the President"表明这个话语样本来自白宫新闻发言人。幸运的是，我可以用白宫新闻发布会语料库（Barlow, 2013）。我要试图把附件中的转写文本（我

称之为"转写文本 X"）与白宫新闻发布会语料库相匹配。表 6.4 概述了我使用的语料库。

第一步是确定转写文本 X 是来自男性说话者还是女性说话者。白宫新闻发布会语料库中有两个女性（Dee Dee Myers 和 Dana Perino）和六个男性。每个女性有一个样本，剩下的 33 个话语样本是来自这六个男性。我们无法用传统的性别区分词（如英国女性在非正式话语中偏爱使用的 lovely）来区分，因为在整个语料库中（超过 6 百万词），lovely 只出现了 20 次。这并不奇怪，我们分析的是美式英语的一种正式口语体。因此，我们需要查看一些更普遍的特征，如人称代词的使用（它可以区分说话者的性别）（Argamon et al.，2003；Rayson et al.，1997）。要比较两组说话者，我们常用 t 检验。尽管我们想用语料库中的所有数据（33 个话语样本），但这是不可行的。独立样本 t 检验的假设是：每个文本都是独立于其他文本取样的；如果我们包括了每个说话者的多个文本，那么我们就违反了这个假设。如果把样本减少为一个说话者一个样本，那么我们最后就有 9 个文本（女性 2 个，男性 7 个）。这是个非常小而且分布不均的样本（男性说话者远远多于女性说话者），传统的统计思维（如 Siegel，1956）就不建议我们用 t 检验。然而，新的研究（de Winter，2013）表明，就算是样本小而且不均匀，只要没有严重违反方差齐性假设，t 检验还是可以用的；我们选用稳健的韦尔奇 t 检验。

表 6.4　白宫新闻发布会语料库

新闻发言人	出生年	在职时间	样本数量（20 万词）	形符数	文件名
Dee Dee Myers	1961	1993—4	1	0.2 million	DDM
Mike McCurry	1954	1995—8	6	1.2 million	M1, M2, M3, M4, M5, M6
Ari Fleischer	1960	2001—3	4	0.8 million	A1，A2，A3，A4
Scott McClellan	1968	2003—6	3	0.6 million	S1，S2，S3
Tony Snow	1955	2006—7	1	0.2 million	T1
Dana Perino	1972	2007—9	1	0.2 million	D1
Jay Carney	1965	2011—14	7	1.4 million	JC1, JC2, JC3, JC4, JC5, JC6, JC7
Josh Earnest	1975	2014—16	8	1.6 million	J1, J2, J3, J4, J5, J6, J7, J8

　　t 检验的结果是显著的 [t（3.87）=4.47；$p < 0.05$]，表明白宫男性新闻发言人和女性新闻发言人在人称代词的使用上存在显著差异。男性新闻发言人的均值是 14 232.86（SD=1 672.08），而女性新闻发言人的均值是 18 065.50（SD=820.95）。转写文本 X 的值是 18 044，它显然更接近女性新闻发言人的均值。我们可以假设，转写文本 X 来自女性新闻发言人。在语料库中，有两个女性新闻发言人：Dee Dee Myers 和 Dana Perino。到底是谁呢？

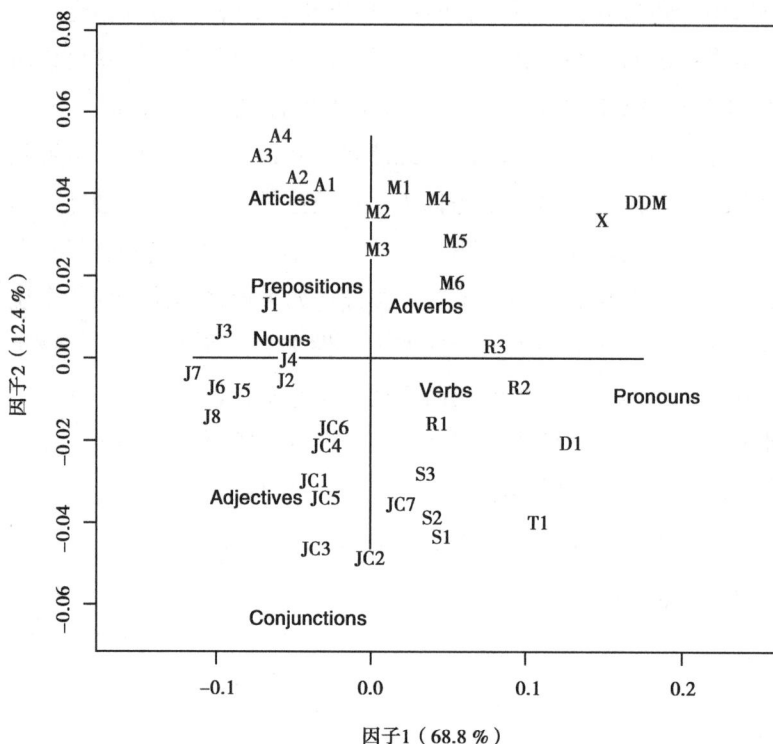

图 6.11　对应分析：白宫新闻发言人使用的词类

　　要回答这个问题，我们用对应分析来分析语料库中的所有样本和这个转写文本 X（34+1）。对应分析查看了这些样本中不同词类的比例（它们是语言变量，高频且与所讨论的主题无关）（图 6.11）。对应分析清楚地将白宫新闻发布会语料库中的单个话语样本归为几组。比如，来自 Ari Fleischer（A1—A4）的所有样本都聚集在左上部，而来自 Scott McClellan（S1—S3）的话语样本都聚集在右下部，它们比来自 Tony Snow（T1）和 Dana Perino（D1）的样本更接近于中心。神秘的转写文本 X 呢？在图中，它的位置离 Dee Dee Myers 的样本很近，离其他样本很远。因此，我们可以假设，转写文本 X 非常有可能来自这位白宫新闻发言人。Dee Dee Myers 是第一位担任白宫新闻发言人的女性，她话语的特征是频繁使用人称代词，较少使用名词、形容词和连接词。

我们只有用大量的话语样本，并对它们进行定量分析，才有可能发现这些风格差异。

研究完后，我给朋友回了邮件：

From: Brezina, Vaclav
Sent: 1 January 2016 00:30
To:
Subject: Re: Happy birthday

Was it Dee Dee Myers (no p-value needed)? I'll go and google it ;)

如果你们还没有完全相信，你可以在网上查找转写文本 X 的第一句话："The good news is that the filibuster has been broken on national service"。看它是谁说的。

6.7　练习

1. 哪个语言学学科把"文体"作为它的核心概念？如何来研究文体？

2. 下面哪个变化实例满足拉波夫对社会语言变量的定义，而且可以用拉波夫方法加以研究？给出理由。

（a）在不同社会语境下 h 音的省略：如词 hair 两种读音 /heə/ 或 /eə/ 之间的变化。

（b）美国软饮料的不同叫法之间的变化：如 soda，pop 或 coke。

（c）主动句和被动句之间的变化：如 I did it vs It was done。

（d）表达不同程度的喜欢的动词之间的变化：如 adore，love，like 和 don't mind。

（e）话语中模糊限定语的使用以及用模糊限定语的话语与不用模糊限定语的话语之间的变化：如 I sort of agree vs I agree。

3. 观察下面报告 t 检验、方差分析和 Mann-Whitney U 检验的方式。找出其中错误或信息不全的地方。

（a）$t=2.77$，$p=0.007$，$d=0.69$

（b）$F(56)=5.59$，$p<0.002\,013\,59$

（c）$U=705$，$p=1.3$

4. 用本章学到的方程式来计算下列检验统计值（不是 p 值）：

（a）lovely 在男性和女性话语中的使用 [t 检验、Mann-Whitney U]。
男性（$n1=10$）：0.91, 1.4, 2.18, 6.21, 2.63, 1.2, 0, 1.06, 6.49, 5.43
女性（$n2=10$）：8.84, 1.09, 12.47, 1.65, 3.93, 1.1, 4.11, 21.21, 2.51, 0.47

（b）innit 在英国南部、中部和北部说话者话语中的使用［单因素方差分析］。

南部（n1=10）：4.19，29.29，5，30.43，6.09，12.77，25.93，0.61，28.08，15.94

中部（n2=10）：9.68，3.65，1.2，0，2.07，2.26，5.18，0，0，0

北部（n3=10）：9.09，9.09，0，7.38，0，5.77，0，4.47，0，3.23

5. 计算练习 4 中数据集（a）的 Cohen's d。

6. 用组间比较工具来检查练习 4 和练习 5 的结果。

7. 解释对应图 6.12。它是基于 BNC64（非正式英国话语语料库）的对应图。图上描绘了 16 个男性说话者和 16 个女性说话者使用的不同语义类型的确定性标记词（certainly，maybe，perhaps，possibly 等）。每个说话者都标注了其性别（F1a 和 M1a）、序号（F1a）和样本号（F1a，F1b）；每个说话者有两个样本。

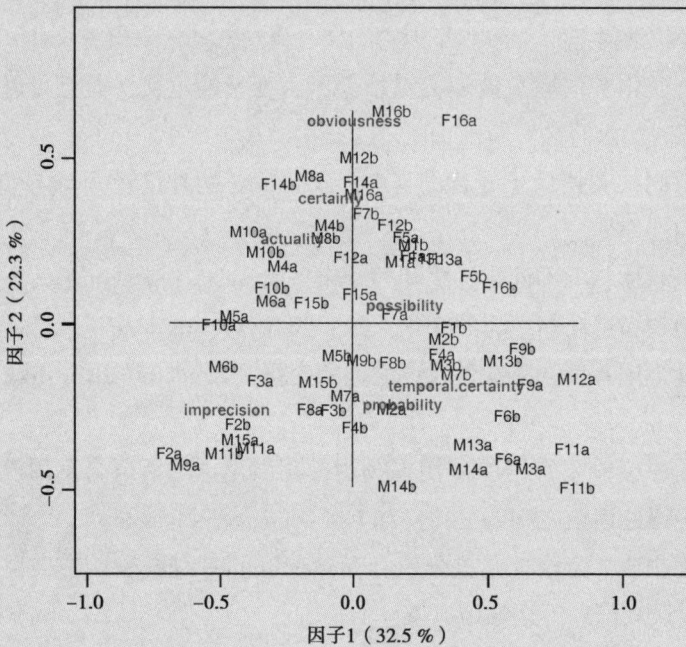

图 6.12　对应图：BNC64 中认知标记词的使用

8. 解释下面混合效应模型的结果；语言变量是在英式英语和美式英语的不同语类中，must 相对于其他强烈情态动词如 have to 和 need to 的使用。

9. 男性使用的脏话是否多于女性？用 BNC64 研究和比较工具（corpora.lancs.ac.uk/bnc64）来检验关于非正式英国话语中的脏话的不同社会语言假设。填表 6.5，注意不同的统计度量以及对它们的解释。

```
      AIC     BIC   logLik deviance df.resid
   2412.3  2456.9  -1198.1   2396.3     1943

Scaled residuals:
    Min      1Q Median      3Q     Max
 -1.9037 -0.6202 -0.3895  0.7452  2.4673

Random effects:
 Groups Name          Variance Std.Dev.
 Text   (Intercept) 1.52       1.233
Number of obs: 1951, groups:  Text, 743

Fixed effects:
                Estimate Std. Error z value Pr(>|z|)
(Intercept)      0.1783     0.2364    0.754 0.450635
VarietyB_BR      0.1567     0.1515    1.034 0.300982
GenreB_Fiction  -0.9825     0.2717   -3.616 0.000299 ***
GenreC_General  -0.2894     0.2569   -1.126 0.259977
GenreD_Press    -0.7682     0.2920   -2.631 0.008511 **
SubjectB_I      -1.1864     0.2153   -5.511 3.58e-08 ***
SubjectC_you    -0.8857     0.2030   -4.363 1.29e-05 ***
---
Signif. codes:  0 '***' 0.001 '**' 0.01 '*' 0.05 '.' 0.1 ' ' 1
```

表 6.5 脏话和性别：BNC64

脏话	结果是否具有统计显著性？	是否具有有意义的差异？
1.		
2.		
3.		
4.		

记住

- 研究社会语言变量可以从不同的角度入手：可以从拉波夫式意义保留社会语言变量的角度入手（从形式的角度）或从语言特征在不同说话者中的分布入手（从功能的角度）。
- t 检验和方差分析（及其它们的非参数对应检验：Mann-Whitney U 和 Kruskal-Wallis）都可以用来研究解释社会变量（性别、社会阶层）对不同语言特征使用的影响。
- 对应分析是一种探索性的分析方法，它比较不同说话者使用的多个变量，将这些变量缩减为两个因子并生成对应图。
- 混合效应模型是一组复杂的统计方法，它们可以同时解释不同的变量并包括说话者之间个体变化的效应。

补充阅读

Brezina, V. & Meyerhoff, M. (2014). Significant or random? A critical review of sociolinguistic generalisations based on large corpora. *International Journal of Corpus Linguistics*, *19*(1), 1-28.

Cardinal, R. N. & Aitken, M. R. (2013). *ANOVA for the behavioral sciences researcher*. Hove: Psychology Press.

Corder, G. W. & Foreman, D. I. (2009). *Nonparametric statistics for non-statisticians: a step-by-step approach*. Hoboken, NJ: Wiley.

Coupland, N. (2007). *Style: language variation and identity*. Cambridge University Press.

Greenacre, M. (2007). *Correspondence analysis in practice*. Boca Raton, FL: Chapman & Hall/CRC.

Johnson, D. E. (2009). Getting off the GoldVarb standard: introducing Rbrul for mixed-effects variable rule analysis. *Language and Linguistics Compass*, *3*(1), 359-83.

Labov, W. (2010). *Principles of linguistic change*, vol. 3: *Cognitive and cultural factors*. Oxford: Wiley-Blackwell.

配套网站：在线兰卡斯特统计工具

1. 本章的所有分析都可以用在线兰卡斯特统计工具进行。本章用到的工具有：
   - 组间比较工具
   - 对应分析工具
   - 混合效应 logistic 回归工具
   - BNC64
2. 该网站还为老师和学生们提供了额外材料。

7 历时变化：
分析历时数据

7.1 本章概述

本章讨论的统计方法可以用来探索历史或历时数据，即显示一个语言变量在一个时间段演变的数据。首先，我们先概述历时研究的特征并介绍能对历时变化提供有效可视化的方法。接下来，本章将重点介绍用自助法对两个时间段进行统计比较。然后，本章将讨论聚类分析（见第5章）在历时研究中的应用。本章将介绍一种特定的聚类方法（邻近聚类分析），它会考虑数据的历时排序。最后，本章将介绍一种在历时数据中统计识别波峰和波谷的方法——用法波动分析。波峰和波谷法将非线性回归模型应用到数据中，并找出时间中的极端点（异常值），在这个点，话语会发生巨大的变化。用法波动分析追溯一个词的搭配词的历时发展；用波峰和波谷法，我们能找出一个词的用法发生巨大变化的点。

我们将探索下面五个问题：

- 如何测量语言的历时发展，并用图的形式将其表现出来（7.2 节）？
- 如何评估随着时间的推移，一个变化是否出现（7.3 节）？
- 如何从统计的角度将时期归类（7.4 节）？
- 如何在话语中为变化建模并用图的形式将其表现出来（7.5 节）？
- 本章讨论的方法如何用在研究中（7.6 节）？

7.2 时间作为变量：测量和可视化

思考

在阅读本节前，请看图 7.1。20 世纪的英语中情态动词的使用有什么变化？

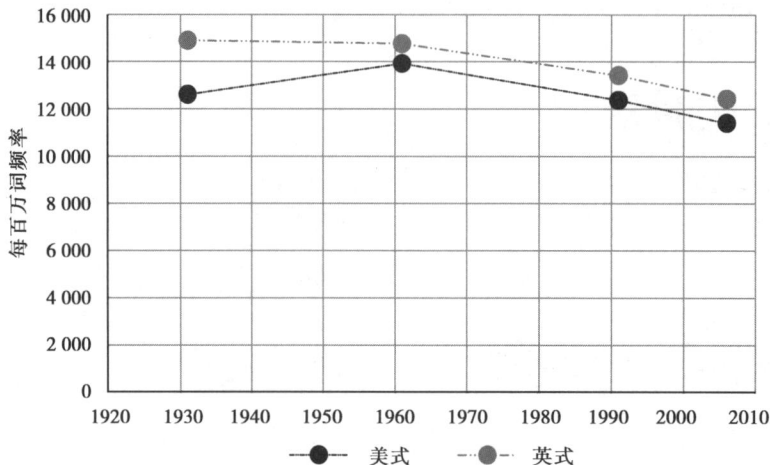

图 7.1　布朗家族语料库中的情态动词

　　历时变化这个概念是本章描述的分析的核心。从统计学的角度看，时间是一个持续（规模）变量；也就是说，我们可以在一个连续体（世纪、十年、年、月、周、日、小时、分钟、秒、微秒等）上测量时间。以时间为变量的研究被称为**历时**或**纵向研究**。有时，我们也从人生阶段［即**年龄**，它是社会语言学（见第 6 章）和语言习得研究中的重要变量］的角度来测量时间。大多数历时研究都关注语言中发生的变化，但我们也不要忘了语言变化的另一面——**语言稳定性**——也同样值得关注。语言就像一个有很多层的大砖头房子，不同的楼层在不同的时候都在经历不断的翻新；要替换一些砖头，另一些需要保持不动，这样才能保证房子不倒。贝克（Baker，2011）研究了英式英语在 20 世纪的变化，他的研究既关注那些频率和/或意义发生了变化的词，也关注那些保持不变的词。贝克（Baker，2011）称那些用法保持不变的词为**锁词**，他举了两个例子 times 和 money。从统计学的角度来看，我们面临的主要挑战是如何在不同的语料库中发现词频的稳定性，换言之，如何找出锁词。这是因为整个科学和统计学范式都是关注如何找出差异和变化，而稳定性常常被忽视。另外，统计学推论的框架是：我们决不能接受零假设，而零假设往往声称没有差异或变化；我们只是说我们没有足够的证据推翻零假设，缺乏证据来推翻它并不意味着它是真的——同理，想一下法庭审判，判决书上写着"无罪"并不一定意味着这个人没有犯罪；它只能说起诉方没有成功地证明它（见 1.3 节）。要找出稳定性，我们需要用到描述统计学的方法并充分理解数据，这样才能找出语言使用中保持不变的元素（对锁词的讨论见 3.4 节）。

　　要进行历时研究，我们需要合适的语料库，这种语料库我们称之为历史语料库或历时语料库。**历时语料库**抽取不同时期的语言或话语。英语的历史语料库有布朗家族语料库[1]、赫尔辛基英语文本语料库、早期英语书信语料库、历史美式英语语料库和早期英语书籍在线语料库。这些语料库的大小不同，有的有几百万词（如布朗家族语料库、赫尔辛基英语文本语料库、早期英语书信语料库），有的有几十亿词（如早期英语书籍在线语料库）。如同任何语料库研究一样，我们需要批判性地评估历史语料库中语言证据的量和质。历史数据给我们呈现了更多的挑战，因为历时维度会带来更多的变量来源。里奇（Leech，2011）讨论了情态动词的演变（见"思考"任务），[2] 在他的基础上，我们应该考虑基于语料库的历史语言学的三个重要层面，这三个层面需要我们批判性地评估：（1）语料库的历时代表性；（2）对语言演变的另一种解释；（3）语言形式的意义的波动。让我们依次考虑这三个层面。首先，**历时代表性**是历史语料库的一个特征，它使得语料库能够系统地反映随时间变化的总体（语言使用）。语料库是语言的样本，其目的就是要代表总体，对历时语料库来说，总体是处于变化过程中的（见 1.4 节）。这一变化涉及新词、新语法特征甚或新语类的出现。历时代表性甚至比语料库的大小更重要。比如，里奇（Leech，2011）显示，要追踪一个语法特征（如情态动词）的演变，布朗家族语料库（它代表了书面英语的各种语类）提供的数据比基于一个单一来源的更大语料库（如美国《时代》杂志[3]）的数据更准确；《时代》杂志语料库由于代表性有限，它更能反映随时间的推移不同编辑做法的变化。因此，基于这个语料库的结论不能（如果没有更多的证据）概括至 20 世纪英语的总体演变。

另外，在考虑历时代表性时，我们需要处理历史数据固有的一些局限性。我们必须意识到，过去只有一小部分语言被记录和保存下来。历史语料库通常不是某一历史时期的平衡语料库，它只提供了一个狭小的棱镜，来窥探我们被保存下来的语言（McEnery & Baker，2017）。而且，历史语料库几乎都是书面语言语料库。原因很明显：除非用书面的方式（少见）记录下来，否则我们是无法获得历史口头语言的。第一个对口语的录音是在 19 世纪晚期。但不管怎么说，一些书面语类（如个人信件）反映了半正式和不正式的语言使用，可以用来进行变异社会语言学分析（它一般分析口语数据）（Nevalainen & Raumolin-Brunberg，2003：26）。另外，得以保存下来的书面语往往是书

1　布朗家族语料库原本设计为共时语料库。由于每个语料库都按照同一个抽样框进行抽样（见 1.4 节），而且每个语料库的抽样时期不同，因此可以把整个布朗家族语料库当成一个历时语料库——见本节的例子和贝克（Baker，2011，2017）。

2　这篇文章是里奇（Leech，2003，2011）和米勒（Millar，2009）争论的一部分，这篇文章提出了与语料库分析和语言变化相关的很多有趣问题。

3　时代杂志语料库一直以来都用于英语的历时分析，它由 1 亿词构成，文章来自 1923 年到 2006 年的《时代》杂志。

籍、小册子和官方文件，它们都是这个时期的一小部分人写的——那些有文化和受过教育的人。因此，历史数据的语言样本就会出现偏斜，这个偏斜体现在所代表的语类和作者的社会阶层上（Nevalainen & Raumolin-Brunberg，2003）。由于历史语料库的这些问题，有学者指出，任何历史语言学研究，究其根本，都只是"充分利用坏数据"（Nevalainen，1999）。

　　第二，我们需要考虑基于现有的证据，**对语言演变的另一种解释**。如果没有足够的证据，或证据偏向某一语类或某一类型的说话者/作者（见上面"历时代表性"），那么我们观察到的模式就是模糊的。一般来说，历时越久远，证据就越少。比如，从古英语时期（450—1100）保留下来的所有文本就只有不到 3 百万词，[4] 而从 17 世纪以后，语料库就包括了几十亿词［如，早期英语书籍在线语料库 v.3（McEnery & Baker，2017）也是用的这个语料库，单是 17 世纪的文本就有接近 10 亿词］。在这种情况下，我们一定不要在缺少证据的情况下自行解释；好的做法是：将证据（数据）和解释分开。回到里奇（Leech，2011）的讨论，让我们看一下这两个历史抽样点（1961 年和 1991 年），我们是否能观察和解释这两点之间的语言变化？在图 7.1 中，这两个历史抽样点用直线连接起来，另外两个抽样点（1931 年和 2006 年）证实了这个趋势。我们需要意识到，这两个数据点之间的直线已经是对数据解释的一部分了，这个解释也许准确，也许不准确。我们的历史抽样点越少，我们越有可能做出这种解释。图 7.2 是用与图 7.1 同样的数据做出的另一种解释（很多解释中的一个）。

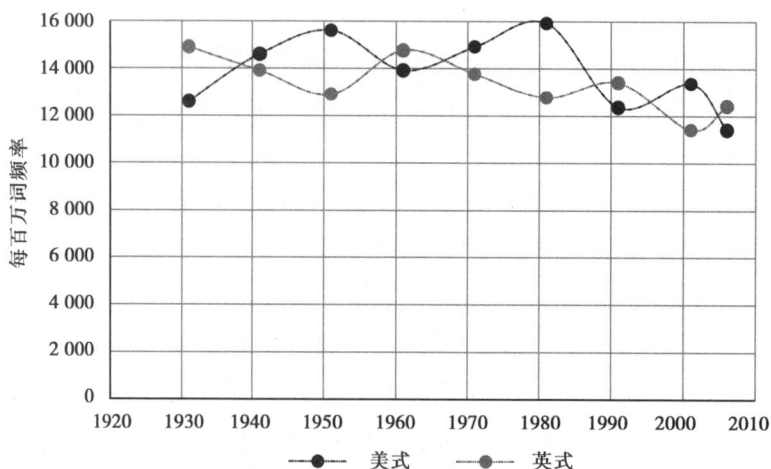

图 7.2　布朗家族语料库的情态动词：另一种解释

　　如果增加更多的数据点，就会减缓这个问题，因为更多的数据点可以使

4　这个词数统计基于古英语完整语料库（Healey，2004）。

我们更准确地追踪语言变化的轨迹。虽然我们无法获得更多像这样的数据点，但我们可以接受另外的解释。要描述一些语言变化，一条直线（最简单的模型）就足够了。但对于其他历时过程，我们需要更复杂的模型（复杂曲线）。比如，语音和语法变化往往是一个 S 型曲线（Nevalainen & Raumolin-Brunberg，2003：53-5；Blythe & Croft，2012），而许多词汇和话语变化是在波峰和波谷之间波动（见 7.5 节）。

　　第三，**语言形式的意义的波动（历时多义词）**是我们在研究语言演变时需要认真考虑的现象；同样的语言形式常常会随着时间的推移而改变意义（或意义集），因此在历时分析中，我们需要解释语义的演变，而不只是描述语言形式频率的变化。比如，里奇（Leech，2011）解释说，在英式英语和美式英语中，情态形式 may 越来越多地用来表达可能的认知意义，如 She may be right，而越来越少地用来表达允许的道义意义，如 Please may I finish（在这种情况下常用 can 而不是 may）。在分析情态动词的历史演变时，我们需要报告语义的演变，这样才能完整地反映出这个词的演变。

　　针对上面三个层面（即语料库的历时代表性、对语言演变的另一种解释和语言形式的意义的波动），将语料库语言学与单纯定量分析语言"大数据"的方法（如文化基因学）区分开来（Michel et al.，2011）；这些方法常常对词和概念的历时演变做出笼统的解释，几乎不考虑重要的语言线索和科学原则。比如，要绘出 man 和 woman 这两个词的语言／社会变化图很容易，但如果我们没有获得这些语言形式的使用实例（检索行）以及语料库构成的信息，那么我们就很难解释这一证据。在图 7.3 中，我们可以看到在 1800—2000 年这段时期，词形 man（最上面一条线）和词形 woman（最下面一条线）不断变化的频率。我们可以看到，man 随着时间的推移在减少，而 woman 随着时间的推移在增加，这可以解释为话语中性别不平等的鸿沟在渐渐缩小。但这个演变也可能与语料库的构成及文化和语义的改变有关，或与其他因素有关——我们无从得知。从这里，我们可以得出一个普遍原则：如果对历时数据的分析没有确保透明性、归责性和跨越时间的可比性，那么这个分析就是毫无意义的。

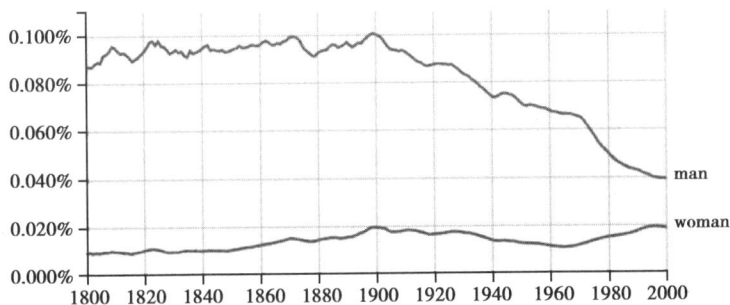

图 7.3　谷歌 n 元模型查看器："man" 和 "woman"

我们看到了，文化基因学和其他类似的方法如何用代表性和对意义波动的敏感性来换取大量证据（因此得名"大数据"方法）；但这可不是桩好买卖（Leech，2011；Pechenick et al.，2015；McEnery & Baker，2017：1.3 节）。

最后，让我们来看一下历时数据的可视化选择。我们已经看到了三张图（图 7.1—图 7.3），它们用**线形图**描述了语言变化。线形图是一种简单的显示，x 轴是时间变量，y 轴是语言变量的频率。线形图可以帮助我们解释语料库中的变化模式。注意：图中的实线是将数据点连接而成的，它本身已经是对数据的解释了。因此，在图 7.1 和图 7.2（不是图 7.3）中，这条线是用虚线表示，以显示其解释的不确定性。这些数据点是铁证，而整体趋势是不确定的（用虚线表示）。另外，在处理线形图时，我们必须要记住，历史数据中的变化或波动可以显得很大或很小，这取决于轴的尺度和图的起点。为了说明这一点，图 7.4 的上下两张图都代表了完全一样的数据（圆圈表示）和完全一样的解释（虚线表示）。唯一的区别是轴的尺度。注意：在下一张图里，y 轴不是从 0 开始，而是从 11 000 开始，一直上升到 15 000 而不是 16 000。

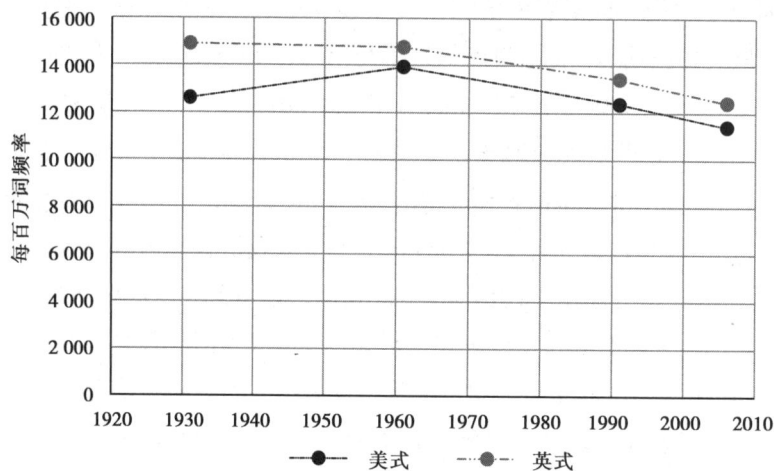

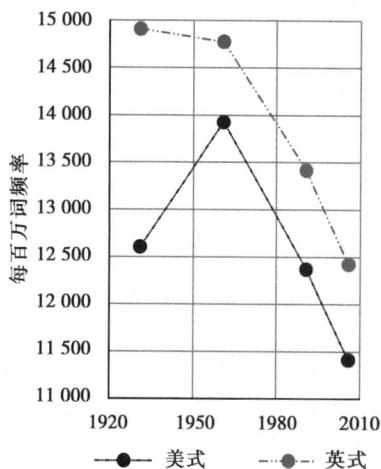

图 7.4　布朗家族语料库的情态动词：原始图（上图）和改变尺度后的图（下图）

图 7.4 传达出来的信息是：我们一定要注意图中使用的尺度，而且在比较多个图时一定要用同样的尺度。尽管从绘制数据的角度来看，轴的尺度和图的宽高比看上去有点随意（图 7.4 的两张图显示的是完全一样的数据），但这些考虑对于信息的视觉解码（即理解和对图做出正确的解释）非常重要。我们可以把图 7.4 的下一张图想象为上一张图的放大和缩小版；它可以帮助我们注意到数据中更细微的模式——克利夫兰（Cleveland，1994：66ff.）指出，不会太平或太尖，倾斜度平均 45° 的图（如同图 7.4 的下一张图）是最适合解释的。但我们也应该避免人为“夸大”图中能观察到但在数据中并不存在的效应。

历时数据可视化的其他选择包括箱形图、误差条、迷你图和烛台图。1.5 节详细讨论了**箱形图**和**误差条**。它们可以让我们窥见每个历时抽样点的内部并分析在某个历史时期单个文本之间的变化。误差条可以显示围绕每个历史时期均值的 95% 置信区间。图 7.5 显示了图 7.4 上面一条线（浅色）的数据，即英式英语的数据。这张图不是用一个值（均值）代表每个历史时期，而是显示每个时期文本之间的内部差异。

在处理随时间而变的多个变量时，我们可以用迷你图，它能高效地总结多个趋势。**迷你图**是一种很小的图，它只有一个单词这么大，能无缝嵌入文本中（Tufte，2006：46-63）。对历时数据来说，线形迷你图是最有用的。下面举了一个迷你图的例子，它显示了情态动词 must 在 17 世纪中的演变：

must 在 17 世纪中的使用有大量的波动

除了整体趋势，迷你图还提供了最大值和最小值（线上和线下的实心点）。因此，它用相对较小的空间显示了丰富的信息，如果我们要用语言来描述这个数据，那将会占用大量的空间。上面的迷你图显示了 100 个不同的抽样点。

除了多个迷你图，我们还可以用烛台图。**烛台图**是一种数据可视化形式，在这种图里，语言变量被描述为一个台子和"蜡烛芯"，像一个烛台（因此命名为烛台图）；尽管从表面上看烛台图与箱型图类似，但它们所基于的原理是不同的。财务报告常常用烛台图来追溯股票价格的变化。图 7.6 显示了一个烛台图的例子，它显示了在 1931—2006 年期间不同情态动词的演变。每个"烛台"表示这个时间序列的起点、终点、最小值和最大值。起点值和终点值是由这个台子表示；如果最小值和最大值不同于起点值和终点值，那么最小值和最大值就由台子外面的蜡烛芯表示。另外，台子的颜色（填充或未填充）表示变化的方向：填充的台子表示下降，未填充的台子表示上升。在图 7.6 中，我们可以看到，在这个时期，8 个情态动词中的 2 个频率增加了（由未填充的台子表示），而剩下的6个频率下降了。除以上两种情况（最大值在台子外面）外，其他的上升和下降都很"平稳"，即没有频率波动。

（a）

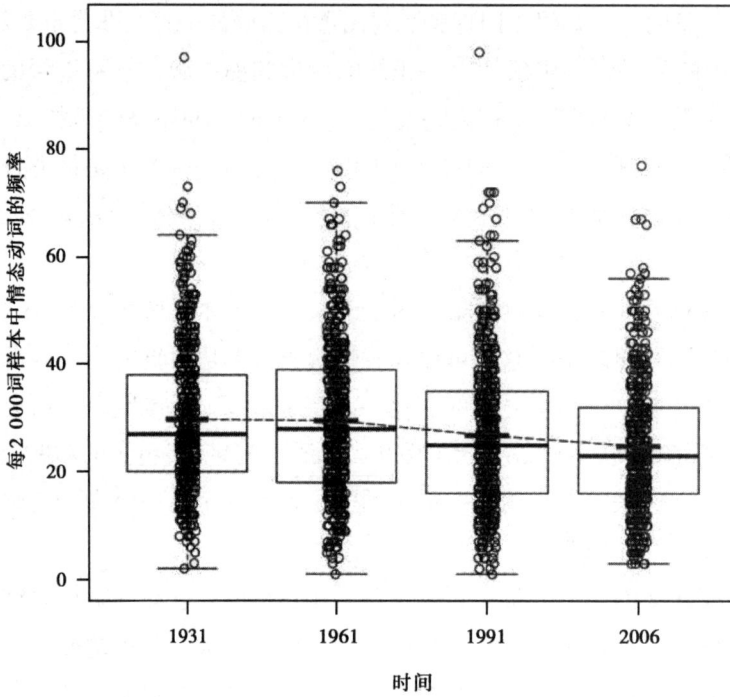

（b）

95% 置信区间

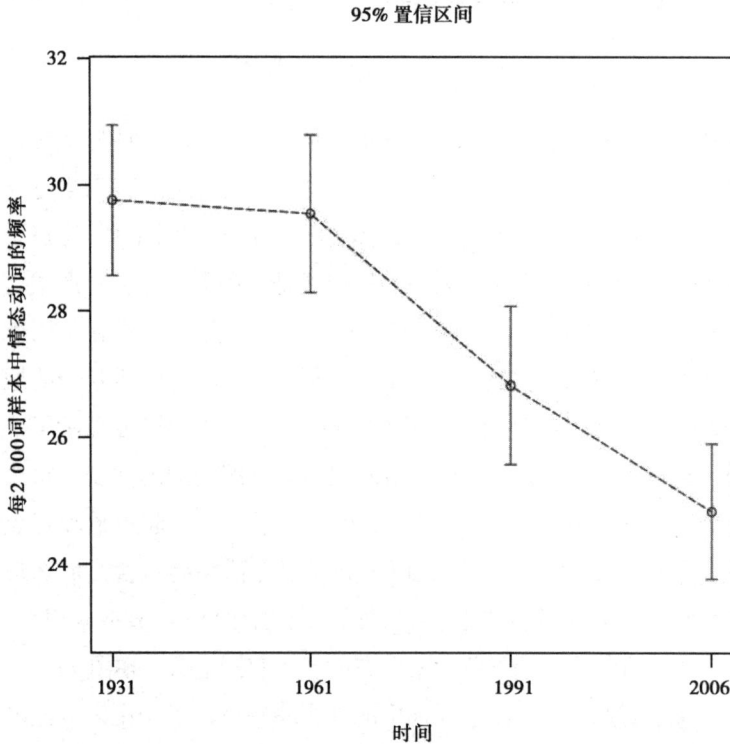

图 7.5　英式英语中的情态动词：（a）箱形图；（b）95% 置信区间误差条

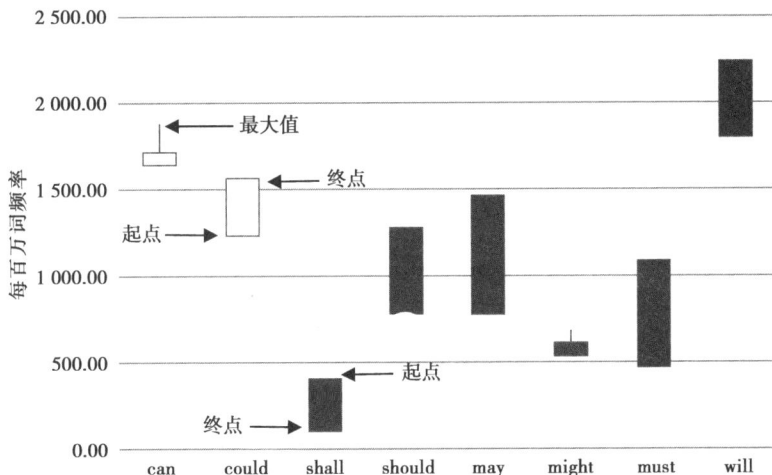

图 7.6 烛台图：单个情态动词在 1931—2006 年期间的演变

总而言之，分析历史语言数据给我们带来了挑战，除了要考虑一般语料库研究的方法问题，我们还需要考虑与历时维度相关的特殊要求。有效的可视化包括线形图、箱形图、误差条、迷你图、烛台图等，它们是任何历时研究的起点。

7.3 发现和解释差异：百分比变化和自助检验

思考

在阅读本节前，请看下面的条形图，比较两个历史时期物主代词 its 和术语 pestilence 的用法。你可以得出什么结论？

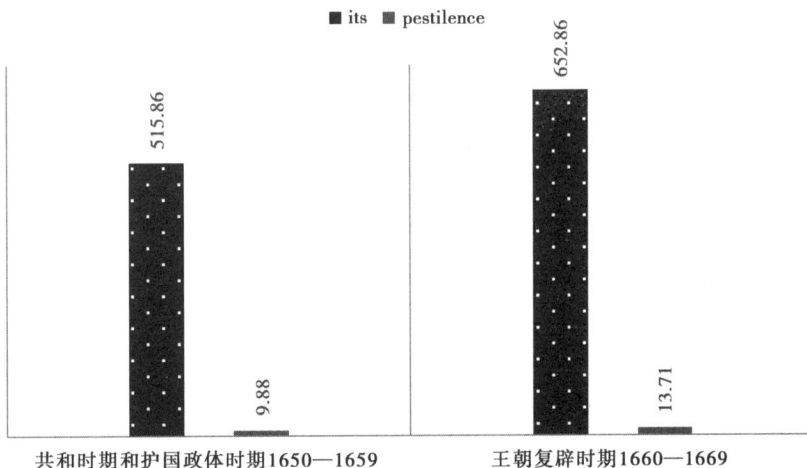

广义地说，在比较两个语料库时，我们要回答的最重要的问题是：这个变量在语料库 1 中的频率是否显著大于或小于它在语料库 2 中的频率。另外，在进行历时比较时，我们需要评估这个观察到的频率差异是否与话语 / 语言的变化有关，或与其他变化有关。有学者指出，取样自同一种语言的语料库也常常有显著差异（Gablasova et al., 2017a），因此我们需要非常谨慎地解释差异。在分析历史语料库（往往是机会抽样，见 7.2 节讨论的"坏数据"问题）的时候，我们更需谨慎。让我们先看一下来自早期英语书籍在线语料库 v.3 的例子，以及分析和解释数据的方式。表 7.1 列出了四个语言变量［its，must，time(s) 和 pestilence］并比较了早期英语书籍在线语料库中的两个抽样点，它们反映了 17 世纪的两个历史时期：（1）共和时期和护国政体时期；（2）王政复辟时期。在英国，17 世纪后半叶标志着极大的政治动荡和许多社会变革，我们可以假设，这些变革会影响话语和语言本身。

表 7.1　早期英语书籍在线语料库中两个时期的比较：共和时期和护国政体时期和王政复辟时期

语言特征	语料库 1—共和时期和护国政体时期语料库大小：168 912 439	语料库 2—王政复辟时期语料库大小：111 998 646	百分比增 / 减
its	515.86[a]	652.86	+27
must	1 173.02	1 135.67	−3
time(s)	1 445.57	1 355.84	−6
pestilence	9.88	13.71	+39

[a] 每百万词相对频率

要看到两个抽样点之间的差异，我们可以计算一个简单的百分比增 / 减。**百分比增 / 减**是一个统计数值，它表明一个语言变量的值在两个时期增加或减少了多少百分点。它的计算方程式是：

$$\% \text{增 / 减} = \frac{\text{语料库 2 的相对频率} - \text{语料库 1 的相对频率}}{\text{语料库 1 的相对频率}} \times 100 \quad （7.1）$$

语料库 1 是时间较早的那个语料库，语料库 2 是时间较晚的那个语料库。

在表 7.1 中，最后一列显示了四个语言变量的百分比增 / 减。下面计算表中物主代词 its 的百分比增 / 减。

$$\text{its 的百分比增 / 减} = \frac{652.86 - 515.86}{515.86} \times 100 = 26.6\% \quad （7.2）$$

总的来说，表 7.1 显示了 2 个增加实例和 2 个减少实例。在两个增加实例中（its 和 pestilence），这个增加似乎很大（分别是 27% 和 39%）。要说明哪个增加和减少实例是由于偶然（抽样误差）造成的，哪个具有统计显著性，我们可以用一种统计检验来评估。在这种情况下，我们常用卡方检验或对数相似值检验，但这两种检验不适合这类比较（Lijffijt et al.，2012，2016；Brezina & Meyerhoff，2014）。我们要用一种能考虑语言变量在两个语料库的单个文本中分布的检验（见 1.4 节的"单个文本 / 说话者设计"）。我们可以用 t 检验、Mann-Whitney U 检验（见 6.3 节）和自助检验（见下）。自助法是一种较新的统计方法（因为它要求强大的计算能力，以前的计算机没有这种能力（Efron，1979），它提供了强大的方法来评估变化并估算统计显著性（Efron & Tibshirani，1994；Chernick & LaBudde，2014）。**自助法**是一个多次重复抽样的过程，它常常重复上千次，每次都更换数据——也就是说，我们这样从语料库中随机抽取文本：每个文本都可以在样本中出现多次，因为用过一次之后我们就"更换"了它（即又将它放回语料库中）。在每个重复抽样循环中，我们记录下我们感兴趣的统计值（如一个语言变量的平均频率）；这就让我们看到了数据中的变化量，并让我们有足够的信心从样本推论至总体。举个例子，假设我们有一个语料库由 5 个文本 A，B，C，D 和 E 组成，每个文本都有一个语言变量的频率（图 7.7）。

corpus	Text A Freq: 10	Text B Freq: 5	Text C Freq: 15	Text D Freq: 1	Text E Freq: 20	mean = 10.2
resampling cycle 1	Text A Freq: 10	Text A Freq: 10	Text B Freq: 5	Text D Freq: 1	Text E Freq: 20	$mean_1$ = 9.2
resampling cycle 2	Text A Freq: 10	Text A Freq: 10	Text A Freq: 10	Text B Freq: 5	Text B Freq: 5	$mean_2$ = 8.0
[···]						
resampling cycle n	Text C Freq: 15	Text D Freq: 1	Text D Freq: 1	Text E Freq: 20	Text E Freq: 20	$mean_n$ = 11.4

图 7.7　自助法：描述概念

"自助"本意是"靠自己的力量振作起来"，这里指"自助算法的自助本质"（Efron，1979：465），它多次使用同一样本中的数据，目的是估算总体中我们感兴趣的值。

在这一节，我们将关注**自助检验**（Lijffijt et al., 2016）。自助检验是统计显著性的非参数检验（即它不对语言变量在总体中的分布做出假设，而且可以用于极度偏态的分布），它比较两个语料库并计算与这个比较相联系的 p 值。这个检验基于自助法原理——多次重复抽样。这个检验的方程式是（Lijffijt et al., 2016）：

$$p = \frac{1 + 2 \times 自助循环的次数 \times (p_1 \, 或 \, 1-p_1, \, 取较小的那个值)}{1 + 自助循环的次数} \quad (7.3)$$

其中

$$p_1 = \frac{H \, 值的所有循环次数的总和}{自助循环的次数}$$

H 可以是 1，0.5 或 0，取决于以下几种情况：

H=1 重复抽样语料库 1 中我们感兴趣的值 > 重复抽样语料库 2 中我们感兴趣的值

H=0.5 重复抽样语料库 2 中我们感兴趣的值 = 重复抽样语料库 1 中我们感兴趣的值

H=0 重复抽样语料库 2 中我们感兴趣的值 > 重复抽样语料库 1 中我们感兴趣的值

这个检验背后的理念很简单：我们在大量的自助循环中比较重复抽样语料库 1 和重复抽样语料库 2，并找出这两个重复抽样语料库中的一致性差异，它会生成一个较低的 p 值（统计显著性）。如果在所有或大部分情况下，重复抽样语料库 1 要么大于（我们在上面的方程式中加 1），要么小于语料库 2（我们加 0），就会生成低 p 值。要使得这个检验生成可靠的结果，我们需要足够的自助循环：1 000 次或以上。

在实际操作中，当运行自助检验时，我们需要追踪语言变量在单个文本中的分布，并对频率进行标准化处理——我们需要得到相对频率（见 2.3 节）。图 7.8 提供了这种数据集的例子（在几千个实例中只显示了前 10 个）。把这个数据代入方程（7.3）。结果是 p 值，它显示这个比较是否具有统计显著性。

表 7.2 显示了对表 7.1 的比较（追踪了 17 世纪四个语言变量的演变）进行自助检验的结果（p 值）。我们可以得出结论：其中三个比较具有统计显著性，即 p 值小于 0.05。除了 p 值，我们还可以列出变化的大小（效应量）。这可

以通过计算标准化的效应量度量（如 Cohen's d 或稳健 Cohen's d，见 6.3 节和 8.4 节）来实现，并提供这个度量的 95% 置信区间。Cohen's d 或其他效应量也可以用自助法来估算。[5]

ID	1650_59	1660_69
1	0	0
2	662.01	0
3	191.36	0
4	1625.28	0
5	475.62	0
6	338.29	0
7	326.26	377.42
8	110.05	3002.40
9	0	1059.2
10	0	1236.4

图 7.8　自助检验的数据集例：早期英语书籍在线语料库中的 its

表 7.2　比较早期英语书籍在线语料库中的两个时期：自助检验的结果

语言特征	基于自助检验的 p 值（1 万个样本）显著与否？	（<0.05）	效应量：Cohen's d 和 95% 置信区间
its	0.000 1	显著	0.11［0.15，0.07］；小效应
must	0.006 1	显著	0.06［0.1，0.02］；小效应
time(s)	0.807 0	不显著	0.01［0.04，–0.05］；小效应，CI 包括 0
pestilence	0.000 1	显著	0.11［0.15，0.07］；小效应

[a] 原始频率（每百万词相对频率）

　　最后，我们需要判断两个语料库（分别代表两个时期）之间哪些统计显著的差异是由语言的历时变化造成的，哪些是由其他因素造成的。我们可以批判性地评估（1）语料库的代表性和可比性；（2）与其他数据来源和 / 或先前研究相比的结果；（3）与更大的历时数据（如果可获得的话）相比的结果。表 7.3 简要评估了表 7.2 统计分析结果的这三个方面。

5　注意：表 7.2 报告的效应远远小于表 7.1 报告的基于总体百分比变化的效应；这是因为自助法（不像总体百分比改变）还考虑了单个变化。

表 7.3　对结果的最终评估：its，must 和 pestilence

	（ⅰ）语料库代表性和可比性	（ⅱ）其他数据来源	（ⅲ）更大的历时数据
its		基于其他语料库的文献也报告了 17 世纪中 its 使用的增加（如 Nevalainen & Raumolin-Brunberg, 2003）。	
must	早期英语书籍在线语料库抽取自印刷书籍。因此，它能反映特定历史时期的出版规范（如，一些文本在出版前就已经被创作出来，一些文本在后面出版的时候做了更改）；语类构成的变化也应该加以考虑。	还没有文献报告 17 世纪中情态动词频率的改变。	
pestilence		这个词在 1660 年代的暂时增加可能反映了 1665—1666 年期间的大瘟疫。需要研究这个词与其他术语（如 plague 和 black death）之间的竞争。	

报告统计数据：自助检验

1. 报告什么

　　自助检验唯一的结果是 p 值，它取决于样本的数量。我们应该报告 p 值和样本的数量。按照惯例，如果 p 值大于 0.001，我们就应该报告它的确切值；如果 p 值小于 0.001，我们就应该报告为 $p<0.001$。另外，我们还应该报告效应量（Cohen's d）和效应量的 95% 置信区间。

2. 如何报告：示例

・我们用自助检验（Lijffijt et al., 2016）来比较代表两个历时抽样点的语料库。代词 its 的使用差异具有统计显著性：$p<0.001$，1 万个样本。效应量（Cohen's d）很小：$d=0.11$，95% 置信区间［0.15，0.07］；

7.4　归类时期：邻近聚类分析

思考

在阅读本节前，请思考下面的问题：你如何根据相似性将图 7.9 中的数据点归类？

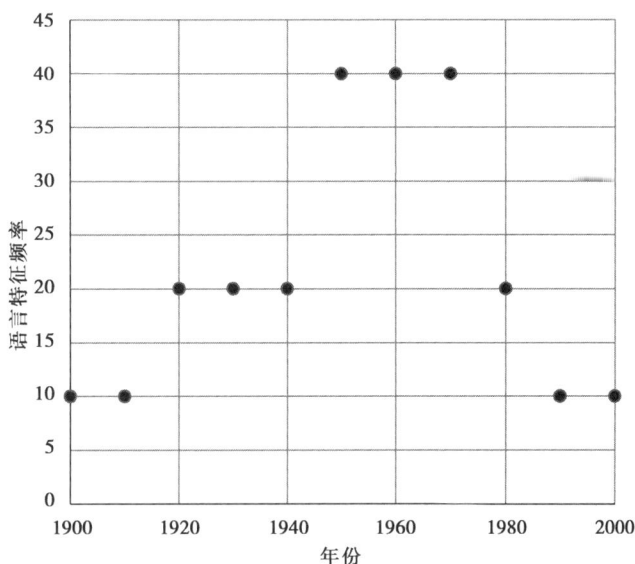

图 7.9　跨越时间的数据点：一个虚构的例子

5.3 节解释了聚类分析的一般原则。简要来说，聚类分析比较单个数据点之间的距离，并将离得最近的数据点归到一起，创造出一个新的单位（一个新的数据点）；这个过程会重复多次，直到每个数据点都被归到一个大聚类下。这个过程能帮助我们基于相似性（如文本、说话者或语类之前的相似性）发现数据中的结构。对历史分析来说，我们又增加了聚类分析的一个维度——时间。时间又增加了一层结构，因为它根据时间序列来整理数据，一个事件接着另一个事件。根据我们的研究问题，我们可以决定是否要把时间序列作为聚类分析的组织原则。如果研究问题很泛（如在某一语言变量的使用上，哪些历史时期很相似？），我们可以用简单的凝聚层次聚类分析（见 5.3 节）。如果我们想根据某一语言变量使用的相似性找出更大的持续时期，那么我们需要用到尊重单个数据点时间顺序的聚类分析。在这种情况下，我们可以用基于可变性的邻近聚类分析（Gries & Hilpert，2008，2010）。**基于可变性的邻近聚类分析**只计算两个时间邻近的数据点（如前后年份）之间的相似性，然后合并那些最相似的数据点。这个过程将重复下去，直到所有的数据点都合并成一个大聚类为止。图 7.10 显示了凝聚层次聚类分析与可变性的邻近聚类分析之间的差异。来自"思考"任务中数据集的数据点既可以纯粹基于它们的相似性（不考虑时间顺序）而归在一起（左图），也可以作为相邻数据点合并在一起（右图）。比如，凝聚层次聚类分析将 1900 年、1910 年、1990 年和 2000 年这几年归在一起，因为它们的目标语言变量有相同的频率（10）。而基于可变性的邻近聚类分析根据相邻合并的原则，把 1900 年和 1910 年合并为一组，把 1990 年和 2000 年合并为另一组。图 7.11 显示了两个方法最后的系统树图。它们是图 7.10 聚类的另一种图形显示。

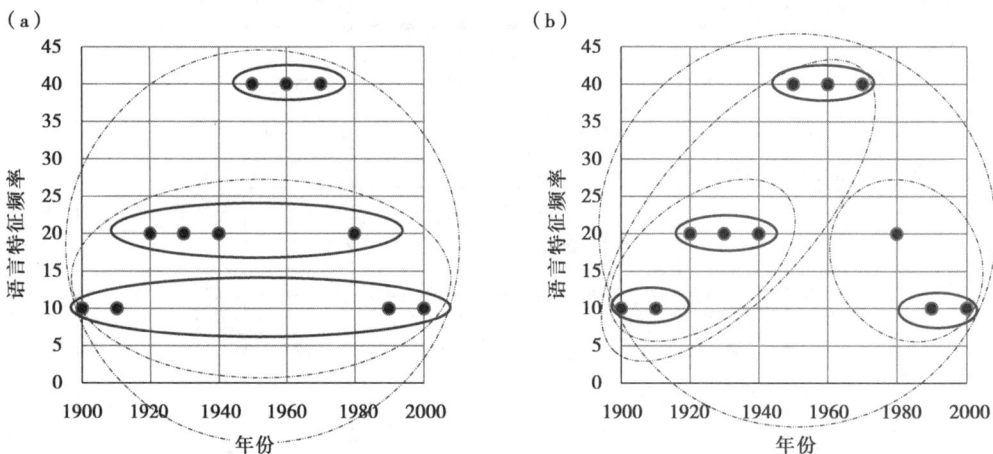

图 7.10　两个聚类原则（a）凝聚层次聚类；（b）基于可变性的邻近聚类

　　在基于可变性的邻近聚类分析中，如同在凝聚层次聚类分析中一样，我们需要决定两个设置：（1）距离（或相似性）度量；（2）合并两个数据点的方法（合并规则）。有很多距离度量，如欧几里得距离、曼哈顿距离和堪培拉距离（见 5.3 节）。另外，我们可以用相关来测量广义上的相似性（皮尔森相关或斯皮尔曼相关，见 5.2 节）；如果我们对数据点之间的确切差异不感兴趣，而想找出数据集中的相似趋势，那么我们就可以用这种方法。在使用相关时，距离的计算方法是 1− 相关系数（$1-r$ 或 $1-r_s$），因为当相似度高的时候，相关性也高（接近于 1）。我们也可以用标准差或变异系数（见 2.4 节）来测量距离；这些度量计算单个值与均值的距离。变异系数还可以对距离进行标准化处理，这样，系统树图 y 轴上的值在不同语言变量之间就具有可比性了。接下来，合并规则取决于合并数据点的新值。有几种选择：单连接法、完全连接法、平均连接法和 Ward 法（见 5.3 节）。选择哪种方法取决于分析的目的（研究问题），因为它直接影响聚类分析的结果——系统树图的形状。在语料库语言学中，我们需要更多的验证研究来实证性地评估不同方法的效应。有学者在基于可变性的邻近聚类分析中用到下面的选择（Gries & Hilpert，2008，2010；Hilpert & Gries，2009；Hilpert，2011）：

（i）标准差、变异系数、皮尔森相关、校正均值比 [6]

（ii）平均连接法

6　关于校正均值比的解释，包括其方程式，见 Gries & Hilpert，2008：73。

（a）

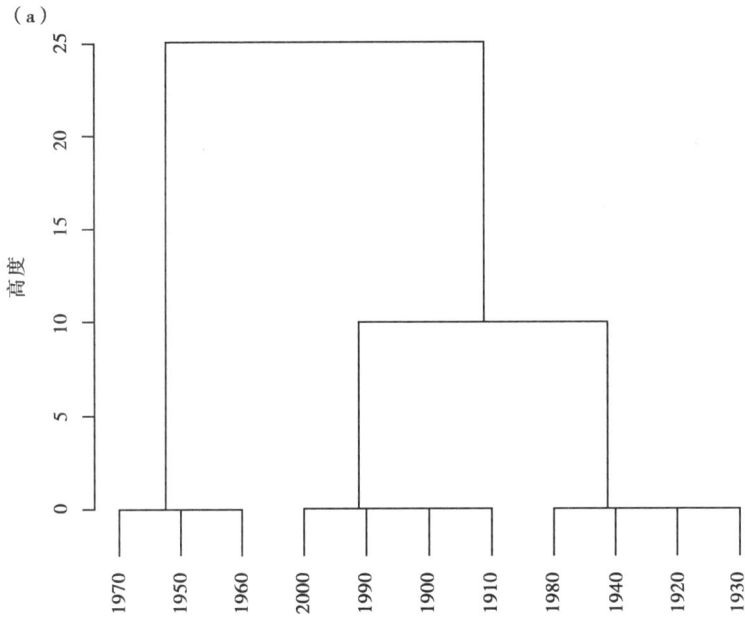

树形图：平均连接法

（b）

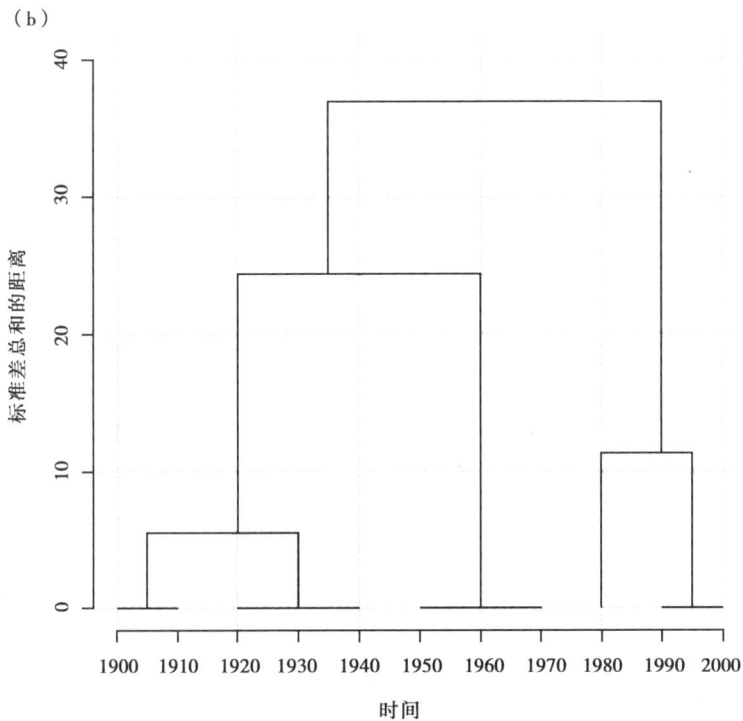

图 7.11 系统树图:（a）凝聚层次聚类;（b）基于可变性的邻近聚类

基于可变性的邻近聚类分析可以根据语言使用的相似性将单个时间数据

点（如年、十年）归类为更大的历史时期。这样，我们就可以看到语法或词汇的变化以及它是在哪些时间段变化的。比如，我们可以观察到物主代词 its 在 17 世纪增多，并可以将其归纳成几个阶段。这个代词开始用作 his 的中性形式之前，它既可以指男性也可以指中性，而且与它的释义短语 of it 和 there of 竞争使用（Nevalainen & Raumolin-Brunberg，2003：62）。表 7.4 提供了 its 在 17 世纪中的相对频率，以 10 年为一个测量单位。

表 7.4　物主代词 its 在 17 世纪中的相对频率（每百万词）

十年	1600s	1610s	1620s	1630s	1640s	1650s	1660s	1670s	1680s	1690s
相对频率	9.39	23.4	77.71	161.93	309.79	515.86	652.86	694.93	673.6	751.37

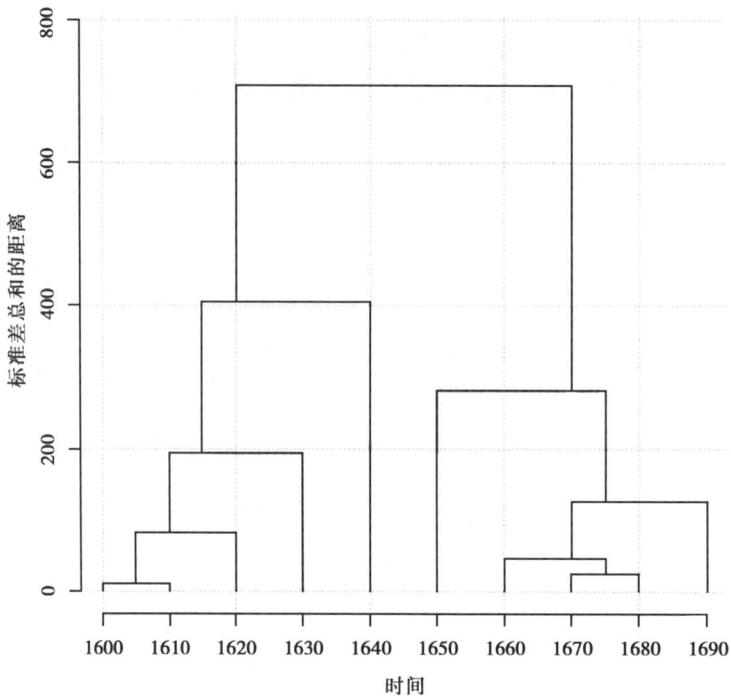

图 7.12　系统树图：物主代词 its 在 17 世纪中的使用

　　基于表 7.4 的系统树图显示了两大时期的区分：1600 至 1640 年和 1650 至 1690 年（图 7.12）。如果我们想再细分一下这两大时期，我们就需要判断主要的差异在哪里。在系统树图中，聚类之间的差异由图中垂直线的高度表示。由于很难比较图 7.12 的各个高度（尤其是有多个数据点的时候），碎石图（类似于因子分析中用的碎石图，见 5.4 节）可以帮助我们决断主要的聚类细分。在碎石图中，x 轴显示了聚类的数量，y 轴显示了高度（聚类之间的距离）。碎石图的形状像一个布满小石头（数据点）的山坡，因此得名"碎石图"。陡坡表明聚类组之间的差异很大，而缓坡表明聚类组之间的差异很小。在图 7.13（系统树图 7.12 的碎石图）中，我们可以看到，在两个大的聚类之后，碎石图开始变得平缓，我们将这个地方称为拐点。用碎石图，我们可以证实，系统树图的主要细分是在两个聚类之间，第一个是在 1600 年至 1640 年之间，第二个是在 1650 年至 1690 年之间。

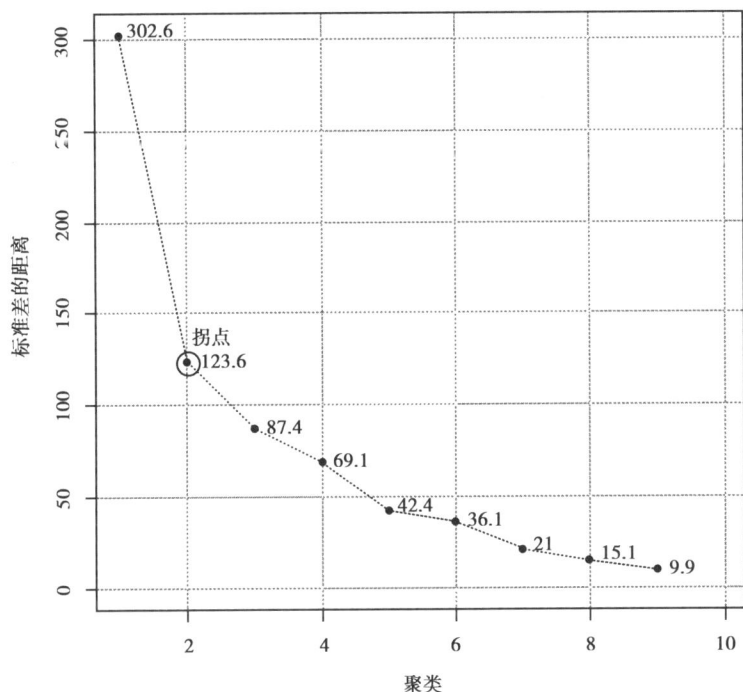

图 7.13　碎石图：物主代词 its 在 17 世纪中的使用

报告统计数据：基于可变性的邻近聚类分析

1. 报告什么

　　基于可变性的邻近聚类分析在很大程度上是一个探索性的视觉方法，目的是显示数据的历时分割。我们需要报告识别聚类的两个参数：（1）距离度量；（2）合并规则，以及分析的结果和系统树图。要回答的主要问题是：图中可以观察到代表持续历史时期的多少有意义的聚类？碎石图可以用来帮助我们回答这个问题。

2. 如何报告：示例

　　• 我们的数据是用基于可变性的邻近聚类法（Gries & Hilpert，2008）来分析的，标准差用来测量距离，平均连接法是合并规则。图 7.12

显示了结果系统树图。碎石图显示了两大主要的聚类组（1600 年至 1640 年和 1650 年至 1690 年）。

7.5 模拟话语中的变化：波峰和波谷及用法波动分析

思考

在阅读本节前，请观察词 war 在 1940—2009 年在泰晤士报上的频率演变；泰晤士报是一份英国的日报，它属于"严肃"报纸。你可以把观察到的波峰与 20 世纪和 21 世纪的历史事件联系起来吗?

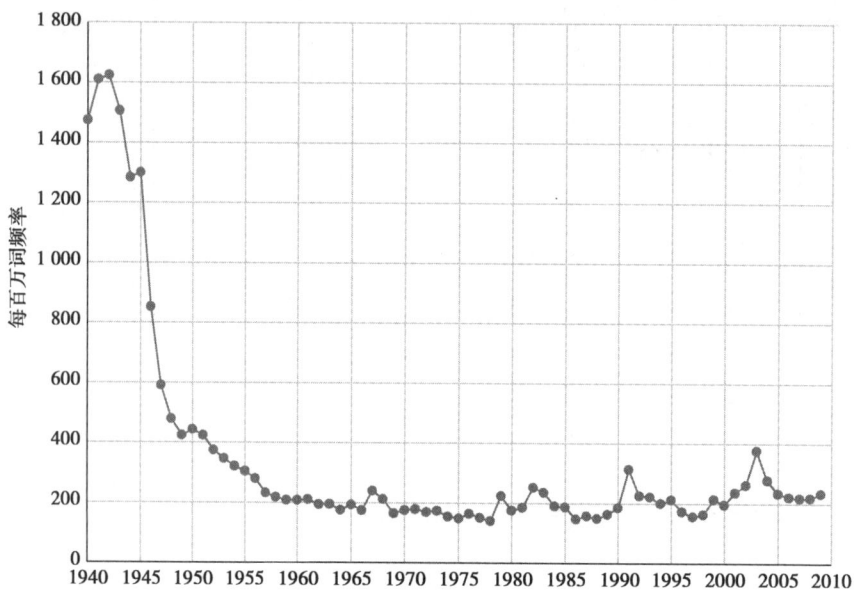

话语的演变是非常剧烈的。在一些时期中，某些概念和/或词变得很重要（甚或被发明出来），而在另一些时期中，这些词没有被凸显出来。话语是语言的市场，词和这些词表达的概念都被竞相认可和使用。我们如何分析这个动态系统的历时发展? 我们可以用一种历时话语分析方法——"波浪、波峰和波谷法"（Gabrielatos & Marchi，2012）（现在简称为"波峰和波谷"）。**波峰和波谷**是一种分析和显示历时数据的方法，它用非线性回归模型（广义相加模型）来分析数据点（显示一个语言变量的历时演变），目的是找出统计显著的异常值——偏离普遍趋势的点。传统的回归分析用直线来显示数据

中的主要趋势（见 1.2 节），与之不同，波峰和波谷用的是曲线，它能更好地反映话语历时演变过程中的上升和下降趋势（因此得名"波峰和波谷"）。波峰和波谷分析有两个必要的步骤和两个选择性的步骤。

1. **必要的：**从语料库中获得每个时期（如年、十年等）某个语言变量的（相对）频率。

2. **选择性的：**计算两个相邻值之间的差异，方法是用值 2 减去值 1；这么做的目的是凸显高值与低值之差（不管是高值减低值还是低值减高值），它表示变化的程度。

3. **选择性的：**用二进制对数（log2）来转换值，以减少极端值。只有在所有被转换的值都是正数的情况下，这个方法才可行，因为对数不适用于负数。由于第二步往往会产生负值，因此对数转换只适用于第一步产生的数据。

4. **必要的：**创建非线性回归模型（在图中用曲线表示），计算 95% 和 99% 置信区间（用曲线周围的阴影区域表示）并找出显著的异常值——在置信区间外面的数据点。

举个例子，让我们看"思考"任务中的数据，它追踪了词 war 在泰晤士报中的出现。波峰和波谷的选择性和必要步骤显示如下：

1. **必要的：**表 7.5 显示了整个数据集中的 10 个数据点，它们跨越了 1940—2009 年时期；由于不同时期的样本大小不同，因此我们用词 war 的相对频率来解释（见 2.3 节）。

表 7.5 war 的相对频率（每百万词）

时期	1940	1941	1942	1943	1944	1945	1946	1947	1948	1949
war 的相对频率	1473.69	1609.75	1623.78	1505.46	1283.21	1299.81	851.03	590.37	479.7	423.14

2. **选择性的：**表 7.6 显示了表 7.5 中每两个相邻时间点之间的差异。我们可以发现，这一步确保高值（如 1 609.75）与后面低值（如 1 473.69）之差（136.6）大于其他高值（如 1 623.78）与这个高值（如 1 609.75）之差，后者只有 14.03。

表 7.6 war 相对频率之间的差异

时期	1940/1	1941/2	1942/3	1943/4	1944/5	1945/6	1946/7	1947/8	1948/9
值 1– 值 2	136.06	14.03	–118.32	–222.25	16.6	–448.78	–260.66	–110.67	–56.56

3.**选择性的：**只有表 7.5 的值（都是正数）才能用二进制对数（log2）来转换。表 7.7 显示了转换后的值。

表 7.7　war 相对频率（每百万词）的对数转换

时期	1940	1941	1942	1943	1944	1945	1946	1947	1948	1949
war 相对频率 log2	10.53	10.65	10.67	10.56	10.33	10.34	9.73	9.21	8.91	8.72

4.**必要的：**最后，我们创建不同版本数据集的非线性回归模型，以显示上面讨论的几种选择。要使模型正常工作，我们需要足够数量的抽样点。因此，波峰和波谷图显示了 1940—2009 年的全部数据集。

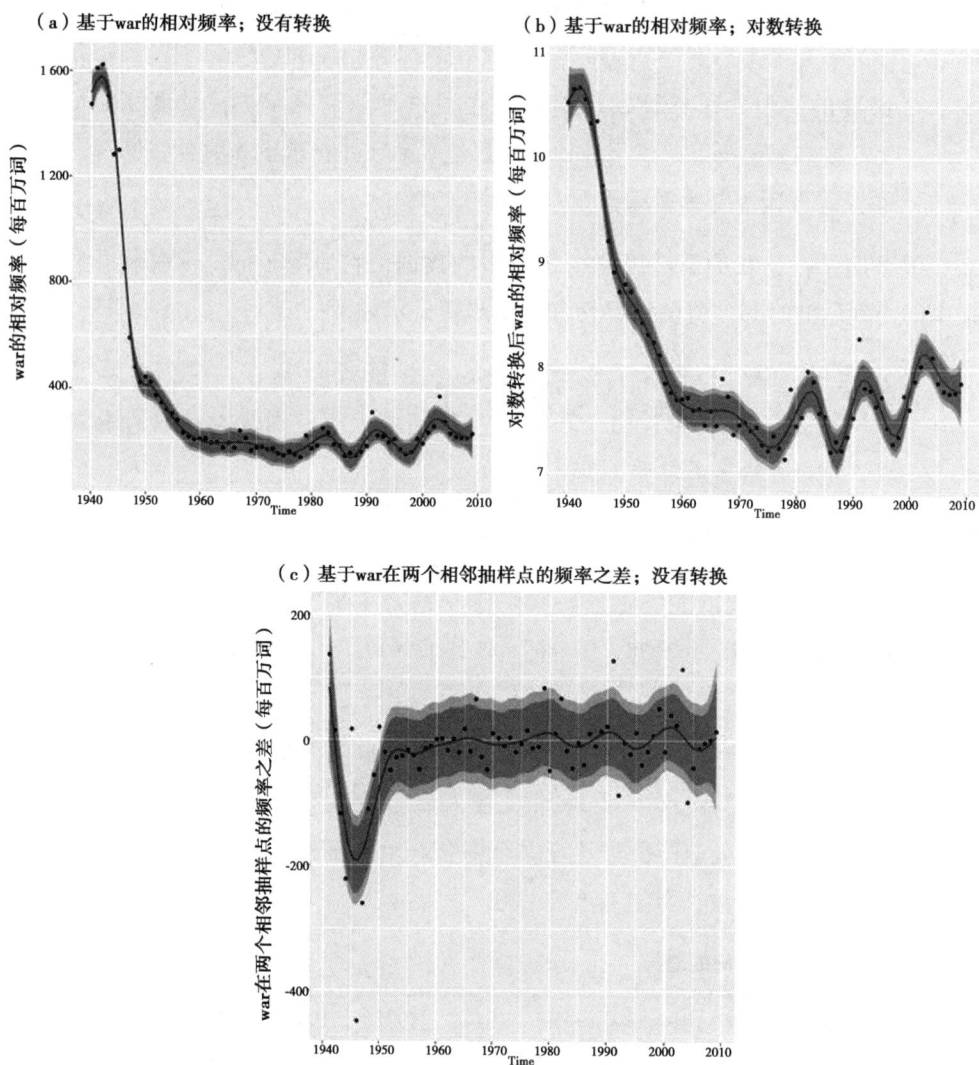

（a）基于 war 的相对频率；没有转换

（b）基于 war 的相对频率；对数转换

（c）基于 war 在两个相邻抽样点的频率之差；没有转换

图 7.14　波峰和波谷图：三种设置

当我们看图 7.14 中（a）和（b）两张图时，我们可以看到，它们与"思考"任务中的简单线形图很相似。另外，图 7.14 的三张图都显示了最符合数据的曲线、95%（深色区域）和 99%（深色区域加浅色边缘）置信区间；这些可以帮助我们找出异常值——war 的频率显著高于或低于模型预测值（这条线）的时间点。使用对数转换［图（b）］，一些后期的对比变得更加明显，因为这张图没有因为 war 在二战时期（1940—1945 年）的高频使用而变得过于偏斜。因此，图（b）可以帮助我们找出四个显著的波峰和波谷（即带有显著异常值的点）。它们是 1967，1982，1991，2003（波峰）和 1978（波谷）。当我们看检索行时，我们会发现，波峰与第三次阿拉伯—以色列战争（1967）、马岛战争（1982）、海湾战争（1991）和伊拉克战争（2003）有关。另一方面，1978 年的波谷很难解释；我们可以间接地参考邻近的几年，尤其是 1979—1982 年这几年来解释，在这几年中，war 的提及显著多于 1978 年。让我们看图 7.14 的最后一张图［图（c）］，它凸显了相邻时间点的差异。这里，我们可以观察到四个波峰（1945，1950，1991 和 2003）和三个波谷（1946，1992 和 2004）。波峰标志着二战的结束（1945）、朝鲜战争和冷战（1950）、海湾战争（1991）和伊拉克战争（2003）。波谷是 war 相对于前一年出现次数非常低的点，因此我们可以参考它前面的波峰［二战的结束（1946）、海湾战争（1922）和伊拉克战争（2004）］来解释波谷。

最后，让我们讨论波峰和波谷法的延伸——用法波动分析（Brezina et al., in prep.；Baker et al., 2017）。**用法波动分析**通过分析围绕一个词的搭配词的变化来研究这个词意义的演变。用法波动分析基于的事实是：脱离语境，很难解释一个特定语言形式频率的演变（见 7.2 节对文化基因学和"大数据"方法的讨论）。因此，用法波动分析从搭配（见 3.2 节对搭配的解释）入手，系统地分析词在紧邻语境中的演变，并找出意义发生显著变化的点。它由下面几个步骤组成。

1. 在历时数据中找出一个词（节点词）的搭配词。

2. 递归估计两个搭配词在任何两个相邻时间点中的差异。

3. 用波峰和波谷法（见上）来追踪发生重大变化的点；这些被视为显著的波谷，因为这些是意义差异最大的点。

举个例子，让我们再次使用"思考"任务中的数据。对用法波动分析来说，我们不看 war 的频率，而是分析每个时期 war 在泰晤士报中的搭配词。

1. 表 7.8 简要地显示了搭配词的变化；在实际操作中，我们通常追踪更多的搭配词。在表 7.8 中，搭配词 A 是一个一致的搭配词，因为它贯穿了整个时期；搭配词 B 是终结搭配词（停止出现），搭配词 F 是开始搭配词（开始出现），而搭配词 C 和 G 瞬息搭配词，因为它们只存在了很短一段时间（McEnery & Baker, 2017: 1.6.1–1.6.4）。

2. 估计两个相邻时期搭配词差异的最好方法是用评判者间一致性统计，如 Gwet's AC1（见 3.5 节）。在这里，我们不需要知道两个评判之间的一致性，而是需要研究两个相邻历史时期与使用的搭配词之间的一致性。

比如，在 1940—2009 年，我们找出了节点词 war 的 171 个搭配词。在 1940 年，其中的 19 个搭配词与 war 搭配（152 个不与 war 搭配），而在 1941 年，其中的 23 个搭配词与 war 搭配，15 个与 1940 年的搭配词一样，8 个是新的搭配词。这就是说，1940 年的搭配词和 1941 年的搭配词重复了 92.98%（在 171 个中），AC_1=0.91。

表 7.8　war 的搭配词

时期	1940	1941	1942	1943	1944	1945	1946	1947	1948	…	2009
搭配词	A	A	A	A	A	A	A	A	A		A
	B	B	B	F	F	F	F	F	F		F
	C	C	G	G	G	G	G	G	G		H

3. 最后，我们用波峰和波谷法。我们不用频率，而是用评判者间一致性指数 AC_1 并寻找那些 AC_1 分最低的点，它们就是意义变化的点。图 7.15 显示了分析结果。

在图 7.15 中，通过观察 99% 置信区间以外（即在阴影区域以外）的数据点，我们可以发现 12 个显著波谷（意义变化的点）。它们是：1945，1946，1975，1979，1980，1986，1988，1992，1998，2004 和 2005。比如，2003 年有 16 个与 war 搭配的词，其中 bush, gulf, iraq, weapons 和 terror 与伊拉克战争有关；其中 14 个搭配词（包括上面列出的搭配词）到 2004 年还在使用，因为伊拉克战争还在继续。12 个新的搭配词大都与战争主题的电视节目有关；它们是 hitler,（二战的）secrets, documentary, starring, UKTV 等。以同样的方式，我们还可以研究其他意义变化点。用法波动分析的总体目标是分析用法发生变化的几个点；然后再用检索行对其进行定性分析。

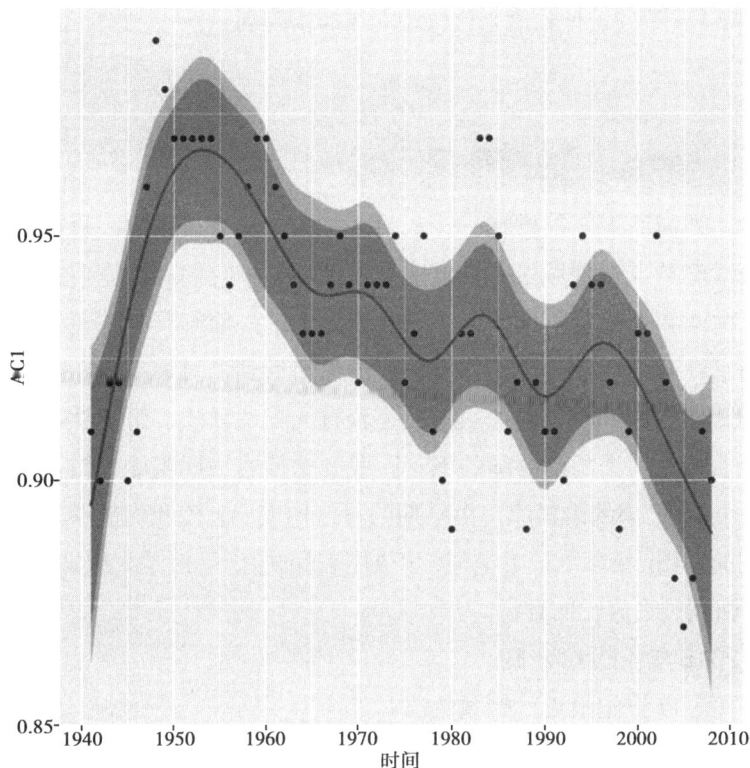

图 7.15　对 war 在 1940—2009 年用法波动分析的结果 [3a-MI（3）, L5-R5, C10relative-NC10relative; AC1]

报告统计数据：波峰和波谷及用法波动分析

1. 报告什么？

　　波峰和波谷有两个必要步骤和两个选择性步骤，我们需要报告所有用过的步骤。对用法波动分析来说，我们需要报告找到搭配词的细节（用 3.2 节描述的搭配参数符号）和评判者间一致性统计数值的选择。

2. 如何报告：示例

• 我们使用了波峰和波谷法（Gabrielatos & Marchi，2012）；测量了词 war 在 1940—2009 年两个相邻时间点中相对频率之间的差异。非线性回归模型（广义相加模型）帮助我们找出了四个波峰（1945，1950，1991 和 2003）和三个波谷（1946，1992 和 2004）。

• 我们用用法波动分析研究了词 war 的搭配词的演变。在 1940—2009 年，我们找出了 171 个搭配词 [3a-MI(3)，L5-R5，C10relative-NC10relative]。

我们用 AC1 一致性统计数值来比较相邻年的搭配词。

7.6 应用：17 世纪中的颜色词

我坐在桌前，外面的天气很糟糕——灰暗，多雨。从窗口望去，我可以看到山坡上的中世纪兰卡斯特城堡、修道院和吕讷河谷，它们都被笼罩在雾气之中；房屋、树木和人都看不出颜色。只有城堡上的一面旗子是红色，好像画家无意中滴了一滴颜色在这幅画作上。我的思绪回到了过去，我在想过去人们是如何感知颜色的。它与现在的颜色是否有同样的联想、敏感性和文化框架？在兰卡斯特的一个阴雨绵绵的下午，我开始搜索早期英语书籍在线语料库，它是一个 10 亿词的语料库，由早期的写作构成，它使我们能够窥见 17 世纪中颜色词的使用。我草草记下笔记，生成图表和 p 值。下面是我乘坐"语料库时光机器"回到过去旅行的日记。

我的探索，2016 年 11 月 12 日

问题 1：哪些是 17 世纪最流行的颜色？

线形图 7.16 提供了答案。它们是红色、绿色和黄色。

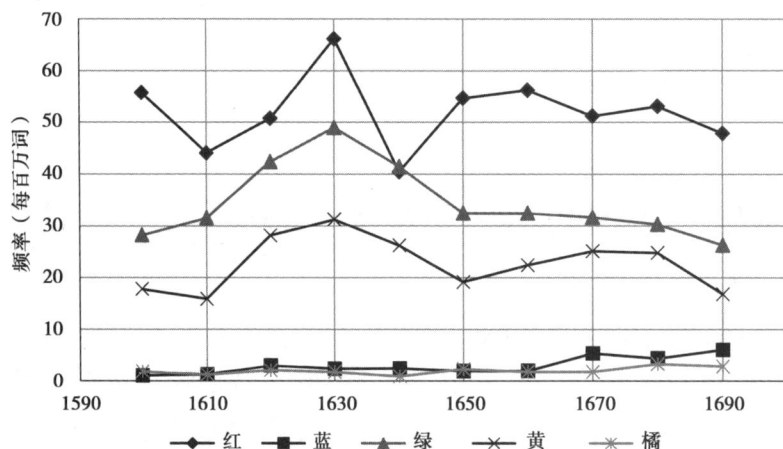

图 7.16 17 世纪中颜色词的频率

问题 2：17 世纪中颜色词背后的故事是什么？

烛台图（图 7.17）可以对大致情况做出一个概括。三个颜色词（红色、绿色和黄色）的频率略有下降，而蓝色和橘色的频率增加了。红色、绿色和黄色中的长蜡烛芯显示了这三个颜色词在这个时期的大波动。

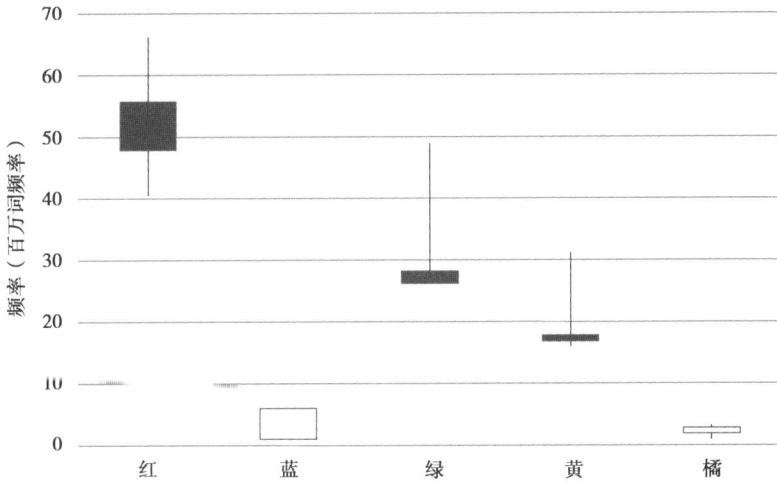

图 7.17　烛台图：17 世纪的颜色词

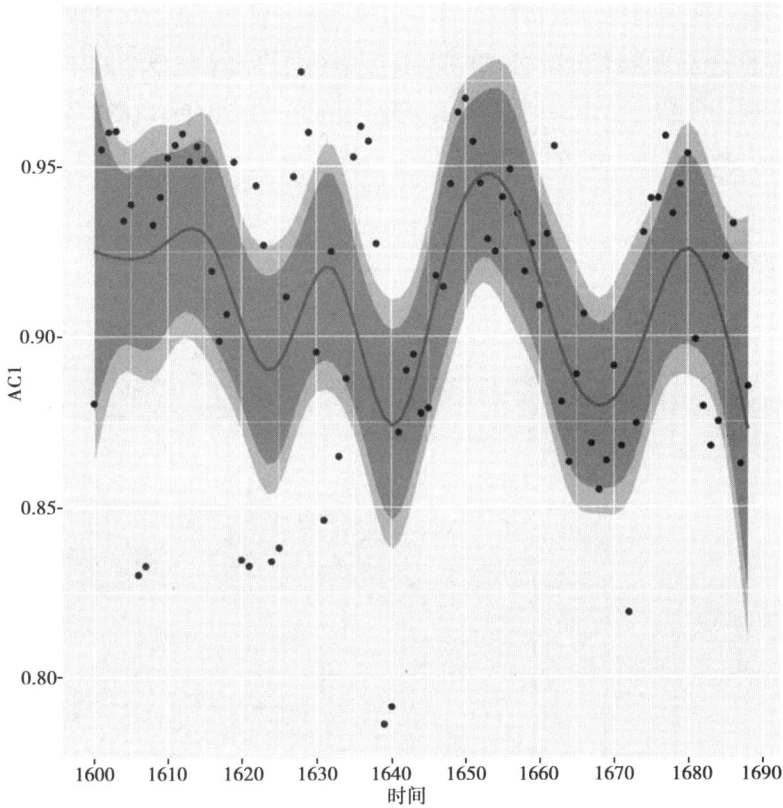

图 7.18　红色在 1600—1699 年的用法波动分析结果［3a-MI（3），L5-R5，
　　　　C10relative-NC10relative；AC1］

　　问题 3：颜色词红色的使用最剧烈的下降是在 1640 年。这个频率改变是否具有统计显著性？

　　自助检验显示，这个改变的确具有统计显著性（$p < 0.001$）。

　　问题 4：红色（最流行的颜色）在整个 17 世纪是否具有同样的搭配词？

　　稳定的搭配词包括名词如 coral，dragon，flowers，iron，rose，roses，sea 和 wine，形容词（主要是其他颜色词）有 black，green，hot，scarlet，white 和 yellow。

　　用法波动分析（图 7.18）显示，这个词使用的主要变化出现在这些年：1606，1607，1620，1621，1624，1625，1631，1633，1639，1640，1672，1682，1683，1684。比如，波谷 1639/40 可能是因为当时英国发生社会和政治变革。这个时期的文学强化了红色的圣经联想：（通奸）杯、浓汤、礼服、法老、主人、（红龙 = 恶魔）尾巴。

　　问题 5：基于使用频率可以将整个 17 世纪中的红色归为哪几个时期？

　　基于可变性的邻近聚类分析可以根据红色这个词的频率把单个的年份归在一起。系统树图 7.19 显示了一个主要的分化：1600—1620 年和 1630—1690 年。除此之外，数据不支持别的归类了。

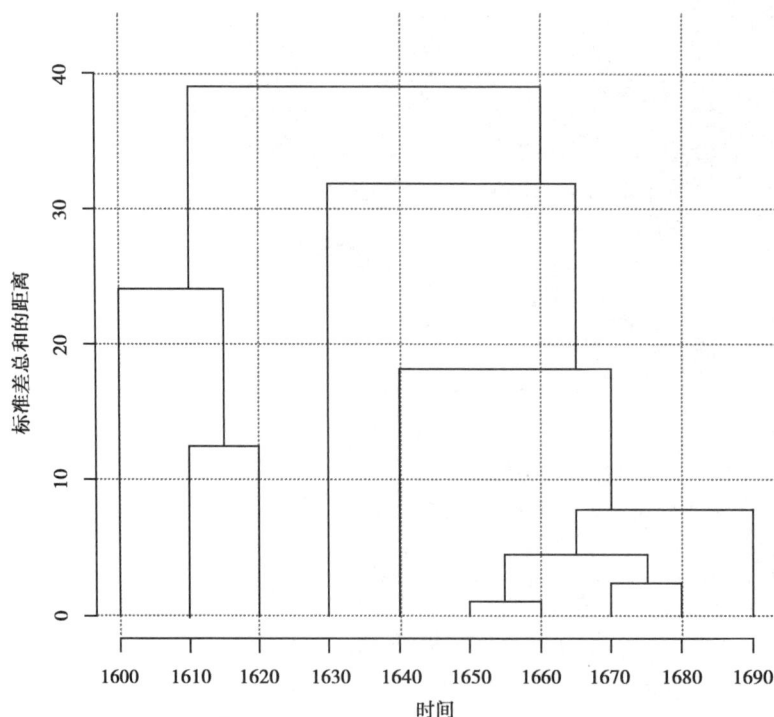

图 7.19　基于可变性的邻近聚类分析：17 世纪中的红色

7.7   练习

1. 解释下面三张图（图 7.20—图 7.22）。

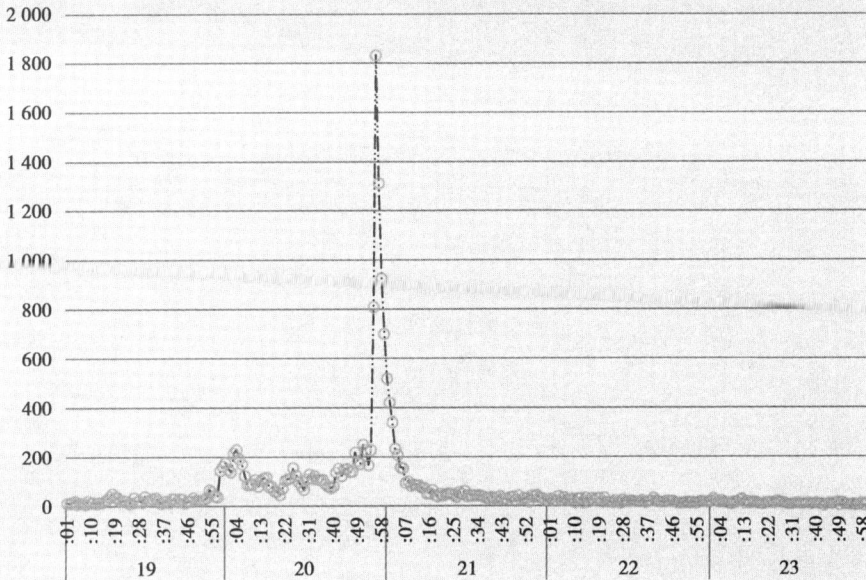

图 7.20   与电视节目"The X Factor UK"一集（16/11/2014，7-11pm）相关
         的帖子数量

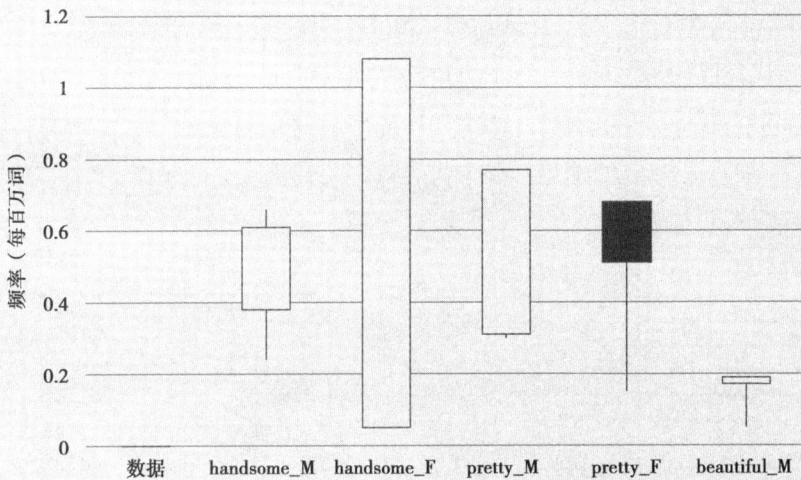

图 7.21   17 世纪用"handsome""pretty""beautiful"形容男性或女性的频率
         变化

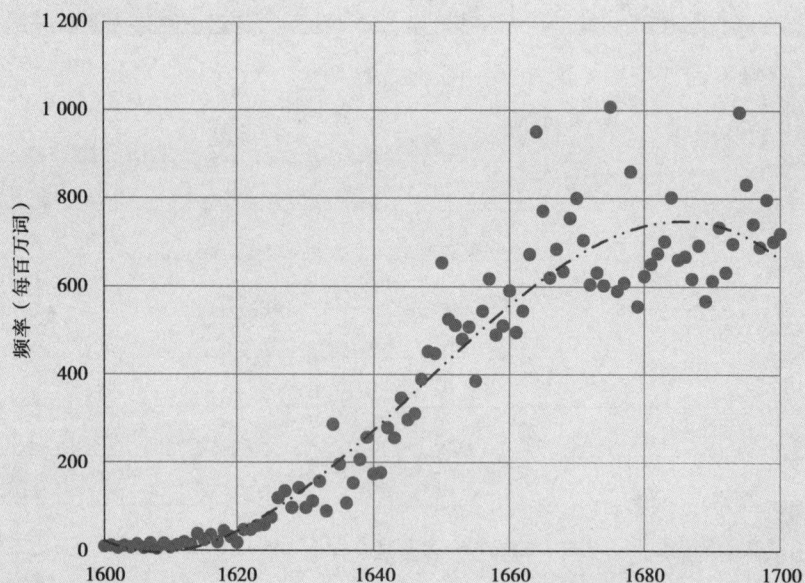

图 7.22　物主代词 its 在 17 世纪中的频率变化

2. 填空

在 20 世纪，情态动词 shall 的频率（⌒︶），should（⌒︶），may（⌒︶），might（⌒︶），must（⌒︶），will（⌒︶）……，而 can 的频率（⌒︶）以及 could（⌒︶）……

在 17 世纪，修饰女性的形容词 handsome（⌒︶）……，而 pretty（⌒︶）……，修饰女性的形容词 beautiful（⌒︶）……

3. 仔细看图 7.23 的趋势。哪个代表最大的变化?

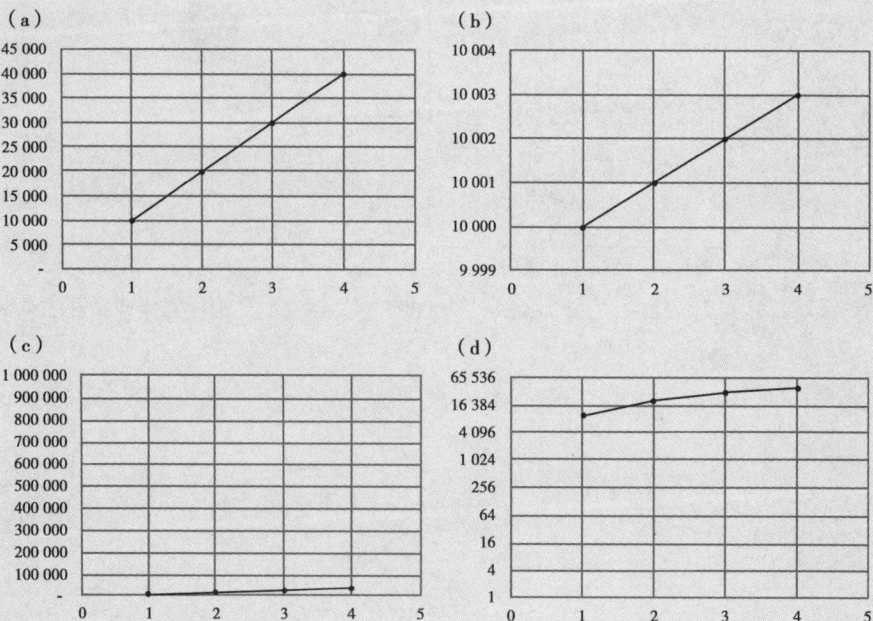

图 7.23　四个频率变化

4. 图 7.24 和图 7.25 显示了 handsome 和 pretty 在 17 世纪的演变，解释这两张波峰和波谷图。

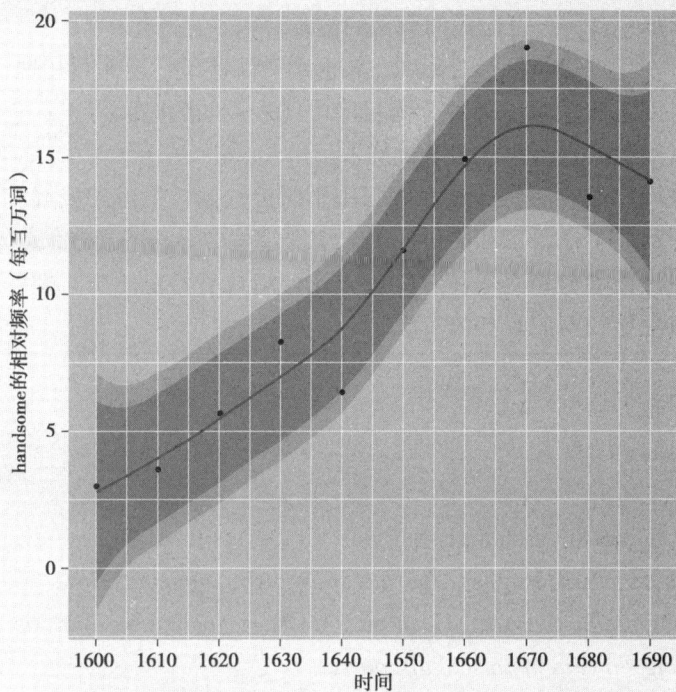

图 7.24 17 世纪中的 handsome

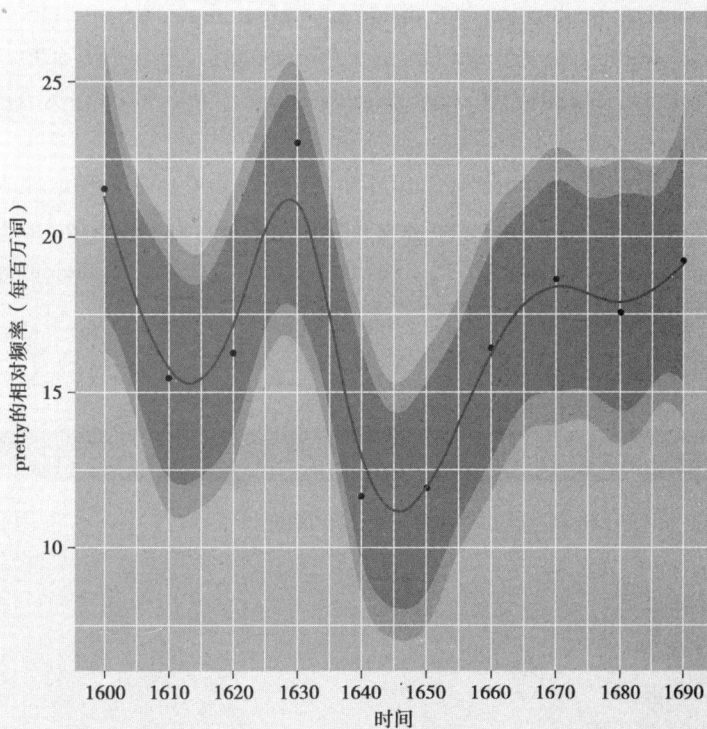

图 7.25 17 世纪中的 pretty

记住

- 由于历史分析使用的是现成的和不完美的数据，因此它要求批判性地审视（1）语料库的历时代表性；（2）语言演变的另一种解释；（3）语言形式的意义的波动。
- 可视化方法包括：线形图、箱形图、误差条、迷你图和烛台图。
- 自助检验用来比较两个语料库（代表不同的时间点）；它对语料库数据进行多次重复抽样。
- 波峰和波谷法将非线性回归用于历史数据，生成的波峰和波谷图凸显了在语言和话语的历史演变过程中显著的异常值。
- 用法波动分析是一种复杂的方法，结合了特定历史时期的自动搭配比较与波峰和波谷法。

补充阅读

Baker, P.(2011). Times may change, but we will always have money: diachronic variation in recent British English. *Journal of English Linguistics*, 39(1), 65-88.

Brezina, V., McEnery, T. & Baker, H.(in prep.). Usage *fluctuation analysis: a new way of analysing shifts in historical discourse.*

Hilpert, M. & Gries, S. Th.(2009). Assessing frequency changes in multistage diachronic corpora: applications for historical corpus linguistics and the study of language acquisition. *Literary and Linguistic Computing*, 24(4), 385-401.

McEnery, T. & Baker, H.(2017). *Corpus linguistics and 17th-century prostitution.* London: Bloomsbury.

Säily, T.(2014). Sociolinguistic variation in English derivational productivity: studies and methods in diachronic corpus linguistics. *Mémoires de la Société Néophilologique de Helsinki XCIV*, Helsinki. Available at: https://helda.helsinki.fi/handle/10138/136128.

配套网站：在线兰卡斯特统计工具

1. 本章的所有分析都可以用在线兰卡斯特统计工具进行。本章用到的工具有：
   - 自助检验
   - 邻近聚类
   - 波峰和波谷
   - 用法波动分析
2. 该网站还为老师和学生们提供了额外材料。

8 整合：
统计思维的十个原则、元分析和效应量

8.1 本章概述

    这是本书的最后一章；它在不同层面总结本书的内容。首先，它总结了本书讨论的统计学知识，并强调了统计思维用于语料库的十个原则。接下来，本章将介绍一种统计方法——元分析。元分析是系统地整合多个研究结果的方法。用这种方法，元分析可以使我们对这个领域的研究有一个更好的理解。与标准的叙述性的文献综述（往往孤立地看单个研究）不同，元分析用数学方法将多个研究结果整合为一个。尽管元分析在很多学科（如心理学、二语习得和医学等）都很普遍，但它在语料库语言学中的应用一直都是个问题，因为研究普遍缺乏对效应量度量的报告。本章认为，在语料库研究中，研究者应该以标准的形式报告效应量，本章还将教大家如何进行元分析。最后，本章回顾了常见的效应量度量并提供了对它们的解释。

    我们将探索下面三个问题：

- 语料库语言学中统计思维的核心原则是什么？（8.2 节）
- 如何整合来自多个研究的结果？（8.3 节）
- 应该如何解释效应量？（8.4 节）

8.2 统计思维的十个原则

> **思考**
>
>   比较表 8.1 和表 8.2。你能发现值有多少差异？表 8.1 是储存在电子表格中的原始数据集；表 8.2 是出现在最终研究报告中的表格，它将表 8.1 的值复制过来并进行四舍五入处理。

表 8.1　不同语域中现在时和过去时的使用（原始数据集）

语域	过去时	现在时
新闻 – 报道	4.490227273	4.424090909
新闻 – 社论	2.452692308	5.735
传记	4.97025974	3.502987013
学术写作	2.249625	3.776375
小说 – 一般	6.704482759	4.190689655
小说 – 悬疑	8.12	3.141666667
浪漫	7.690689655	3.076896552
幽默	4.601111111	4.916666667

表 8.2　不同语域中现在时和过去时的使用（研究报告）

语域	新闻 – 报道	新闻 – 社论	传记	学术写作	小说 – 一般	小说 – 悬疑	浪漫	幽默
过去时	4.4	2.5	4.9	2.2	6.7	8.1	7.7	4.6
现在时	4.4	5.7	3.5	3.7	4.2	3.1	7.1	4.9

　　统计学是这样一门学科：它的一个作用是帮助我们准确严谨地表达定量信息；它必须产生研究结果，而这个结果可以作为有充分依据的科学知识的基础，从而推动人们在这一领域知识的发展。要总结统计思维应用于语料库语言学的最重要层面，我们提出了下面十个原则。

1. 关注细节：当我们查看语料库工具产出的结果，将数据录入电子表格，复制数据到研究报告中和进行其他低层次的数据处理时，一定要全神贯注。

　　俗话说，魔鬼藏在细节中。统计学教科书和统计学在这一领域的关注点都集中在统计方法、对 p 值的解释等上面，而低层次的操作（如把语料库工具生成的数据复制到电子表格中，然后又导入到统计软件中）常常无人关注。但是，这些操作对获得可靠结果也是同样重要的：统计学，正如我们已知，关注的不仅是数据分析，还有系统和可靠的数据收集（见 1.2 节）。如果仔细比较，我们会发现"思考"任务中表 8.1 和表 8.2 有四处录入错误，包括打字错误和四舍五入错误。这些错误很容易进入到最后的研究报告中。在这里，错误率是 25%！我们必须记住，如果我们测量错误或在复制数据的时候出了错，那么最后的分析就不准确，不管我们用的统计方法多么高级。正如里克和彭（Leek & Peng，2015：612）指出，"p 值只是冰山一角"。因此，我们应该关注整个"数据管线"：数据收集、数据清理、探索性的数据分析、统计建模和统计推论。语料库工具可以尽可能将数据管线中的各个部分整合到统计分析中。这样一来，不经意犯的数据复制错误就可以极大地减少了。比如，新一代语料库软件 #LancsBox（Brezina et al., inprep）就提供了强大的"搜索和分析"功能，适用于各种统计分析。但这个简单的建议还是管用的：关注细节，找出分析中可能犯错误的地方，并总是检查两次甚至三次分析中所用值的准确性。

2. 从基础学起：首先熟悉语料库和描述统计学。

分析者的一个最重要的任务就是对数据进行充分的总体了解。这常常包括：浏览一遍语料库，以熟悉语料库的构成；检查检索行，以发现数字后面语言使用的实例；写出概述和绘出简单的图来揭示数据集中的主要趋势。所有这些都可以归到描述统计学下。如果不对数据做出可靠的描述，那么将样本（语料库）推论至总体（语言使用）（用复杂的统计检验和 p 值）就缺乏理据。我们就很难（几乎不可能）有意义地解释结果。比如，表 8.1 的数据集来自 BE06，一个 100 万词的书面英语语料库，它依照布朗家族抽样框而建成（Baker，2009）。图 8.1 取自一篇描述这个语料库及其设计的文章，详细说明了这个语料库的代表性和语类 / 语域分布。注意：这个语料库包括传统的书面语类 / 语域，但没有包括新的网络语类 / 语域，如博客、帖子、在线论坛等。这个信息对基于这个语料库做出的任何推论都至关重要。关注表 8.1 不同语类 / 语域中过去时的使用，我们可以发现，学术写作使用的过去时最少，而悬疑小说使用的过去时最多。这个模式从堆叠条形图 8.2 中一眼就可以看出。在这两个语类 / 语域中过去时使用的例子（表 8.3）将结果置于语境之中，让我们注意到学术写作中被动语态的频繁使用。总的来说，成功语料库分析的基本前提是：对研究所基于的数据集有充分的了解。

文本类别		文本数量
A	新闻：报道	44
B	新闻：社论	27
C	新闻：评论	17
D	宗教	17
E	技能、手艺和爱好	36
F	民间传说	48
G	纯文学、自传、散文	75
H	杂类（政府文件、基金会报告、工业报告、大学概况手册、企业商报）	30
J	学术著作和科学	80
K	一般小说	29
L	悬疑和侦探小说	24
M	科幻小说	6
N	冒险和西方小说	29
P	浪漫和爱情故事	29
R	幽默	9

图 8.1　BE06 中的类别概览（Baker，2009）

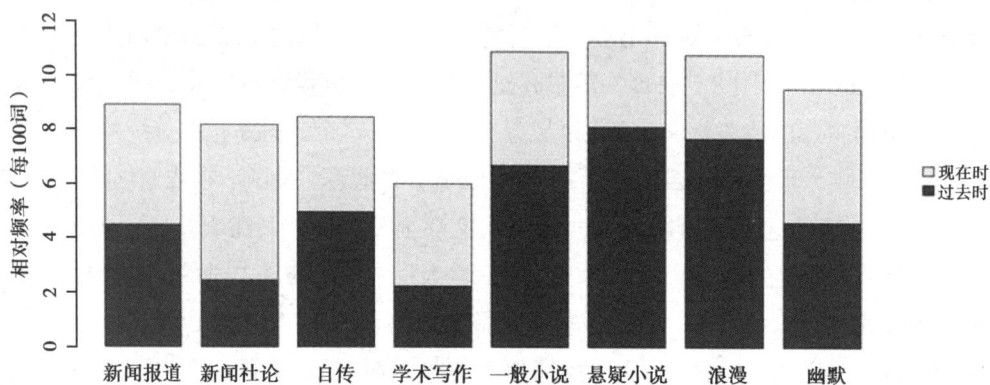

图 8.2　BE06 不同书面语类中的过去时

表 8.3　学术写作和悬疑小说中的过去时使用实例

学术写作		
to measure anxiety and depression, and we	**used**	self-reported weight and height to calculate body
control during feeding. Next, a Pearson's correlation	**was**	used to investigate the relationship between weight
analyses how practices of attention and description	**were**	re-created for various audiences in the second
=0.806). Secondary outcomes Statistically significant differences	**were**	also found in dominant hand key grip
initial purities in excess of 99% and	**were**	obtained from Sigma-Aldrich, Fisher Scientific or Shell
the nurse should further problems develop. This	**was**	the model that was practiced in this
and more younger responders than older responders	**reported**	multiple pains in the knee-pain group (both
the formulation of a working group that	**included**	scientists generating transcriptomic data for a variety
to 100 (best health). Physical function restriction	**was**	worse in the knee-pain group than in
a real need for significantly more State	**supplied**	social housing and first time buyer homes.
一般小说 – 悬疑小说		
the guys give a start and I	**turned**	and June Carter came in, that bitch,
stared straight ahead and for several minutes	**closed**	her eyes, willing the image of their
the kid wanting to bury me," Mike	**said**	after a long silence. "There's nothing creepy
to make his case strongly enough. He	**retrieved**	his glasses and marked a couple of
head around the door and saw him	**slumped**	in an armchair, a book on his
as he went. A loud klaxon immediately	**blasted**	out. Christ, if you were crazy already,
his own heartbeat, and wondering if he	**was**	about to die. His mouth was so
Sharples had been a model prisoner, Tony	**thought**	bitterly. It was easy to behave when
from just behind the door, and Slider	**guessed**	he was being examined through the peephole.
who were deranged but smart. Recently, Allen	**had**	devised a method of avoiding taking his

3. 清楚：统计方法的使用应该清楚、透明和有依据。

语料库统计学中的"清楚"有很多层面的意思。第一，在使用某个统计方法的时候，我们需要清楚，选用它的理由是什么。对统计方法的选择通常由特定的语料库数据类型和研究设计决定（见 1.4 节）。比如，表 8.1 中单个语类/语域之间的差异可以用单因素方差分析来研究（见 6.3 节），在这种分析中，我们每次考虑一个语言变量（如过去时）。或者，这个数据也可以用多维分析来探索（见 5.4 节），在多维分析中，我们一次考虑大量语言变量。本书讨论了基于语料库分析的不同领域，它们有最适合的统计方法。但是，在很多情况下，其他方法也同样适用——在每个研究中，选用一种方法而不是另一种方法的理由需要说清楚。第二，统计数据需要被清楚地报告。这不仅包括清楚将数据呈现在图表中，还包括对统计检验和过程的标准报告，这样，读者就可以很容易地解释结果和重复研究了。在整本书中，"报告统计数据"这一栏为标准化的统计报告提供了示例。

4. 数据：特别注意语料库数据的质量和研究方法。

任何研究的成功取决于数据的质量和分析方法的有效性；但在语料库研究中，语料库数据的质量却无人审查。"我在语料库里发现了这个，因此它一定是真的"，这种观点赋予了语料库一种它们本没有的魔力。哪怕是质量很好的语料库（如 BNC）也包含了错误、不一致性和可能的偏差。因此，所有语料库都需要被批判性地对待。比如，有学者指出，旨在代表同一类型语言的几个语料库存在很多差异，因此我们需要对语料库数据做实证验证（Gablasova et al.，2017a）。另外，同一个语料库，用不同的工具进行查找，也会产生截然不同的结果。有学者指出，对问题"BNC 有多大？"的回答因我们使用的工具的不同而不同，差异高达 17%（Brezina & Timperley，2017）。在计算和数据处理的过程中，一个著名的说法"进去的是垃圾，出来的也是垃圾"时时在提醒我们，要批判性地对待数据，否则分析的可靠性就不能得到保证。

5. 效应量：计算、报告和解释数据中观察到的效应的量。

我们应思考用语料库观察到的语言现象的实际效应。我们应该用效应量度量来表达效应量。从广义上说，效应量可以被定义为"研究者可能感兴趣的任何事物的量"（Cumming，2012：38）。语料库研究的重点是测量和量化语言效应，如词或短语在语料库中的频率或各个子语料库中这些频率之间的差异。效应量度量包括很多描述性度量（Cumming，2012：39；Kirk，2005：2；见 8.4 节）。

表 8.4 文本实例：学术写作和悬疑小说

学术写作（BE06-J61）	悬疑小说（BE06-L10）
Immigrants contribute significantly to the overall economic performance of their host economies. It is therefore not surprising that a large literature is concerned with the earnings mobility of the foreign born population, both in isolation, as well as in comparison with those who are native born. But immigrants have not only an immediate effect on wealth accumulation and earnings and skill composition. They transmit their earnings status, as well as socio-economic and cultural characteristics to the next generation. The economic adjustment process within the immigrant's own generation has long been recognised as an important step in understanding the economic effects of immigration. For understanding the long term consequences of immigration, assessment of intergenerational mobility in immigrant communities is perhaps equally important.	"I couldn't believe it, I never seen anyone famous, not, like, in real life. I gave 'em my best service, and in those days, I was hot, had some moves." Foley nearly said, "You still do." But bit down and wondered where the hell his partner had got to. Probably gone for a bourbon, Shiner back. He'd return, smelling of mints, like that was a disguise. He asked, "You talk to him, to Mr. Cash?" "Not at first. I was getting them vittles, drinks, making sure they were comfortable and after, I dunno, an hour, Johnny said, "Take a pew little lady, get a load off." She rubbed here eyes, then. "He had these amazing boots, all scuffed but, like, real expensive, snakeskin or something, and he used his boot to hook a chair, pull it up beside him." She touched her face, self conscious, said, "I didn't have the scar then, still had some dreams. Jesus".

让我们快速地复习一个简要的例子。在比较两个组（如两个子语料库）时，我们常用效应量度量 Cohen's d（见 6.3 节）。学术写作和悬疑小说中所用的过去时（表 8.1）之间差异的 Cohen's d 是 -3.26，95% 置信区间是 $[-3.9, -2.61]$，这是一个很大的效应；负数表示第二个子语料库（悬疑小说）中过去时的频率大于第一个子语料库（学术写作）中的频率。当我们对比属于这两个语类/语域的文本（表 8.4，过去时用下划线表示）时，我们可以清楚地观察到这个效应。8.4 节将详细讨论对效应量的解释。

6. 遵循这一领域的最佳实践：批判性地回顾这个领域的统计实践，并遵循好的做法。

除了解普遍的统计原则（见第 1 章）外，我们也需要了解如何将这些原则应用到对语料库的分析中。为此，遵循这个领域的最佳实践是至关重要的。本书对最佳实践做了一个回顾，并就如何将统计学应用到语料库语言学研究中提出了具体建议。总的建议是：如果你是这个领域的新手，就遵循统计分析的既定做法。找到一篇发表在核心期刊上，与你的研究问题相似的文章，然后尝试用同样的方法和统计度量来分析你的数据。接下来思考，这个方法是否能回答你的研究问题。你还不应该止步于此。随着经验的积累，在运用统计方法上你变得更加熟练，这时，你就应该批判性地评价这个领域当前的做法，并试图创新（或许受到在其他学科中使用的统计方法的启发）。这要求你阅读你领域之外的研究。这里，你要意识到，并非所有统计方法（甚至是发表在核心期刊上的文章中用的统计方法）都遵循了最佳实践。比如，在语料库语言学中，长期以来，任何两个或多个语料库之间的比较都是用卡方检验或对数相似值检验（似然比检验）。但最近，有学者批评了这个做法，并提出了更好的测量方法来对语料库做出更有意义的比较（如 Brezina & Meyerhoff，2014；Lijffijt et al.，2016）。

7. 图形：将数据可视化以发现模式。

常言说，一幅图胜过千言万语。有效的可视化可以帮助我们发现数据中的重要模式和关系。好的可视化的基本原则很简单：着重展示数据而非仅是增加"视觉装饰"。要使得这个展示信息量大，这样才能让我们观察到变量之间的关系（Tufte，2006）。比如，图 8.2 可以改成两个箱形图，这样信息量就会更大：过去时一个，现在时一个（图 8.3）。这些箱形图显示了每个子语料库和单个文本（用圆圈表示）的中心趋势（均值和中值）。没有漏掉一个数据点，这为我们呈现了一幅完整的图形，使我们能够看单个值（包括异常值，偏离总体趋势的值）的分布。

但是，我们也要记住，可视化不适合所有情况。有时，表格或简单的陈述更有效。正如塔夫特说的（转引自 Ad Reinhardt）"正如一幅画，如果它不敌千言万语，那就丢掉它"（Tufte，1997：119）。

8. 既凸显差异性，也凸显相似性：平衡描述语言使用。

如果我们查找语料库之间或一个词或短语的各种用法之间的差异，我们总能找到一些，这一点不奇怪。大多数方法论的思维（不局限于语料库语言学，其他学科也有）都偏向寻找差异性，忽视相似性。因此，相似性和零效应（效应很小并/或不具有统计显著性）常常在文献中被轻描淡写地一笔带过（见 8.3 节对发表偏见的讨论）。在语料库语言学中，对差异的关注使我们报告主题

词，而忽略锁词（在各个语料库中都很稳定的词）（Baker，2011；见 3.4 节）
或关注社会语言差异（如性别之间的差异），而忘记语言使用极大的相似性
（Baker，2014；见第 6 章）。在表 8.1 的数据集中，我们凸显了学术写作与
悬疑小说之间的主要差异。但在观察图 8.3 的时候，我们可以发现新闻社论与
学术写作之间在过去时使用上的相似性，还可以发现主要语类 / 语域之间在现
在时使用上的相似性。我们的建议是：尽可能平衡地描述数据，同样重视相
似性和差异性。

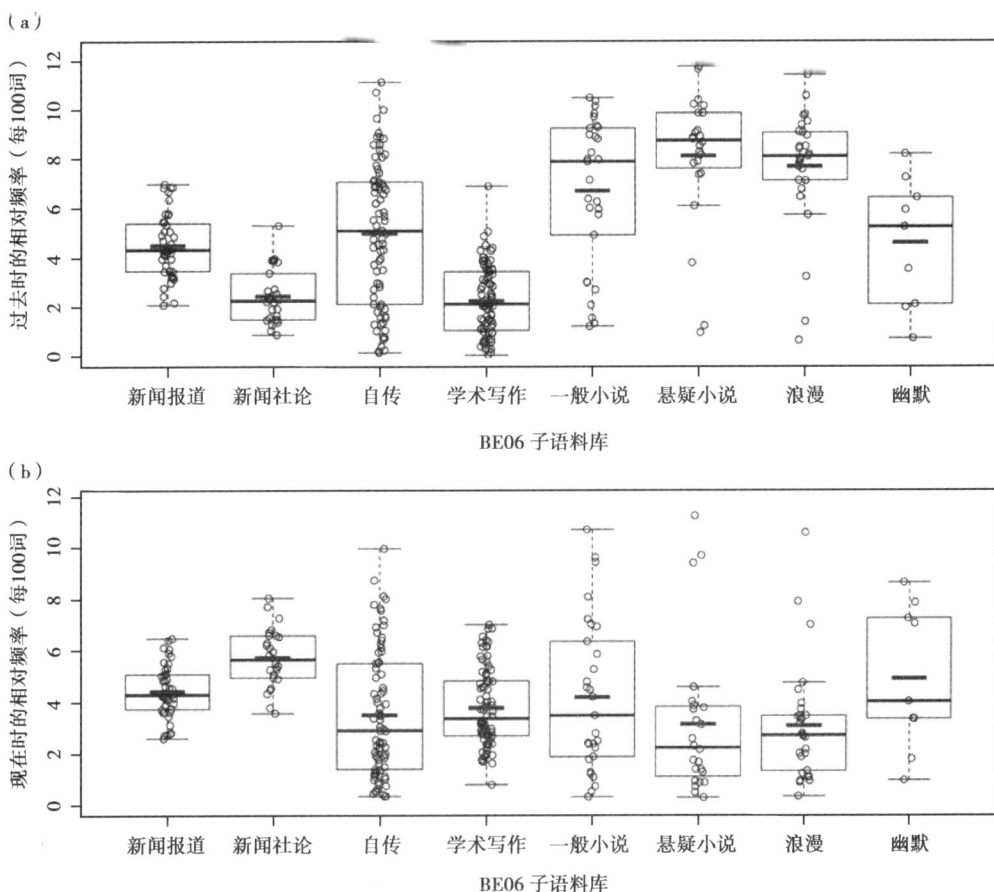

图 8.3　BE06 不同书面语类中的过去时（a）和现在时（b）：修改的箱形图

9. 统计学和语言学之间的互动：稳健的统计分析植根于语言学和社会理论。

让我们考虑一个方法论问题。哪个是语料库研究中更糟糕的情况：没有
统计学支撑的语言学，还是没有语言学支撑的统计学？毫无疑问，每种情况
都有一个致命的败笔。没有统计学支撑的语言学缺乏有效的工具来分析大量

的语言数据，而没有语言学支撑的统计学很容易陷入无头绪的数字倒弄中，无法与语言和社会现实联系起来。我们必须记住，并非所有的语言学研究都是定量的——定性研究也可以揭示语言使用的规律；但是，选择文本和实例做深入研究会有一个问题：这些文本和实例有多典型以及我们为什么要选择它们（Baker et al., 2008）？统计方法可以为选择实例做深入分析提供一个有原则的方式，以避免"摘樱桃"（即只选择那些符合我们预设观点的例子）。我们需要记住，只有将统计学和语言学结合起来才能产出有用的结果：统计学提供了缩减"问题空间"的方法，让我们只关注那些典型/不常见的语言使用模式，这些模式需要我们从语言学的角度做出解释（McEnery & Baker, 2017）。

10. **术语：在必要的地方使用统计学术语和符号以表达清楚，但不要过度使用术语。**

对许多人来说，统计学是不透明的。在统计学中，我们常常用数学表达式来描述数据中复杂的关系，这些数学表达式让很多人望而却步。在本书中，能不用数学表达式的地方尽量不用，而用直白的文字来表达，如 $\sum_{i=1}^{10} i$ 可以表达为"从 1 到 10 的所有整数之和"（不管用哪种方式，结果都是 55）。但当报告统计分析的结果时，我们需要用标准化的形式来表达；在"报告统计数据"这一部分，本书提供了示例。

8.3　元分析：研究结果的统计整合

思考

在阅读本节前，请思考下面的情境。

你在一个像伦敦这样的大城市中寻找一个剧院，如"莎士比亚环球剧院"。你没有地图，因此你必须询问路人。表 8.5 列出了对这个问题"环球剧院在哪儿？"的五种回答，有些回答与别的回答完全不同。你该走哪条路？

表 8.5 回答概览

	方向	回答	路人描述
路人 1	一直向前走，然后右转 ↱	"我也不知道，你或许应该直走，然后右转。"	看上去像一个游客
路人 2	一直向前走，然后左转 ↰	"很容易。沿着这条路走，然后左转。"	当地的一个店主
路人 3	向右转，然后向后走 ↳	"向右转，然后走回头路。我非常肯定。"	一个穿着奇装异服的人
路人 4	一直向前走，然后右转 ↱	"抱歉，我赶路。直走，右转。"	个刚出办公大楼的人
路人 5	一直向前走，然后左转 ↰	"环球剧院离这儿不远。我刚路过。沿着这条路一直走，一直走到桥那儿，然后下阶梯，沿着河向左走。"	一个遛狗的人

　　"思考"任务中的情境可以用来比喻科学研究。要找到研究问题的答案，我们需要收集和评估数据。在科学研究中，我们要不断重复这个过程，以确保答案的可靠性。用不同的数据集重复研究同一个问题，这个过程叫复制。在我们的例子中，复制就是这么展现的：询问不同的路人同一个问题。在科学研究中，我们常常从不同研究中得到（稍微）不同的结果。对学科的发展至关重要的是能够看到大局；因此，我们需要将不同的单个研究结果整合起来，然后从全局的角度来解释它们。这种统计方法就叫元分析。**元分析**是一种统计整合研究结果的定量方法。它将多个研究中报告的效应结合起来，并计算汇总效应（Borenstein，2009）。元分析的要点是将散落在各个研究中的证据汇总，以增强最后结论的说服力；这种说服力用置信区间（见下）来量化。回到我们的例子上，要找到环球剧院，我们需要评估单个回答，判断它们的确定性和可靠性（注意：确定性和可靠性是两个不同的概念），然后决定走哪条路。正确的路是"一直向前走，然后左转↰"（图8.4）。

　　在实际中如何操作元分析？下面是三个基本步骤：（1）找到相关研究；（2）从研究中提取相关信息（编码）；（3）统计整合。

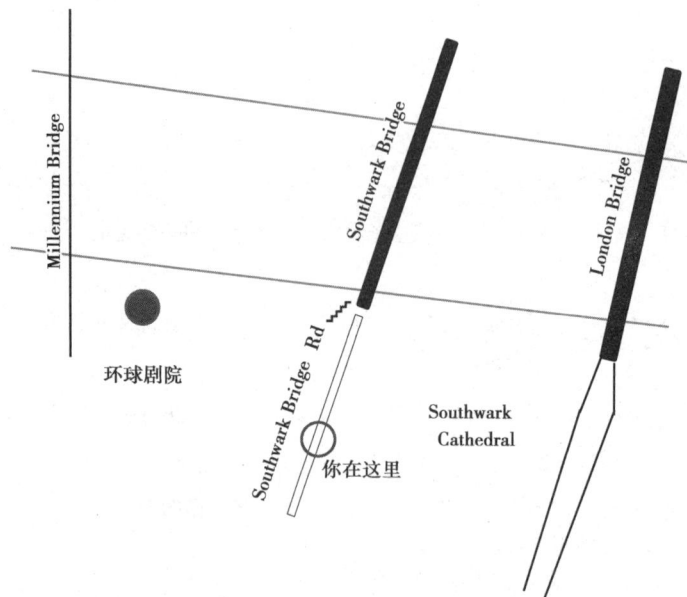

图 8.4　找到环球剧院

第 1 步　找到相关研究

这一步确定了元分析的研究范围。这个范围是由一个研究问题给定的，这个研究问题是多个研究用不同的语料库重复回答的问题。当然，研究问题可以更宽泛或更具体，这样就规定了元分析的粒度。比如，一个很宽泛的问题：性别对语言使用有没有影响？在这个研究问题的指导下，我们可以找到几百个相关研究，但回答可能是很宽泛、不具体的：一些语言特征受到了性别的影响，而另一些语言特征却没有；这可以量化为一个很宽泛的汇总效应。另一方面，我们的研究问题可以很具体，如性别对代词的使用是否有影响？我们可以挖掘一些更具体、更有趣的东西出来；但相关研究的数量就会极大减少。在实际操作中，我们要明确规定包含标准（如我们要查找什么语言变量和解释变量）以及研究设计的要求和研究的时间框架，如 1990 年以后发表的文章（Wilson，2009：161-3）。

确定研究范围之后，我们需要搜索回答我们感兴趣的研究问题和满足包含标准的所有相关期刊和数据集（如 Google scholar，Linguistics and Language Behavior Abstracts，ProQuest Dissertations & Theses，EThOS 等）（有些是发表的，有些是没有发表的）。我们的目标是搜集与研究问题相关的所有现有证据。为什么还要考虑高质量、未发表的研究（如博士论文）？原因是：我们想减少所谓的发表偏见的影响。**发表偏见**是一种有详细记录的现象（Kepes et al.，2014），它是指，尤其在发表的文章中，作者过度报告强烈的、有统计显著性的效应，而一笔带过所谓的零结果（即没有统计显著性的结果）：作者、审稿人和编辑错误地将研究中的弱效应视为无意义或不重要的；但报告这些结果对审视全局至关重要。常常被报告出来的，有统计显著性的结果只是冰山一角，还有大量下落不明（"灰色文献"）的小效应藏在水里（Rothstein & Hopewell，2009）。[1]

与发表偏见相关的一个问题是：如何确保所选文章的质量？要避免发表偏见，在选择研究时，我们想广撒网，但我们又想确保最后找到的都是高质量的研究（是鱼而不是废料）。在元分析中，我们同样需要牢记"进去的是垃圾，出来的也是垃圾"（见8.2节）这个俗语，我们要仔细审查找到的证据（这里就是原始研究的质量），然后才能将其用于分析。瓦伦丁（Valentine，2009）讨论了研究质量的一些层面，包括内部效度（对相关变量的控制，精确测量）、外部效度（研究的普遍性）、构念效度（测量我们想测量的）和统计结论效度（统计严谨性）。尤其是在语料库语言学中，由于这一领域的方法还有待完善和标准化，因此元分析中所用研究的质量还是个问题。我们不能怀疑作者故意篡改数据或压制不好的结果（这种情况在委托医药研究或民意调查中就有可能出现）；更多的情况是，作者可能不经意地违反了统计检验假设或用了不合适的研究设计。请参见8.2节"统计思维的十个原则"，它们是严谨的科学研究必须遵守的原则。

第2步　从研究中提取相关信息（编码）

第2步是从第1步找到的研究中获取相关数据。这一步要我们仔细阅读研究报告、文章和书籍的方法和结果部分，并记录下这些信息:(1)所用的(子)语料库；(2)方法；(3)研究中观察到的效应量（Wilson，2009）。尤其，我们需要知道这两个相互比较的(子)语料库的大小，不仅是形符数，而且还有（更重要的是）观察的实例数（即在单个文本/说话者研究设计中的说话者/文本或在语言特征研究设计中的目标语言特征，见1.4节）。另外，我们还需要记录下研究设计的类型、包含的语言和解释变量、使用的统计检验以及可能影响结果的任何方法方面的相关信息。最后，我们需要记录下标准（可比）效应量度量或可以帮助推断效应量度量的信息（如t值或F值）（见8.4节）。注意：我们只能包括一个基于同一语料库的研究，不管这种研究发表在多少期刊上。同一作者发表的多篇文章或不同的作者基于同样的数据集所做的重复研究只能在元分析中作为一项信息。[2]比如，我们可以用下面的编码单来记

1　注意：发表和未发表的文献都在一定程度上偏向那些大的、有统计显著性的效应。但未发表的报告有更多的空间来报告/讨论小效应。

2　然而，如果面临重复（不同的作者用同样的语料库和研究问题所做的研究），我们可以比较原始研究的结果与重复研究的结果，并评估其方法；基于这个信息，我们可以选择更可靠的研究并/或为元分析提供更完整的信息。

录单个研究的信息：

编码单：代词和性别

表头

研究问题：性别对代词的使用是否有影响？

编码者首字母缩写：VB

研究：Newman，M.L.，Groom，C.J.，Handleman，L.D.，& Pennebaker，J.W.（2008）Gender differences in language use：An analysis of 14 000 text samples. Discourse Proesses，45（3），211-236.

质量：高☑ 可接受☐ 低☐

注释：

语料库

名字：由多个心理学研究构成的语料库

形符：45 700 000

实例：男性 =5 971；女性 =8 353

代表性：语言收集自心理学实验的不同任务。93% 是书面的，7% 是口头的，参与者年龄：2/3 是大学生参与者，收集时期是 1980—2002 年

方法

研究设计：单个文本 / 说话者☑ 语言特征☐ 整体语料库☐

统计检验：Welsch's t 检验

相关语言变量：所有人称代词

其他语言变量：一些自动识别的词汇变量

相关解释变量：性别

其他解释变量：无

结果：观察到的效应

是否报告效应量度量：报告☑ 没有报告☐

如果报告，是哪一种效应量度量？ Cohen's d

效应 1：性别→所有人称代词 效应量大小：d=0.36 方向：女性 +

效应 2：性别→第一人称代词单数 效应量大小：d=0.17 方向：女性 +

……

报告的统计信息（检验、自由度、均值、标准差、效应量）：

所有人称代词：男性：均值 =12.69，标准差 =4.63；女性：均值 =14.24，标准差 =4.06；

……

注释

在很多情况下，关于研究不同方面的信息需要我们从研究报告中推断得出，因此，这个过程可能会涉及一些主观性，所以我们需要对一部分数据（如 20%）进行双重编码，并计算评判者间一致性统计值（见 3.5 节）。如果有多个编码者，那么我们也需要计算评判者间一致性统计值。

让我们看一个例子，五个研究报告了性别对代词（I，me，my，you，your 等）的影响。表 8.6 显示了这些研究的详细信息（从编码单中提取的），重点是相关的统计信息；一些信息是直接提供的，一些需要我们推断（见 8.4 节）。注意：两个研究（研究 4 和研究 6）被排除在元分析之外。排除研究 4 的原因是它没有提供完整的统计信息。在这种情况下，我们有必要与作者联系，要求获取这些信息。原始研究的作者也应该用标准的报告模式（见"报告统计数据"这一部分），这可以提供足够的信息，供他人评估和整合研究结果。排除研究 6 的原因是它用的研究设计（整体语料库设计）有问题。

表 8.6 为元分析准备的研究

研究	提供的信息	推断的信息
1.Newman et al.（2008）	语料库：$n_{男性}$=5 971；$n_{女性}$=8 353 结果（所有代词）：Cohen's d=0.36	Cohen's d=0.508
2.Argamon et al.（2003）- non-fiction	语料库：$n_{男性}$=179；$n_{女性}$=179 结果（所有代词）：男性：M=282；SE=12 女性：M=390；SE=19	Cohen's d=0.586
3.Argamon et al.（2003）- fiction	语料库：$n_{男性}$=123；$n_{女性}$=12 结果（所有代词）：男性：M=860；SE=18 女性：M=977；SE=18	无法计算 Cohen's d
~~4.Argamon et al.（2007）~~	语料库：$n_{男性}$=25 065；$n_{女性}$=21 682 结果（所有代词）：男性：M=9.84；女性：M=11.97	因为没有提供标准差
5.Colley & Todd（2002）	语料库：$n_{男性}$=24；$n_{女性}$=30 结果（you，your）：男性：M=0.78；女性：M=1.33；$F_{(1, 50)}$=7.69	Cohen's d=0.759
~~6.Rayson et al.（1997）~~	语料库：$n_{男性}$=536；$n_{女性}$=561 结果（所有代词）：男性 =13.37%，女性 =14.55%，χ^2=1 016.27	研究设计有问题

第 3 步 统计整合

元分析的最后一步将各个研究中的信息整合起来，并报告最后的（整合的）效应量和置信区间。用最简单的话来说，统计整合把效应量度量（这里是 Cohen's d）和每个子语料库中的实例（文本 / 说话者）（表 8.7）作为输入数据。我们要权衡单个研究的效应量，基于大型语料库的研究被赋予更多的权重（因为它们接近于真正的总体值），质量更高的文章（用质量指标衡量）也会被赋予更多的权重。我们一般用逆方差来加权，它考虑了实例的数量——研究包含的实例（文本 / 说话者）越多，权重（重要性）越大。

表 8.7　简单元分析的输入数据

研究	Cohen's d	语料库 1 中的实例（$n1$）	语料库 2 中的实例（$n2$）	逆方差
1.Newman et al.（2008）	0.36	5 971	8 353	3 428.0
2.Argamon et al.（2003）-non-fiction	0.508	179	179	86.7
3.Argamon et al.（2003）-fiction	0.586	123	123	59.0
4. Colley & Todd（2002）	0.759	24	30	12.4

　　Cohen's d 的逆方差是元分析中的一个常用的度量，我们用单个文本 / 说话者设计比较两个文本或两组说话者时常会用到它，它的计算方法是：[3]

$$逆方差 = \cfrac{1}{\cfrac{n_1+n_2}{n_1 \times n_2} + \cfrac{d^2}{2 \times (n_1+n_2)}} \tag{8.1}$$

比如，第一个研究（Newman et al.，2008）的逆方差是：

$$逆方差 = \cfrac{1}{\cfrac{5\ 971+8\ 353}{5\ 971 \times 8\ 353} + \cfrac{0.36^2}{2 \times (5\ 971+8\ 353)}} = 3\ 428.0 \tag{8.2}$$

　　有两种整合效应量的方式：固定效应模型和随机效应模型。固定效应模型假设元分析中的所有研究都是准确地复制彼此（用同样的研究设计、方法、变量等），只是语料库使用不同而已。由于在这个假设下，唯一需要控制的变化是一个样本到另一个样本的变化（抽样误差），因此固定效应模型只是简单地将加权效应合并起来，产生汇总效应。而另一方面，随机效应模型假设多个变化源，研究用不同的方法探究稍微不同的构念，现实情况往往是这样。因此，随机效应模型是默认选项。用随机效应模型分析表 8.7 的数据，我们得

3　计算其他效应量度量的（逆）方差方程式可见（Shadish & Haddock，2009：264ff）。你不需要担心方程式的细节，因为本书配套网站上提供的元分析工具可以自动计算它。

到的汇总效应是 0.47，它的 95% 置信区间是 [0.32, 0.62]。[4] 图 8.5 用森林图显示了这个元分析。**森林图**显示了单个研究的效应量（实心正方形）以及它们的置信区间（须）和总体效应量（菱形）；正方形的大小代表了分析中每个研究的权重。

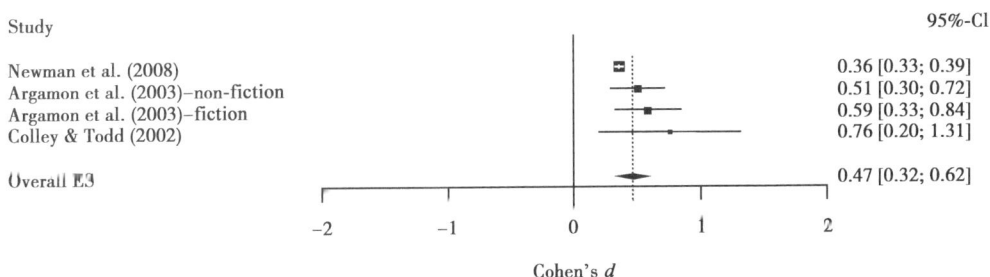

Study   95%-Cl

Newman et al. (2008)   0.36 [0.33; 0.39]
Argamon et al. (2003)–non-fiction   0.51 [0.30; 0.72]
Argamon et al. (2003)–fiction   0.59 [0.33; 0.84]
Colley & Todd (2002)   0.76 [0.20; 1.31]

Overall E3   0.47 [0.32; 0.62]

            −2   −1   0   1   2

                            Cohen's d

图 8.5　森林图：对四个研究的元分析

　　除上面讨论的简单元分析外，我们也可以用更复杂的模型，它会考虑所谓的调节变量。调节变量是在编码过程（第 2 步）中找到的其他变量，它对研究的效应量有影响；这些变量可以被纳入元分析模型中（要了解这类研究，详见 Schmidt & Hunter，2015：381ff.）。注意：只有在有足够的研究报告了调节变量的情况下，我们才能用这种更复杂的模型。总的来说，科学知识是逐渐积累的。元分析提供了有效统计整合研究结果的工具。元分析的成功直接取决于（1）是否包含了高质量的研究；（2）是否包含了广泛的研究。

报告统计数据：元分析

1. 报告什么

　　元分析是一个复杂的方法，要求我们详细报告每一步所用的方法：（1）找到相关研究；（2）编码；（3）统计整合。我们最好提供（以附录或将数据放到网上的方式）编码单和电子表格 / 数据集（里面是元分析所基于的被编码的研究）（要详细了解如何报告元分析，见 Rosenthal，1995）。

2. 如何报告：示例

　　• 我们用元分析研究了英语中性别（解释变量）对代词（语言变量）使用影响的研究。我们查找了发表和未发表（博士论文）的文章。我

4　固定效应模型的值 0.37，95% 置信区间 [0.34, 0.40]。

们根据编码单（见附录）对这些研究进行了编码，20%由两个编码者进行编码（评判者间一致性：95%）。最初，我们找到了六篇文章，其中只有四篇可以用于元分析（编码数据见附录）。我们用逆方差对单个研究的效应量进行加权处理，使用的是随机效应模型。元分析发现的汇总效应量是 d=0.47，95% 置信区间为［0.32，0.62］。森林图 8.5 显示了这个元分析。

8.4　效应量：如何有意义地使用它

思考

在阅读本节前，请思考下面的情境：

你正在准备一场半程马拉松，并想评估训练的效果。在训练之前，你一分钟跑 200 米；训练之后，你一分钟可以跑 220 码。训练有效果吗?

要回答"思考"任务的问题，我们首先需要将值转换成同一个单位。你需要将码转换成米（220 码 ≈ 201.2 米）；或者你可以将米转换成码（200 米 ≈ 218.7 码）。下面的问题是，我们是否能将 1.2 米（1.3 码）的进步视为显著。这一眼看上去是进步了，但似乎微不足道。我们愿意为这 1 米多点投入这么多的时间和精力吗？然而，如果我们从大局着眼，在半程马拉松中（21 098 米或 23 073 码），训练的效果意味着你可以提高 38 秒。

这个例子显示了关于效应和效应量的基本思考，我们可以将其用于语言数据。效应量度量量化所观察到的语言变量以及频率的差异和变化。我们首先要了解这个度量的意思及对它的解释。在半程马拉松这个例子中，我们可以画一条代表测量单位的线来说明一米或一码的意思。但我们需要意识到，效应的实际作用与统计学没有什么关系：在我们的例子中，我们要自己决定这 38 秒的进步是否值得投入时间和精力。要做出明智的决定，我们需要将这 38 秒放到语境中来考虑，将其与其他选手的时间作比较。

本节重点讲效应量度量在语料库语言学中的作用。效应量的概念在第 1 章已经介绍了，本书也讨论了不同的效应量度量。表 8.8 总结了本书使用的效应量度量及其简要的描述。这些度量包括简单的统计数值（如均值或百分比变化）和更复杂的的度量［如用于找出搭配的关联度量、Cohen's d、η^2、（对数）几率比等］。

表 8.8　本书中包含的效应量度量

效应量度量	简要描述	可以在不同的语言变量之间作比较吗？	对应的章节
均值	基本描述统计，显示了一个语言变量在语料库中的频率。	不可以	1.2
% 变化	表明一个语言变量在两个时间点之间频率的增 / 减。	可以	7.3
互信息值、t 分数、logDice 等	找出词之间搭配关系的关联测量。	可以；注意：t 分数取决于语料库大小，因此它是一个有问题的效应量度量	3.2
简单数学参数、%DIFF 等	找出主题词的统计数值。	可以	3.4
Cohen's d	表示一个语言变量在两个（子）语料库中频率的差异（以标准差为单位）的标准化度量。	可以	1.3; 3.2; 6.3; 7.3
稳健 Cohen's d	d 度量（见上）的稳健版，用截尾均值和缩尾标准差来计算。	可以	6.3
r	相关系数，也可作为不同情况下标准化的效应量度量。	可以	1.3; 5.2; 6.3
r_s	用于序列数据的 r。	可以	5.2
r_{rb}（等级二列相关）	一种用于 Mann-Whitney U 检验效应量度量的相关。	可以	6.3
r^2（确定系数）	表示由一个解释变量（预测因素）解释的变化量的度量。	可以	5.2，5.4
η^2	长期以来与方差分析一起报告的综合效应量度量。	可以	1.3; 6.3
PR（概率比），也称风险比或相对风险	一个语言变量的两个变体出现在特定语境中的两个概率之比。	可以	4.3
（对数）几率比 OR/ln（OR）	在 logistic 回归和混合效应模型的结果中表示预测因素效应的度量。	可以	4.3，4.4
Cramer's V	显示名义变量（类别数据）之间关联的效应量度量。	可以	4.3

表 8.9　效应量转换和推断

输入	输出	转换 / 推断	例子
r	Cohen's d	$d=\dfrac{2r}{\sqrt{1-r^2}}$	$r=0.3$；$d=\dfrac{2\times0.3}{\sqrt{1-0.3^2}}=0.629$
Cohen's d	r	$r=\dfrac{d}{\sqrt{d^2+4}}$	$d=0.5$；$r=\dfrac{0.5}{\sqrt{0.5^2+4}}=0.25$
η^2	Cohen's d	$d=\dfrac{2\times\sqrt{\eta^2}}{\sqrt{1-\eta^2}}$	$\eta^2=0.01$；$d=\dfrac{2\times\sqrt{0.01}}{\sqrt{1-0.01}}=0.2$
对数几率比 $[\ln(OR)]$	Cohen's d	$d=\dfrac{\ln(OR)\sqrt{3}}{\pi}$	$\ln(OR)=0.9$；$d=\dfrac{0.9\times\sqrt{3}}{3.14}=0.5$
t 检验	Cohen's d	$d=t\times\sqrt{\dfrac{n_1+n_2}{n_1\times n_2}}$	$t=3$；$n_1=50$；$n_2=25$
t；n_1；n_2			$d=3\times\sqrt{\dfrac{50+25}{50\times25}}=0.73$
单因素方差分析 F；n_1；n_2	Cohen's d	$d=\pm\sqrt{\dfrac{F(n_1+n_2)}{n_1\times n_2}}$	$F=9$；$n_1=50$；$n_2=25$；$d=\pm\sqrt{\dfrac{9\times(50+25)}{50\times25}}=0.73$

　　我们尤其要解决两个问题：（1）我们如何解决效应量报告的不一致性？（2）如何解释效应量度量？由于不同的研究可能报告了不同的效应量度量或根本没有报告效应量度量，因此我们常常需要进行转换或从统计检验（如 t 检验和方差分析）和样本大小（n_1；n_2）中推断效应量。在做元分析时，转换和推断是非常重要的，因为我们常常需要将不完整或不一致的信息整合起来。表 8.9 显示了语料库研究中可以进行的基本推断和转换（Borenstein，2009；Fritz et al.，2012）。

　　要解决第二个问题（如何解释效应量度量？），我们需要了解某个特定的效应量度量的工作原理。在教科书中，效应量度量基本上是按照科恩（Cohen，1988）的建议（他将观察到的效应量分成"小""中"和"大"三种）来解释的。表 8.10 总结了对四个常见效应量度量（Cohen's d，r，η^2 和 Cramer's V）的标准解释。然而，虽然这些标准解释可以作为一个大致参考，但正如科恩（Cohen，1988）不断强调的那样，这些标准解释不应该被机械地应用；每个学科都应该回顾研究中报告的效应的范围，并通过询问"目标语言变量的出现 / 不出现如何影响语法、文本类型、说话者组群和话语"这一问题来批判性地评估它们的实际意义。

　　由于效应量在语料库语言学中还是一个新事物，下面，我们将讨论如何解释标准化效应量度量的实际重要性；标准化效应量度量（如 Cohen's d 或 r）有标准的尺度，这个尺度与测量变量的尺度（如每百万词频）不同。解释标准效应量度量（如 Cohen's d，r，或 η^2）的方法之一是将它们与优势概率这一概念／度量联系起来，我们能更直观地理解优势概率。优势概率是指：从子语料库中随机选取的且均值大于目标变量的一个说话者／文本得的分数比从子语料库中随机选取的且均值小于目标变量的一个说话者／文本得的分数高的概率。这可以用图 8.6 来表示。两个钟形曲线代表子语料库 1 和子语料库 2 中值的分布；均值由粗竖线表示。[5] 我们可以看到，两条曲线在很大程度上重叠（69%）。但两个子语料库还是有一个明显的差异，优势概率值为 71%，意思是在 71% 的实例中，从子语料库 2 中随机选取的说话者／文本的目标变量的值高于从子语料库 1 中随机选取的说话者／文本。优势概率值 =71 差不多是 Cohen's d=0.8（表 8.11），用标准解释来说，就是大效应。

表 8.10　效应量：标准解释

效应	效应量度量			
	r	Cohen's d	η^2	Cramer's V [2×2 表格]
小	0.1	0.3	0.01	0.1
中	0.3	0.5	0.06	0.3
大	0.5	0.8	0.14	0.5

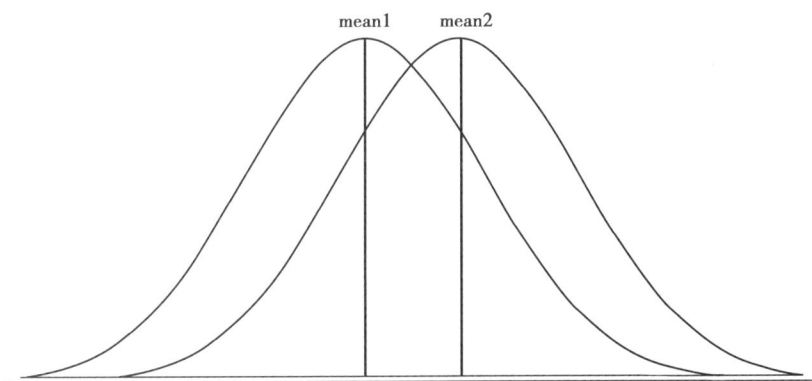

图 8.6　比较两个子语料库

　　为了看到语料库语言学效应［用 d，r，η^2（r^2）表示］的实际影响，表 8.11 比较了这些值和它们的优势概率值（用百分比表示）[6]，表 8.11 显示了一个子语料库相对于另一个子语料库的优势量。另外，表中还用迷你图标示了几个

5　这是理想的图形。在现实中，语言变量的分布往往是正偏态分布（即右边拖着一个长长的尾巴，如这个迷你图所示　　　）

6　对 d，r，η^2（r^2）和优势概率值的综述来自（Fritz et al., 2012：8）。

基准点，表中的例子取自 BNC。读者可以基于自己的研究或从文献中找到的研究补充更多的基准点，这样就可以创建更精确细致的尺度。这一尺度反过来又可以帮助我们把在单个研究中观察到的效应量置于语境中并对它做出合理的解释。

表 8.11　效应量度量：BNC 验证

	d	r	r^2 or η^2	优势概率（%）	例子来自 BNC
	0	0	0	50	从 BNC 中随机选取的两个子语料库中的 the
	0.1	0.05	0.002	53	
	0.2	0.1	0.01	56	
	0.3	0.15	0.022	58	
	0.4	0.2	0.038	61	
	0.5	0.24	0.059	64	
	0.6	0.29	0.083	66	
	0.7	0.33	0.11	69	女性和男性说话中的 lovely
	0.8	0.37	0.14	71	
	0.9	0.41	0.17	74	
	1	0.45	0.2	76	
	1.1	0.48	0.23	78	
	1.2	0.51	0.27	80	
	1.3	0.55	0.3	82	
	1.4	0.57	0.33	84	
	1.5	0.6	0.36	86	
	1.6	0.63	0.39	87	
	1.7	0.65	0.42	89	
	1.8	0.67	0.45	90	
	1.9	0.69	0.47	91	
	2	0.71	0.5	92	
	2.2	0.74	0.55	94	
	2.4	0.77	0.59	96	

续表

	d	r	r^2 or η^2	优势概率（%）	例子来自 BNC
	2.6	0.79	0.63	97	口语和书面语中的人称代词
	2.8	0.81	0.66	98	
	3	0.83	0.69	98	
	3.2	0.85	0.72	99	
	3.4	0.86	0.74	99	
	3.6	0.87	0.76	99	学术写作和非正式说话中的被动句
	3.8	0.89	0.78	100	
	4	0.89	0.8	100	

8.5 练习

1. 你从本书中学到的最重要的知识是什么？写在下框中。

2. 转换表 8.12 中的效应量度量。

表 8.12 效应量转换

输入	输出（转换）
$r=0.9$	Cohen's $d=$
Cohen's $d=1.3$	$r=$
$\eta^2=0.05$	Cohen's $d=$
$\ln(OR)=0.2$	Cohen's $d=$
$t=2$；$n_1=100$；$n_2=100$	Cohen's $d=$
$F=10$；$n_1=100$；$n_2=100$	Cohen's $d=$

3. 解释森林图 8.7 和图 8.8。

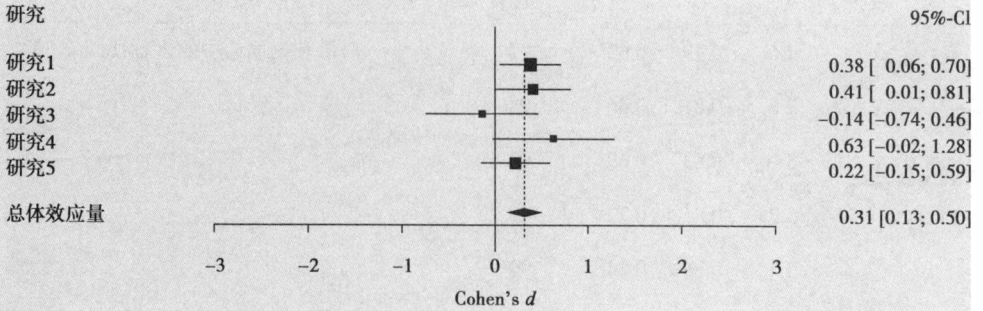

图 8.7　森林图：例 1

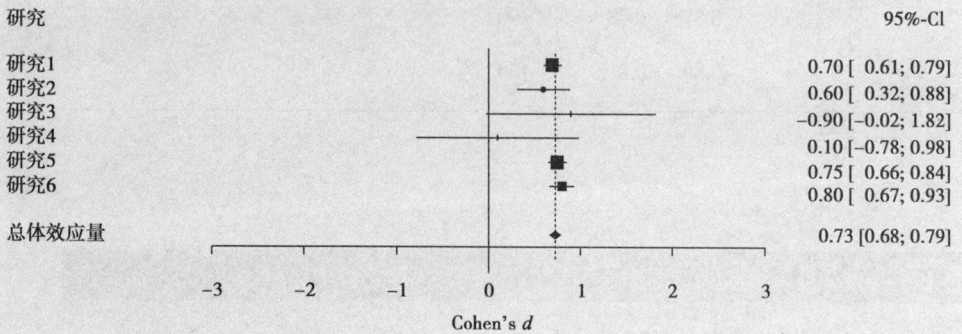

图 8.8　森林图：例 2

记住
- 统计学能帮助我们准确严谨地描述定量信息。
- 元分析将多个研究中的效应量整合起来，提供汇总效应量。
- 元分析的结果可以用森林图显示。
- 要解决效应量不一致问题，我们可以转换效应量或推断它。
- 标准效应量度量可以从优势概率的角度来理解。
- 效应量度量可以借助基准点来解释，基准点显示了容易想象的语言效应的例子及其对应的常见效应量度量的值。

补充阅读

Borenstein, M., Hedges, L. V., Higgins, J. & Rothstein, H. R. (2009). *Introduction to meta-analysis*. Chichester: John Wiley & Sons.

Brezina, V. & Meyerhoff, M. (2014). Significant or random? A critical review of sociolinguistic generalisations based on large corpora. *International Journal of Corpus Linguistics*, 19(1), 1-28.

Cohen, J. (1988). *Statistical power analysis for the behavioral sciences.* Hillsdale, NJ: Erlbaum.

Cooper, H., Hedges, L. & Valentine, J. (eds.) *The handbook of research synthesis and meta-analysis.* New York: Russell Sage Foundation.

Cumming, G. (2012). *Understanding the new statistics.* New York: Routledge.

配套网站：在线兰卡斯特统计工具

1. 本章的所有分析都可以用在线兰卡斯特统计工具进行。本章用到的工具有：
   - 效应量计算器
   - 元分析计算器
2. 该网站还为老师和学生们提供了额外材料。

结　语

　　统计学是一个很强大的分析工具。本书展示了统计方法用于探索语料库的不同方式。语料库提供的强大证据为探索语言使用模式提供了独特视角，从而为语言学和社会学研究提供了无数可能性。统计学，如果使用得当，会帮助我们分析数据，它就像一个变焦镜头，透过它，我们可以观察到语言现实：小到语言使用的单个实例，大到语法、词汇和话语。但我们需要记住，这个棱镜必须是透明的：我们想观察的不是这个工具自身——装满各种复杂统计方法的玻璃柜台——而是语言数据。因此，我们的分析应该关注数据，并认真对待数据；如果我们的观点和理论与数据相矛盾，我们不应该认为这个数据是"不方便"的证据而舍弃它（或将它隐藏在复杂的统计术语背后），而应该分析它，试图真正地理解和解释它。只有这样，我们的研究才是有意义的和科学的。

　　掌握统计学可以赋予我们力量。但由于统计工具和分析方法变得越来越复杂和难懂，我们害怕使用它们。这是因为统计分析涉及很多选择。我们需要选择合适的语料库、有效的分析方法和对结果的合理解释。这些选择对于新手来说是非常难的。一方面，语料库语言学要求使用越来越复杂的统计方法，另一方面，新手缺乏合适的资源，这很容易使新手产生挫折感。本书（与在线兰卡斯特统计工具一起）希望能成为新手的一个资源，指导他们在语言分析中明智地选择统计方法。

　　本书主要传达两方面的信息。第一，统计学不是捣弄数字或记住方程式（计算机在这方面更在行），而是理解定量分析的核心原则。第二，我希望能鼓励读者不要被复杂的或最新的统计方法所吓倒。每个夏天，来自世界各地的很多学生都会来到兰卡斯特大学参加为期一周的语料库和统计分析学习（兰卡斯特语料库语言学暑期班）。这些学生常常问我，什么统计检验最适合用来分析语料库、什么是最好的搭配度量等。我通常回答：在很多情况下，最强大的统计方法就是常识。

参考文献

Argamon, S., Koppel, M., Fine, J. & Shimoni, A. R. (2003). Gender, genre, and writing style in formal written texts. *Text,* 23(3), 321-46.

Argamon, S., Koppel, M., Pennebaker, J. W. & Schler, J. (2007). Mining the blogosphere: age, gender and the varieties of self-expression. *First Monday*, 12(9). http://firstmon day.org/issues/issue12_9/argamon/index.html.

Arppe, A. (2008). Univariate, bivariate, and multivariate methods in corpus-based lexicography. a study of synonymy. Helsinki: University of Helsinki. Available at https://helda.helsinki.fi/bitstream/handle/10138/19274/univaria.pdf?sequence=2 (accessed 29/12/2015).

Azen, R. & Walker, C. M. (2011). *Categorical data analysis for the behavioral and social sciences.* London: Routledge.

Baker, H., Brezina, V. & McEnery, T. (2017). Ireland in British parliamentary debates 1803-2005: plotting changes in discourse in a large volume of time-series corpus data. In T. Säily, A. Nurmi, M. Palander-Collin & A. Auer (eds.), *Exploring future paths for historical sociolinguistics* (Advances in Historical Sociolinguistics), pp. 83-107. Amsterdam: John Benjamins.

Baker, P. (2009). The BE06 corpus of British English and recent language change. *International Journal of Corpus Linguistics*, 14(3), 312-37.

(2011). Times may change, but we will always have money: diachronic variation in recent British English. *Journal of English Linguistics*, 39(1), 65-88.

(2014). *Using corpora to analyze gender.* London: Bloomsbury.

(2017) *American and British English: divided by a common language.* Cambridge University Press.

Baker, P., Gabrielatos, C. & McEnery, T. (2013). Sketching Muslims: a corpus driven analysis of representations around the word 'Muslim' in the British press 1998-2009. *Applied Linguistics*, 34(3), 255-78.

Baker, P., Gabrielatos, C., Khosravinik, M., Krzyżanowski, M., McEnery, T. & Wodak, R. (2008). A useful methodological synergy? Combining critical discourse analysis and corpus linguistics to examine discourses of refugees and asylum seekers in the UK press. *Discourse & Society,* 19(3), 273-306.

Balakrishnan, N., Voinov, V. & Nikulin, M. S. (2013). *Chi-squared goodness of fit tests with applications.* Waltham, MA: Academic Press.

Barlow, M. (2013). Individual differences and usage-based grammar. *International Journal of Corpus Linguistics,* 18(4), 443-78.

Baroni, M., Bernardini, S., Ferraresi, A. & Zanchetta, E. (2009). The WaCky Wide Web: a collection of very large linguistically processed web-crawled corpora. *Language Resources and Evaluation, 43* (3), 209-26.

Baroni, M. & Ueyama, M. (2006). Building general-and special-purpose corpora by web crawling. In *Proceedings of the 13th NIJL International Symposium, Language corpora: their compilation and application*, pp. 31-40.

Benzécri, J. P. (1992). *Correspondence analysis handbook*. New York: Marcel Dekker.

Bestgen, Y. (2014). Inadequacy of the chi-squared test to examine vocabulary differences between corpora. *Literary and Linguistic Computing,* 29(2), 164-70.

Biber, D. (1988). *Variation across speech and writing*. Cambridge University Press.

Biber, D. & Conrad, S. (2009). *Register, genre, and style*. Cambridge University Press.

Biber, D., Johansson, S., Leech, G., Conrad, S. & Finegan, E. (1999). *Longman grammar of spoken and written English*. Harlow: Longman.

Biber, D. & Jones, K. (2009). Quantitative methods in corpus linguistics. In A. Lüdeling & M. Kytö (eds.), *Corpus linguistics: an international handbook*, vol. 2, pp. 1287-1304. Berlin: Walter de Gruyter.

Biber, D., Reppen, R., Schnur, E. & Ghanem, R. (2016). On the (non) utility of Juilland's D to measure lexical dispersion in large corpora. *International Journal of Corpus Linguistics,* 21(4), 439-64.

Blythe, R. A. & Croft, W. (2012). S-curves and the mechanisms of propagation in language change. *Language,* 88(2), 269-304.

Boneau, C. A. (1960). The effects of violations of assumptions underlying the t test. *Psychological Bulletin, 57*(1), 49.

Borenstein, M. (2009). Effect sizes for continuous data. In H. Cooper, L. Hedges & J. Valentine (eds.), *The handbook of research synthesis and meta-analysis*, pp. 221-35. New York: Russell Sage Foundation.

Brezina, V. (2013). BNC64 Search & Compare. Available at: http://corpora.lancs. ac.uk/ bnc64 (accessed 20/08/2016).

(2014). Effect sizes in corpus linguistics: keywords, collocations and diachronic comparison. Presented at the ICAME 2014 conference, University of Nottingham.

Brezina, V. & Gablasova, D. (2015). Is there a core general vocabulary? Introducing the New General Service List. *Applied Linguistics*, 36(1), 1-22.

Brezina, V., McEnery, T. & Baker, H. (in prep.) Usage fluctuation analysis: a new way of analysing shifts in historical discourse.

Brezina, V., McEnery, T. & Wattam, S. (2015). Collocations in context. *International Journal of Corpus Linguistics*, 20(2), 139-73.

Brezina, V. & Meyerhoff, M. (2014). Significant or random? A critical review of sociolinguistic generalisations based on large corpora. *International Journal of Corpus Linguistics*, 19(1), 1-28.

Brezina, V. & Timperley, M. (2017). How large is the BNC? A proposal for standardized tokenization and word counting. CL2017, Birmingham. Available at: www.birming ham.ac.uk/ Documents/college-artslaw/corpus/conference- archives/2017/general/ paper303.pdf (accessed 08/03/18).

Brezina, V., Timperley, M., Gablasova, D. & McEnery, T. (in prep.). #LancsBox: a new generation corpus tool for researchers, students and teachers.

Cabin, R. J. & Mitchell, R. J. (2000). To Bonferroni or not to Bonferroni: when and how are the questions. *Bulletin of the Ecological Society of America*, 81(3), 246-8.

Chernick, M. R. & LaBudde, R. A. (2014). *An introduction to bootstrap methods with applications to R*. Hoboken, NJ: John Wiley & Sons.

Chomsky, N. (2000). *New horizons in the study of language and mind*. Cambridge University Press.

Clausen, S. E. (1998). *Applied correspondence analysis: an introduction*. Thousand Oaks, CA: Sage.

Cleveland, W. S. (1994). *The elements of graphing data*. Summit, NJ: Hobart Press. Cohen, J. (1988). *Statistical power analysis for the behavioral sciences*. Hillsdale, NJ: Erlbaum.

Cohen, M. P. (2000). Note on the odds ratio and the probability ratio. *Journal of Educational and Behavioral Statistics*, 25(2), 249-52.

Colley, A. & Todd, Z. (2002). Gender-linked differences in the style and content of emails to friends. *Journal of Language and Social Psychology*, 21(4), 380-92.

Conrad, S. & Biber, D. (2001). Multidimensional methodology and the dimensions of register variation in English. In S. Conrad & D. Biber (eds.), *Variation in English: multidimensional studies*, pp. 18-19. Harlow: Pearson Education.

Coupland, N. (2007). *Style: language variation and identity*. Cambridge University Press.

Covington, M. A. & McFall, J. D. (2010). Cutting the Gordian knot: the moving- average type-token ratio (MATTR). *Journal of Quantitative Linguistics*, 17(2), 94-100.

Crystal, D. (2003). *English as a global language*. Cambridge University Press.

Cumming, G. (2012). *Understanding the new statistics*. New York: Routledge.

Cumming, G., Fidler, F. & Vaux, D. L. (2007). Error bars in experimental biology. *Journal of Cell Biology*, 177(1), 7-11.

Davies, H. T. O., Crombie, I. K. & Tavakoli, M. (1998). When can odds ratios mislead? *British Medical Journal*, 316(7136), 989-91.

Davies, M. & Gardner, D. (2010). *A frequency dictionary of contemporary American English: word sketches, collocates and thematic lists*. London: Routledge.

de Winter, J. C. (2013). Using the Student's t-test with extremely small sample sizes. *Practical Assessment, Research & Evaluation, 18(10)*, 1-12.

Diggle, P. J. & Chetwynd, A. G. (2011). *Statistics and scientific method: an introduction for students and researchers*. Oxford University Press.

Divjak, D. & Gries, S. Th. (2006). Ways of trying in Russian: clustering behavioral profiles.

Corpus Linguistics and Linguistic Theory, 2(1), 23-60.

Dodge, Y. (2008). *The concise encyclopedia of statistics*. New York: Springer.

Edgell, S. E. & Noon, S. M. (1984). Effect of violation of normality on the t test of the correlation coefficient. *Psychological Bulletin*, 95(3), 576.

Efron, B. (1979). Computers and the theory of statistics: thinking the unthinkable. *SIAM Review*, 21(4), 460-80.

Efron, B. & Tibshirani, R. J. (1994). *An introduction to the bootstrap*. Boca Raton, FL: CRC Press.

Erceg-Hurn, D. M. & Mirosevich, V. M. (2008). Modern robust statistical methods: an easy way to maximize the accuracy and power of your research. *American Psychologist*, 63(7), 591.

Everitt, B. S., Landau, S., Leese, M. & Stahl, D. (2011). *Cluster analysis*. New York: John Wiley & Sons.

Evert, S. (2008). Corpora and collocations. In A. Lüdeling & M. Kytö (eds.), *Corpus linguistics: an international handbook*, vol. 1, pp. 223-33. Berlin: Walter de Gruyter.

Field, A., Miles, J. & Field, Z. (2012). *Discovering statistics using R*. London: Sage.

Firth, J. (1957). *Papers in linguistics*. Oxford University Press.

Francis, W. N. & Kučera, H. (1979). *Brown Corpus manual: manual of information to accompany a standard corpus of present-day edited American English for use with digital computers*. Brown University, Providence, RI. Available at http://clu. uni.no/ icame/brown/bcm.html.

Friendly, M. (2002). A brief history of the mosaic display. *Journal of Computational and Graphical Statistics*, 11(1), 89-107.

Friginal, E. & Hardy, J. (2014). Conducting multi-dimensional analysis using SPSS. In T. B. Sardinha & M. V. Pinto (eds.) , *Multi-dimensional analysis, 25 years on: a tribute to Douglas Biber*, pp. 297-316. Amsterdam: John Benjamins.

Fritz, C. O., Morris, P. E. & Richler, J. J. (2012). Effect size estimates: current use, calculations, and interpretation. *Journal of Experimental Psychology: General*, 141(1), 2-18.

Gablasova, D., Brezina, V. & McEnery, A. M. (2017a). Exploring learner language through corpora: comparing and interpreting corpus frequency information. *Language Learning*, 67(S1), 130-54.

(2017b). Collocations in corpus-based language learning research: identifying, comparing and interpreting the evidence. *Language Learning*, 67(S1), 155-79.

Gablasova, D., Brezina, V., McEnery, T. & Boyd, E. (2017). Epistemic stance in spoken L2 English: the effect of task and speaker style. *Applied Linguistics*, 38(5), 613-37.

Gabrielatos, C. & Marchi, A. (2012) Keyness: appropriate metrics and practical issues. Presented at CADS International Conference 2012, Corpus-assisted Discourse Studies: More than the sum of Discourse Analysis and computing? University of Bologna, Italy.

Glass, G. V. (1965) A ranking variable analogue of biserial correlation: implications for short-cut item analysis. *Journal of Educational Measurement*, 2(1), 91-5.

Greenacre, M. (2007). *Correspondence analysis in practice*. Boca Raton: Chapman & Hall/CRC.

Gries, S. Th. (2008). Dispersions and adjusted frequencies in corpora. *International Journal of Corpus Linguistics*, 13(4), 403-37.

(2010). Dispersions and adjusted frequencies in corpora: further explorations. In S. Th. Gries, S. Wulff & M. Davies, *Corpus linguistic applications: current studies*, pp. 197-212. Amsterdam: Rodopi.

(2013a). *Statistics for linguistics with R: a practical introduction*. Berlin: Walter de Gruyter.

(2013b). 50-something years of work on collocations: what is or should be next ... *International Journal of Corpus Linguistics*, *18*(1), 137-66.

Gries, S. Th. & Hilpert, M. (2008). The Identification of stages in diachronic data: variability-based neighbour clustering. *Corpora*, 3(1), 59-81.

(2010). Modeling diachronic change in the third person singular: a multifactorial, verb and author-specific exploratory approach. *English Language and Linguistics*, 14(03), 293-320.

Gries, S. Th., Newman, J., Shaoul, C. & Dilts, P. (2009). N-grams and the clustering of genres. Presented at workshop on Corpus, Colligation, Register Variation at the 31st Annual Meeting of the Deutsche Gesellschaft für Sprachwissenschaft, March.

Grieve-Smith, A. (2007). The envelope of variation in multidimensional register and genre analyses. In E. Fitzpatrick (ed.), *Corpus linguistics beyond the word: corpus research from phrase to discourse*, pp. 21-42. Amsterdam: Rodopi.

Gwet, K. (2002). Inter-rater reliability: dependency on trait prevalence and marginal homogeneity. *Statistical Methods for Inter-Rater Reliability Assessment Series*, 2, 1-9.

Hand, D. J. (2010). Evaluating diagnostic tests: the area under the ROC curve and the balance of errors. *Statistics in Medicine*, 29(14), 1502-10.

Hardie, A. (2014) Log ratio-an informal introduction. http://cass.lancs.ac.uk/?p=1133 Harrington, J., Palethorpe, S. & Watson, C. I. (2000). Does the Queen speak the Queen's English? *Nature,* 408(6815), 927-8.

Hayton, J. C., Allen, D. G. & Scarpello, V. (2004). Factor retention decisions in exploratory factor analysis: a tutorial on parallel analysis. *Organizational Research Methods,* 7(2), 191-205.

Healey, A. diPaolo (ed.) (2004). *The Complete Corpus of Old English in Electronic Form.*

Dictionary of Old English Project. Centre for Medieval Studies, University of Toronto. Hill, T., Lewicki, P. & Lewicki, P. (2006). *Statistics: methods and applications: a comprehensive reference for science, industry, and data mining*. Tulsa, OK: StatSoft.

Hilpert, M. (2011). Dynamic visualizations of language change: motion charts on the basis of bivariate and multivariate data from diachronic corpora. *International Journal of Corpus Linguistics,* 16(4), 435-61.

Hilpert, M. & Gries, S. Th. (2009). Assessing frequency changes in multistage diachronic corpora: applications for historical corpus linguistics and the study of language acquisition. *Literary and Linguistic Computing,* 24(4), 385-401.

Hosmer, D. W., Lemeshow, S. & Sturdivant, R. X. (2013). *Applied logistic regression*, 3rd edn. Hoboken, NJ: John Wiley & Sons.

Hudson, T. (2015). Presenting quantitative data visually. In L. Plonsky (ed.), *Advancing quantitative methods in second language research*, pp. 78-105. London: Routledge.

Ito, R. & Tagliamonte, S. (2003). Well weird, right dodgy, very strange, really cool: layering and recycling in English intensifiers. *Language in Society*, 32(02), 257-79.

Jakubíček, M., Kilgarriff, A., Kovář, V., Rychlý, P. & Suchomel, V. (2013). The TenTen corpus family. *Proceedings of the International Conference on Corpus Linguistics 2013*, pp. 125-7. Lancaster University.

Jarvis, S. (2013). Capturing the diversity in lexical diversity. *Language Learning, 63*(s1), 87-106.

Johnson, D. E. (2009). Getting off the GoldVarb standard: introducing Rbrul for mixed- effects variable rule analysis. *Language and Linguistics Compass, 3*(1), 359-83.

Juilland, A. G., Brodin, D. R. & Davidovitch, C. (1970). *Frequency dictionary of French words*. The Hague: Mouton.

Juilland, A. G. & Chang-Rodríguez, E. (1964). *Frequency dictionary of Spanish words*. The Hague: Mouton.

Kaiser, H. F. (1960). The application of electronic computers to factor analysis. *Educational and Psychological Measurement*, 20(1), 141-51.

Kepes, S., Banks, G. C. & Oh, I. S. (2014). Avoiding bias in publication bias research: the value of 'null' findings. *Journal of Business and Psychology*, 29(2), 183-203.

Kerby, D. S. (2014). The simple difference formula: an approach to teaching non-parametric correlation. *Innovative Teaching*, 3, 1-9.

Kilgarriff, A. (1997). Putting frequencies in the dictionary. *International Journal of Lexicography, 10*(2), 135-55.

(2005). Language is never, ever, ever, random. *Corpus Linguistics and Linguistic Theory, 1*(2), 263-76.

(2009). Simple maths for keywords. In *Proceedings of the Corpus Linguistics Conference*, Liverpool, July.

(2012). Getting to know your corpus. In *Proceedings of the 15th International Conference on Text, Speech and Dialogue*, pp. 3-15. Berlin: Springer.

Kirk, R. E. (1996). Practical significance: a concept whose time has come. *Educational and Psychological Measurement, 56*(5), 746-59.

(2005). Effect size measures. *Wiley StatsRef: Statistics Reference Online*. http:// dx.doi. org/10.1002/9781118445112.stat06242.pub2

Krippendorff, K. (2012 [1980]). *Content analysis: an introduction to its methodology*. London: Sage.

Kruskal, W. H. & Wallis, W. A. (1952). Use of ranks in one-criterion variance analysis. *Journal of the American Statistical Association*, 47(260), 583-621.

Kučera, H. & Francis, W. N. (1967). *Computational analysis of Present-Day American English*. Providence, RI: Brown University Press.

Labov, W. (1966). *The social stratification of English in New York City*. Washington, DC: Center for Applied Linguistics.

(1972). *Sociolinguistic patterns*. Philadelphia: University of Pennsylvania Press.

(2010). *Principles of linguistic change*, vol. 3: *Cognitive and cultural factors*. Oxford:Wiley-Blackwell.

Lakoff, G. & Johnson, M. (1980). *Metaphors we live by*. University of Chicago Press.

Lakoff, R. T (1975). *Language and woman's place*. New York: Harper & Row.

Lavandera, B. R. (1978). Where does the sociolinguistic variable stop? *Language in Society*, 7(02), 171-82.

Ledesma, R. D. & Valero-Mora, P. (2007). Determining the number of factors to retain in EFA: an easy-to-use computer program for carrying out parallel analysis. *Practical Assessment, Research & Evaluation,* 12(2), 1-11.

Leech, G. (1992). Corpora and theories of linguistic performance. In J. Svartvik (ed.), *Directions in corpus linguistics*, pp. 105-22. Berlin: Mouton de Gruyter. (2003).

Modals on the move: the English modal auxiliaries 1961-1992. In R. Facchinetti,

F. R. Palmer & M. Krug (eds.), *Modality in contemporary English*, 223-40. Berlin: Mouton de Gruyter.

(2011). The modals ARE declining. *International Journal of Corpus Linguistics, 16*(4), 547-64.

Leech, G., Garside, R. & Bryant, M. (1994). CLAWS4: the tagging of the British National Corpus. In *Proceedings of the 15th Conference on Computational Linguistics*, Kyoto, vol. 1, pp. 622-8.

Leech, G., Rayson, P. & Wilson, A. (2001). *Word frequencies in written and spoken English: based on the British National Corpus*. London: Routledge.

Leek, J. T. & Peng, R. D. (2015). Statistics: p values are just the tip of the iceberg. *Nature*, 520(7549), 612.

Lijffijt, J., Nevalainen, T., Säily, T., Papapetrou, P., Puolamäki, K. & Mannila, H. (2016). Significance testing of word frequencies in corpora. *Literary and Linguistic Computing*, 31(2), 374-97.

Lijffijt, J., Säily, T. & Nevalainen, T. (2012). CEECing the baseline: lexical stability and significant change in a historical corpus. In *Studies in Variation, Contacts and Change in English,* vol. 10. Helsinki: Research Unit for Variation, Contacts and Change in English (VARIENG).

Love, R., Dembry, C., Hardie, A., Brezina, V. & McEnery, T. (2017). The Spoken BNC2014: designing and building a spoken corpus of everyday conversations. *International Journal of Corpus Linguistics*, 22(3).

Lumley, T., Diehr, P., Emerson, S. & Chen, L. (2002). The importance of the normality assumption in large public health data sets. *Annual Review of Public Health*, 23(1), 151-69.

Malvern, D. & Richards, B. (2002). Investigating accommodation in language profi- ciency interviews using a new measure of lexical diversity. *Language Testing*, 19, 85-104.

Mann, H. B. & Whitney, D. R. (1947) On a test of whether one of two random variables is stochastically larger than the other. *Annals of Mathematical Statistics*, 18(1), 50-60.

Manning, C. D. (2011). Part-of-speech tagging from 97% to 100%: is it time for some linguistics? In A. F. Gelbukh (ed.), *International Conference on Intelligent Text Processing and Computational Linguistic*s, pp. 171-89. Berlin: Springer.

McEnery, T. (2006). *Swearing in English: bad language, purity and power from 1586 to the present*. Abingdon: Routledge.

McEnery, T. & Baker, H. (2017). *Corpus linguistics and 17th-century prostitution: computational linguistics and history*. London: Bloomsbury.

McEnery, T. & Hardie, A. (2011). *Corpus linguistics: method, theory and practice*. Cambridge University Press.

Mehl, M. R., Vazire, S., Ramírez-Esparza, N., Slatcher, R. B. & Pennebaker, J. W. (2007). Are women really more talkative than men? *Science*, 317(5834), 82.

Michel, J. B., Shen, Y. K., Aiden, A. P., Veres, A., Gray, M. K., Pickett, J. P.... & Pinker, S. (2011). Quantitative analysis of culture using millions of digitized books. *Science*, 331(6014), 176-82.

Microsoft (2010). *Microsoft Word* [software].

Millar, N. (2009). Modal verbs in TIME: frequency changes 1923-2006. *International Journal of Corpus Linguistics*, 14(2), 191-220.

Nevalainen, T. (1999). Making the best use of 'bad' data: evidence for sociolinguistic variation in Early Modern English. *Neuphilologische Mitteilungen*, 499-533.

Nevalainen, T. & Raumolin-Brunberg, H. (2003). *Historical sociolinguistics: language change in Tudor and Stuart England*. London: Routledge.

Newman, M. L., Groom, C. J., Handelman, L. D. & Pennebaker, J. W. (2008). Gender differences in language use: an analysis of 14,000 text samples. *Discourse Processes*, 45(3), 211-36.

Nini, A. (2015) *Multidimensional Analysis Tagger (v. 1.3)-manual*. Available at: https:// sites. google.com/site/multidimensionaltagger/(accessed 26/08/15).

Osborne, J. W. (2012). *Best practices in data cleaning: a complete guide to everything you need to do before and after collecting your data*. Thousand Oaks, CA: Sage.

(2015). *Best practices in logistic regression*. Thousand Oaks, CA: Sage.

Pearson, K. (1920). Notes on the history of correlation. *Biometrika*, 13(1), 25-45.

Pechenick, E. A., Danforth, C. M. & Dodds, P. S. (2015). Characterizing the Google Books corpus: strong limits to inferences of socio-cultural and linguistic evolution. *PloS One*, 10(10), e0137041.

Phillips, M. (1985). *Aspects of text structure: an investigation of the lexical organisation of text*. Amsterdam: North-Holland.

Popper, K. (2005 [1935]). *The logic of scientific discovery*. London: Routledge.

Rayson, P. (2008). From key words to key semantic domains. *International Journal of Corpus*

Linguistics 13(4), 519-49.

Rayson, P., Berridge, D. & Francis, B. (2004). Extending the Cochran rule for the comparison of word frequencies between corpora. *Proceedings from 7th International Conference on Statistical Analysis of Textual Data (JADT 2004)*, pp. 926-36.

Rayson, P., Leech, G. N. & Hodges, M. (1997). Social differentiation in the use of English vocabulary: some analyses of the conversational component of the British National Corpus. *International Journal of Corpus Linguistics*, 2(1), 133-52.

Richardson, J. T. (2011). Eta squared and partial eta squared as measures of effect size in educational research. *Educational Research Review*, 6(2), 135-47.

Rosenthal, R. (1995). Writing meta-analytic reviews. *Psychological Bulletin*, 118(2), 183.

Rothstein, H. & Hopewell, S. (2009). Grey literature. In H. Cooper, L. Hedges & J. Valentine (eds.), *The handbook of research synthesis and meta-analysis*, pp. 103-26. New York: Russell Sage Foundation.

Savický, P. & Hlaváčová, J. (2002). Measures of word commonness. *Journal of Quantitative Linguistics*, 9(3), 215-31.

Schmider, E., Ziegler, M., Danay, E., Beyer, L. & M. B ühner. (2010). 'Is it really robust?' Reinvestigating the robustness of ANOVA against violations of the normal distribution assumption. *Methodology: European Journal of Research Methods for the Behavioral and Social Sciences*, 6(4), 147-51.

Schmidt, F. L. & Hunter, J. E. (2015). *Methods of meta-analysis: correcting error and bias in research findings*. Thousand Oaks, CA: Sage Publications.

Scott, M. (1997). PC analysis of key words-and key key words. *System*, 25(2), 233-45. (2004). *WordSmith tools version 4*. Oxford University Press.

Shadish, W. R. & Haddock, C. K. (2009). Combining estimates of effect size. In H. Cooper, L. Hedges & J. Valentine (eds.), *The handbook of research synthesis and meta-analysis*, pp. 257-78. New York: Russell Sage Foundation.

Shaffer, J. P. (1995). Multiple hypothesis testing. *Annual Review of Psychology*, 46, 561-84.

Shakespeare, W. (1992). *The Poems: Venus and Adonis, The Rape of Lucrece, The Phoenix and the Turtle, The Passionate Pilgrim*. Cambridge University Press.

Sheskin, D. J. (2007). *Handbook of parametric and nonparametric statistical procedures*. Boca Raton, FL: Chapman & Hall/CRC.

Siegel, S. (1956). *Nonparametric statistics for the behavioral sciences*. New York: McGraw-Hill.

Sprent, P. (2011). Fisher Exact Test. In *International encyclopedia of statistical science*, pp. 524-5. Berlin: Springer.

Stubbs, M. (2001). *Words and phrases: corpus studies of lexical semantics*. Oxford: Blackwell.

Tagliamonte, S. A. (2006). *Analysing sociolinguistic variation*. Cambridge University Press.

Theus, M. & Urbanek, S. (2008). *Interactive graphics for data analysis: principles and examples*. Boca Raton, FL: CRC Press.

Toothaker, L. E. (1993). *Multiple comparison procedures*. Sage University Paper Series on Quantitative Applications in the Social Sciences, 07-089. Newbury Park, CA: Sage.

Trafimow, D. & Marks, M. (2015) Editorial. *Basic and Applied Social Psychology*, 37(1), 1-2.

Tufte, E. (1997). *Visual explanations*. Cheshire, CT: Graphics Press.

(2001). *Visual display of quantitative information*. Cheshire, CT: Graphics Press.

(2006). *Beautiful evidence*. Cheshire, CT: Graphics Press.

Tweedie, F. & Baayen, R. H. (1998). How variable may a constant be? Measures of lexical richness in perspective. *Computers and the Humanities*, 32, 323-52.

Upton, G. J. (1992). Fisher's exact test. *Journal of the Royal Statistical Society. Series A (Statistics in Society)*, 395-402.

Valentine, J. (2009). Judging the quality of primary research. In H. Cooper, L. Hedges & J. Valentine (eds.), *The handbook of research synthesis and meta-analysis*, pp. 129-46. New York: Russell Sage Foundation.

Verma, J. P. (2016). *Repeated measures design for empirical researchers*. Hoboken, NJ: John Wiley & Sons.

Vine, B. (1999). *Guide to the New Zealand component of the International Corpus of English (ICE-NZ)*. School of Linguistics and Applied Language Studies, Victoria University of Wellington.

Vine, E. W. (2011). High frequency multifunctional words: accuracy of word-class tagging. *Te Reo*, 54, 71.

Williams, G. (1998). Collocational networks: interlocking patterns of lexis in a corpus of plant biology research articles. *International Journal of Corpus Linguistics*, 3(1), 151-71.

Wilson, D. B. (2009). Systematic coding. In H. Cooper, L. Hedges & J. Valentine (eds.), *The handbook of research synthesis and meta-analysis*, pp. 159-76. New York: Russell Sage Foundation.

Xiao, R. (2009). Multidimensional analysis and the study of world Englishes. *World Englishes*, 28(4), 421-50.

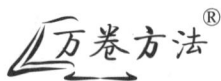